普通高等教育“十一五”国家级规划教材

《土地经济学》学习指导书

吕　萍　主　编
况伟大　副主编

中国人民大学出版社
·北京·

前言

中国人民大学毕宝德教授主编的《土地经济学》，自1991年出版后，顺应形势的发展和教学的需要，经过反复的修订，至2006年已连续再版五次，并于2001年起多次被评为“国家级规划教材”。

此次编写的《〈土地经济学〉学习指导书》，是与毕宝德教授主编的《土地经济学》匹配的辅导教材。全书包括与土地经济学相关的重要理论、重要文献、热点和前沿、案例分析、代表人物、思考题及答案提要六个部分。编写的基本宗旨，一是帮助读者加深对土地经济学相关理论的理解；二是扩展土地经济学学习的内容；三是引导读者将土地经济理论运用于实践，提高解决实际问题的能力。因此，本学习指导书既可供相关专业在校学生阅读，也可供有志于研究土地经济问题的人员参阅。

本书是由中国人民大学出版社精心策划，毕宝德教授积极帮助和全方位指导，多位师生共同努力完成的。编写的具体分工是：第一篇，况伟大、支晓娟、孙志波、韩娟；第二篇，况伟大；第三篇，吕萍、况伟大、甄辉、温权、钟和曦；第四篇，吕萍、支晓娟、李睿甲、刘星、张蕊；第五篇，吕萍、韩娟；第六篇，吕萍、孙志波、顾祖龙。

首次编写学习指导书，尽管收集和参阅了大量的文献，也在内容编排上多次商议和调整，但还是感到力不从心。故在内容和形式上难免存在缺失和错误，恳请广大读者批评指正。同时，也殷切期待各位同行相互切磋，共同推进我国土地经济学学科建设的进一步发展和完善。

主编

2009 年 4 月于人大

目　录

第一篇

重要理论

第一节 土地规模经济理论

一、规模经济理论

规模经济理论是一切规模经营问题的理论基础，主要讨论的是单个企业或企业群体的最优规模问题，研究成本与收益的函数关系。规模经济理论是作为西方微观经济学的组成部分形成和发展起来的，但当它发展到将规模结构与产业结构、社会经济结构联系起来时，便超脱了微观经济学的研究范围。与许多其他理论的结合使规模经济理论在不同领域得到了发展和延续。

（一）规模经济理论的萌芽和形成

现代西方微观经济学的整个厂商理论（包括生产理论、成本理论等），以及与其有关的理论阐述（如供求理论、工资理论、地租理论、利润理论等），对投入要素、产量、成本、收益变化关系的研究，主要是从多角度运用数学图解方法集中讨论厂商规模经济理论问题。其研究的出发点是边际效益规律，就是在一定的限定条件下，有某种可变投入要素规模量发生变化，其增减量超过一定界限后出现的边际效益增减趋势。随某一可变要素投入量的增加，收益先呈递增而后呈递减的转折区间则是规模经济的最佳选择区间。这一规律在西方微观经济学中成为厂商规模经济理论分析的基础。

17 世纪中叶，被称为古典经济学之父的英国人威廉·配第（William Petty）最早注意到规模对成本的影响。为了阐明自己关于劳动生产率取决于分工发达程度的观点，在其所著的《政治算术》一书中，配第写下这样一段话："譬如织布，一人精梳，一人纺纱，另一人织造，以一人拉引，再一人整理，最后又将其压平包装，这样分工生产，和只是单独一个人笨拙地负担全部操作过程比起来所花的成本一定要低"[①]。这段话说明，随着某一生产要素规模的扩大，生产成本有降低的趋势。同时他发现一定面积的土地的生产力有一最大限度，超过这一限度之后，土地生产物的数量就不可能随着劳动的增加而增加了。而土地生产力的这一最大限度就是达到规模经济时土地利用各生产要素的配置比例规模。

亚当·斯密（Adam Smith）在《国民财富的性质和原因的研究》（1776）中有这样的论述：劳动生产力上最大的增进，以及运用劳动时所表现的更多的熟练、技巧和判断力，似乎都是分工的结果。他认为正是企业之间的这种社会分工导致了组织的分化或整合，使企业在同一空间区域中形成外在的规模经济。企业内部的专业化与分工使企业获得内在规模经济，而企业与企业之间的分工则形成了外部规模经济。

而第一个发现规模经济并对其进行经典性论述的是英国经济学家阿尔弗雷德·马歇尔（A. Marshall）。在其巨著《经济学原理》（1890）一书中，马歇尔第一次明确提出"规模经济"这一概念。马歇尔把规模经济归结为两类，即内在经济和外在经济。他写道：我们可把任何一种货物的生产规模之扩大而发生的经济分为两类：第一类是有赖于这个工业的一般发达的经济；第二类是有赖于从事这个工业的个别企业的资源、组织和经营效率的经济。我们可称前者为外在经济，后者为内在经济。马歇尔提出了内在经济和外在经济这两个概念，但是从总体上来看，他论述的重点是内在经济，着重分析了内在经济的形成机理。[②]

另一个较早研究规模经济的是马克思，他在《资本论》第一卷中，详细论述了社会劳动生产力的发展必须以大规模的生产与协作为前提的主张。他认为，大规模生产是提高劳动生产率的有效途径，是近代工业发展的必由之路。在规模经

① ［英］威廉·配第：《政治算术》，24 页，北京，商务印书馆，1978。

② 参见段晓梅：《规模经济理论与企业规模化扩张关系研究》，郑州大学硕士学位论文，2007。

济研究范畴方面，马克思比古典经济学家更清楚社会分工与企业内部分工之间的区别，更有力地论述了企业内部由分工而导致的协作与规模经济之间的关系；马克思的协作理论比古典经济学家的分工理论更好地说明了规模报酬递增的原意，从而为规模经济理论增添了新的内容；马克思不仅论述了随着企业占有资本额的不断增加，劳动协作由简单协作逐渐向以分工为基础的协作和以机器体系为基础的协作发展，而且还论述了机器设备的使用所产生的规模经济。[①]

（二）规模经济理论的发展

1. 传统规模经济理论

19世纪末、20世纪初，资本主义由自由竞争阶段进入了垄断阶段，规模巨大的垄断组织由于规模而带来的集约经济的种种优势凸显。因此，这一时期，经济学家对规模经济的研究主要集中在关于组织管理与规模报酬的问题上。

以美国学者科斯（Ronald H. Coase）为代表的交易成本理论从市场交易成本的角度出发，对企业规模经济作出了独到解释。科斯在他的著名论文《企业的性质》（1937）中提出，只有当组织交易发生的企业内部的管理费用等于其所节约的市场交易成本时，企业的规模扩张才会停止。此外，交易成本理论对企业的一体化问题也作了解释。科斯认为，当两个或更多企业组织的交易由一个企业来组织时，便出现了一体化，企业一体化的过程就是交易活动内部化的过程；或者说，企业间关系结构的每一步变化，都和规模经济有关。企业间的合并是否成功取决于所增加的组织费用和所节约的交易费用的比较。

美国经济学家保罗·萨缪尔森（Paul A. Samuelson）在《经济学》（1948）一书中指出：生产在企业里进行的原因在于效率，通常要求大规模的生产、筹集巨额资金以及对正在进行的活动实行细致的管理与监督。他认为，导致在企业里组织生产的最强有力的因素来自大规模生产的经济性。从传统成本理论的观点看，随着企业规模的扩大，在大规模经济规律的作用下，企业生产成本将不断降低，直到实现适度生产规模。

美国哈佛大学教授哈维·莱宾斯坦（Harvey Leibenstein）提出了效率理论。莱宾斯坦在《效率配置和效率》（1966）一文中指出：大企业特别是垄断性大企业，面临外部市场竞争压力小，内部组织层次多，机构庞大，关系复杂，企业制度安排往往出现内在的弊端，使企业费用最小化和利润最大化的经营目标难以实现，从而导致企业内部资源配置效率降低，这就是“X非效率”，也就是通常所

① 参见乔梁：《规模经济论——企业购并中的规模经济研究》，北京，对外经济贸易大学出版社，2000。

说的“大企业病”。“X非效率”所带来的“大企业病”，正是企业发展规模经济的内在制约。

美国著名企业史学家钱德勒（Alfred Chandler）在《看得见的手——美国企业的管理革命》（1977）一书中也指出：当管理上的协调比市场机制的协调带来更大的生产力、较低的成本和较高的利润时，现代多单位的工商企业就会取代传统的大小公司。① 企业管理水平越高，则在相同生产条件下，管理成本越低，从而企业规模扩张程度就可以提高。可见，交易成本理论不仅是现代企业理论的核心，同时也是规模经济理论的重要发展。

真正透彻地揭示一体化规模经济形成内在机理的经济学者，当数O. 哈特，哈特的主要贡献在于将资产专用性与产权配置效率内在地联系起来，从而揭示了一体化规模经济的形成机理。哈特从资产专用性出发，提出了与专用性资产相关的概念，并提出了关于专用性资产的产权配置原则，这些原则被称为“哈特定理”。当不同企业的不同业务所涉及的专用性资产之间存在高度互补关系时，企业的兼并一体化就成为产权配置效率的客观要求，而企业间兼并则导致单个企业组织的规模扩张，带来了一种特殊的规模经济形态，即一体化规模经济。一体化规模经济既实现了产权配置效率，也体现了交易费用的节省，因而是一种新的规模经济形态，也可视为对企业规模扩张的一种新的理论解释。

2. 聚集经济

20世纪上半叶出现的区域经济学引进空间向度（the spatial dimension），提出了“聚集经济”概念，从而提示了空间意义上的外在规模经济的含义，并成为一个独立的经济学概念而确立起来。“聚集经济”概念最早出现在阿尔弗雷德·韦伯（Alfred Weber）的《工业区位论》（1909）一书中，他从工业区位理论的角度阐释了工业企业在空间上的规模化，认为聚集经济与规模经济有关，并将聚集经济定义为由于把生产按某种规模聚集在同一地点进行，因此给生产或销售方面带来的利益或造成的节约。②

何芳在其所著的《城市土地经济与利用》（2004）中认为聚集经济是指因企业、居民的空间集中而带来的经济利益或成本节约。

奥林（Berti Ohlin）在其所著的《地区间贸易和国际贸易》（1933）中第一次把贸易与产业空间布局相联系，认为国际贸易理论只是产业布局理论的一小部分，他充分讨论了运输成本和规模经济对于要素流动的重要性，以及对于影响区

① 参见［美］钱德勒：《看得见的手——美国企业的管理革命》，北京，商务印书馆，1987。

② 参见冯云廷：《城市聚集经济》，大连，东北财经大学出版社，2001。

际贸易和国际贸易的经济活动布局的重要性。

保罗·克鲁格曼（Paul Krugman）的空间经济理论认为，在初始禀赋条件相类似的地方之间，产业分布的不均衡是由积累循环因果关系和路径依赖所导致的。克鲁格曼进一步发展了奥林的思想，认为不仅是运输成本和规模经济，市场潜力也是集聚发生的一个重要因素。可以说，聚集经济是一种外部规模经济，也是一种空间意义上的规模经济。

3. 范围经济

经济学界常用“范围经济”来解释企业活动或产业多样化的现象，指企业生产两种或两种以上的产品而引起的单位成本的降低，或由此而产生的节约。这与企业通过扩大产品的生产规模而使生产成本降低所获得的规模经济是有区别的，前者强调生产不同种类产品获得的经济性，后者强调产量规模带来的经济性。企业所面临的市场需求变化，使企业在竞争中寻求规模经济的同时，也考虑通过实现范围经济来获得竞争优势。

多元化是指企业在原来经营产品的范围之外，通常是与原来产品不相关甚至是跨行业或产业的领域内进行经营，这种经营所产生的规模经济来自企业对现有的生产要素或剩余资源的整合和利用。正是这种相关性带来了生产成本的节约，从而形成了规模经济。多元化经济最大的优势是可以进入很多细分市场，有效化解企业的经营风险。多元化的具体表现形式就是纵向一体化、横向一体化。

4. 规模经济的结构主义①

结构经济理论认为，在一定程度上说经济效应的产生是规模变动的直接结果是不准确的，结构经济才是其题中应有之义。该观点认为，如果改变企业内的生产结构，如重新进行了专业化分工，则企业规模变动会导致经济或不经济两种结果，而是否形成规模经济直接取决于专业化是否合理或生产结构是否得到了优化。因此，结构经济理论认为，规模经济的本质是结构经济，即结构优化而导致的经济。规模变动和经济节约之间并没有直接联系，随着规模变动而带来的经济或不经济仅是现象，规模变动必须通过结构变动才能产生经济作用，正是规模量的变化引起结构质的变化，结构质的变化产生了经济效应。

（三）评价

西方微观经济学中的规模经济理论就整体而言具有二重性质。一方面，它基于一般发达国家生产发展的高度社会性，从不同国家、不同经济结构、不同产业

---

① 参见段晓梅：《规模经济理论与企业规模化扩张关系研究》，郑州大学硕士学位论文，2007。

部门的特殊性抽象出来，探讨规模经济的一般理论及其分析方法。另一方面，它基于资本主义私有制和市场经济的社会环境，研究资本主义条件下规模经济实现机制的特殊规律，是资本主义生产关系条件下长期实践经验的总结。

英国学者皮尔斯（D. W. Pierce）给规模经济所下的定义是“由于产出水平的扩大而引起的在长期内产品平均成本的降低，又称长期收益递增”。美国学者格林沃尔德（D. Greenwald）主编的《现代经济词典》则更把规模经济的概念简述为“大批量生产的经济”，并且强调“规模报酬指的是生产投入物和可销售产品的数量之间的关系，而不是指价格或成本”。多数西方规模经济理论的内容，如印度经济学家金根的生产规模理论及其他学者关于企业规模的理论，以及之后在规模经济理论基础上形成的聚集经济、范围经济等，主要涉及的只是企业经营规模问题，较少涉及农业和土地规模经济问题。

规模经济是指单个企业因规模扩大而获得的效益，而集聚经济说明的是两个以上的企业由于追求更大的效益而集中在一起所获得的效益，集聚经济可以解释自由移动的人和企业为什么一定要集中在一起形成一定规模的聚集体，是城市产业集群、工业园区发展的理论基础和依据。

范围经济则是在规模经济理论的基础之上，考虑企业产品多样化和生产结构的优化给企业带来的效益。范围经济理论是在经济的发展和企业追逐更高效益的基础上发展起来的，是企业从产品结构优化方面进一步提高自身经济效益、扩大和优化结构规模的理论依据。

二、农业规模经营理论

从规模结构与技术结构、经济结构及社会结构相互关系中研究规模经济实现的条件和机制，特别是政府政策，始终是许多农业问题专家讨论的重点。

（一）农业规模经营理论的内涵

规模经济理论是形成农业规模经营理论的基础。农业规模经营理论研究的主体内容是认识规模经营原理在农业领域中的特殊性和应用性。农业规模经营理论可以表述为：在农业生产要素条件相似或等同的情况下，通过调整农业经营单位的规模量，从而实现规模经济（包括宏观与微观）的农业规模决策理论。只有符合规模经济原理，取得规模效益的经营才是农业规模经营。

20 世纪 90 年代，我国在农业规模经营的理论研究和实践过程中，对农业经营规模、农业规模经济、农业规模效益和农业规模经营等一系列概念进行了认真的探讨。

1. 农业经营规模

农业经营规模泛指农业经营单位的规模量（包括规模总量及单一生产要素的规模量），是一切农业经营部门、一切农业经营组织形式、一切农业经营单位经营活动规模的数量反映，是普遍的数量表现。

2. 农业规模经济

任何一个农业经营单位无一例外地具备一定的经营规模，但这不等于每一个农业经营单位都实现了规模经济。农业规模经济的含义在于：在限定的主客观经济、社会条件下，能获得最大经济效益的规模选择或能取得最佳规模效益的规模决策和实践；反之为农业规模不经济。农业经营规模是否经济不是只用规模大小来衡量的，任何一个具体的农业经营单位，其实现规模经济的规模量都具有受主观或客观条件约束的上限与下限。因此，在理解农业规模经济内涵时必须摒弃规模经济一定是扩大经营规模的偏见。

3. 农业规模效益

农业经营效益是综合经济效益，是采纳各种科技、管理、经济措施的经济后果，但并非都是农业规模效益。只有那些符合农业规模经济原则，通过调整农业生产要素在农业经营单位中的配置、调整农业经营单位生产要素的规模量而获得的经济效益，才是农业规模效益。农业规模效益不仅是农业经营单位自身的微观经济效益，而且包括因此带来的宏观社会效益和生态效益。农业规模效益的度量包括正效益和负效益，正效益是对农业规模经济的肯定，负效益则是对农业规模经济的否定。

4. 农业规模经营

农业规模经营是20世纪80年代中国农村在调整农业经营规模的实践中十分流行的概念。从词本身看，农业规模经营既可以是对规模经济的肯定，也可以是对规模经济的否定，没有准确表达出其经济评价内容。在中国，通过农村实践，农业规模经营专指符合规模经济原则并取得明显规模效益的农业经营规模状况。因此在中国，农业规模经营成为农业规模经济实践的同义语。农业规模经营实际上意味着农业规模经济原则的实现及农业规模效益的实现。农业规模经营概念严格区别于农业经营规模，农业规模经营是农业经营规模的一种，只有符合规模经济原理，取得规模效益的经营规模才是农业规模经营。

（二）农业规模经营理论的发展

在20世纪50年代中国农村人民公社化期间，中国农村经济的经营单位规模很大，一个公社的总耕地面积可达二三十万亩，公社人口达一二十万，可见农业经营规模之大。但是“大规模”并没有带来“高效益”，这种依靠行政手段实现的规模简单集合，实际并非按照规模经济原则形成，而是一种形式主义的人工规模集合。中国农村合作经济规模演变的实践告诉我们，在判断农业经营单位的经营规模量与质的时候，必须明确规模总量与规模水平这两个概念。

规模总量是指一个农业经营单位的总体规模，如中国农村人民公社农业规模经营单位。规模水平是指某个基本规模要素占有的投入或产出或其他规模要素的平均水平，如每个劳动力占有耕地面积的规模水平、占有农业生产资料的规模水平等。我国50年代农村人民公社农业经营的规模总量很大，但是规模水平却很小。十一届三中全会后，我国实行家庭联产承包责任制，从总体上缩小了农业经营规模，但是实际规模水平却有所扩大，规模总量缩小的损失被规模水平提高的优势所取代，是一项成功的改革。

三、土地规模经济理论

（一）土地规模经济理论的形成

《中国大百科全书·经济学卷》的规模经济条目，对规模经济层次存在两种观点：一种观点认为规模经济可划分为企业的规模经济、经济联合体的规模经济和生产基地的规模经济三个层次；另一种观点认为在企业规模之下还存在“生产设备规模”这一层次，另外在生产基地规模之上，还有“城乡规模、部门规模、国民经济规模”等层次。[①] 规模经济问题的实质可以理解为生产经营的规模化过程，要素替代资源节约及生产要素优化组合的过程。在中国，规模经济理论体现最深刻、研究最多的是其在土地利用方面的应用，尤以农用土地更为明显。

马克思曾经指出：“从经济观点来看，大规模地耕种土地，比在小块的和分散的土地上经营农业优越得多”[②]。列宁也赞同大生产优于小生产的观点，并指出：“农业大生产只能在一定的限度内具有优越性”，“这些限度在各种农业部门中以及在各种社会经济条件下都各不相同”[③]。既然研究生产要素的集中程度与效率之间的关系属于规模经济理论的一项主要内容，土地以其独有的自然属性和社会经济属性，决定了土地规模经济理论研究的特殊性。

土地规模经济问题，从大的方面讲是研究如何在农业人口逐渐减少的条件

① 参见《中国大百科全书·经济学卷》，第1卷，251～252页，北京，中国大百科全书出版社，1988。

② 《马克思恩格斯全集》，中文1版，第18卷，65页，北京，人民出版社，1964。

③ 《列宁全集》，中文2版，第4卷，97页，北京，人民出版社，1984。

下，保证有足够的土地产品供给；从小的方面讲是研究土地的经营收益问题。我国研究规模经济理论是从对什么是规模经营、为什么要规模经营和如何规模经营这三个问题进行研究开始的。从规模经营、家庭经营到集约经营，研究逐步深入，也更加细化。国内学者认为，规模经营是相对于小农传统的分散经营而言的，规模经济可以划分为两种：一种是外延扩大型的规模经营，这种经营可以是粗放经营，也可以是集约经营；一种是内涵扩大型的规模经营，这种经营必定是集约经营。规模经济重在强调规模本身的经济性。20 世纪 80 年代中期以来，我国学者和政策指导部门热烈讨论的“规模经营”概念，是从“规模经济”概念推知而来的。生产规模的扩大是农业生产的发展趋势。[①]

（二）土地规模经济理论的发展

西方规模经济理论主要有两大特点：第一，其理论完全侧重于微观企业的分析；第二，其理论以企业的经济利润作为规模经济的唯一判断准则。因此，抽象地来看，西方规模经济理论是完全适应市场经济的宏观环境的。但事实上，由于土地经营规模涉及的问题比较复杂，因而在考察各国土地适度规模经营问题时，还不能完全照搬西方的规模经济理论，而是要考虑各国的具体国情。

1985 年，我国理论界和实际工作部门在探索土地规模经营的同时，对规模经营的“度”即生产单位耕作多少土地面积才能取得规模经济效应进行探讨，但分歧较大。

中国农业科学院根据其在 20 世纪 80 年代末所做的调查研究得出，所谓适度规模就是在当时的生产力水平下，能够充分发挥劳动力和其他生产要素作用的土地经营面积。最低限度是从所种的土地中能获得略高于从事其他产业所获得的平均收入，最高限度是不要超出其耕作能力。

胡小平认为，如果经营规模能够充分发挥各种要素的潜力以获得最大的经济效益，是最佳规模；如果经营规模不能充分利用各种要素的潜力，但仍能保证经营者获得最低利润目标，称为临界经营规模；介于两者之间的就是适度经营。

丁贤劼认为，适度规模经营的下限是农业劳动力的收入不低于当地平均水平，上限是在保证土地生产量和效益稳步提高的前提下，生产者所能经营的土地数量。

20 世纪 90 年代末，我国土地制度研究课题组认为，适度规模经营就是指投入农业生产的土地、劳力、物质及设备等生产力要素能够实现优化组合，能够取得最佳投入产出效益条件下的生产经营单位所拥有的土地面积大小。这样的规模

① 参见林善浪：《中国土地制度与效率研究》，230 页，北京，经济科学出版社，1999。

经营有利于提高土地生产率、劳动生产率和投资收益率。

在实践中，考察土地适度经营规模的规模量，一般是落在“最小有效规模”与“最大有效规模”之间的区间值（见图 1—1）。

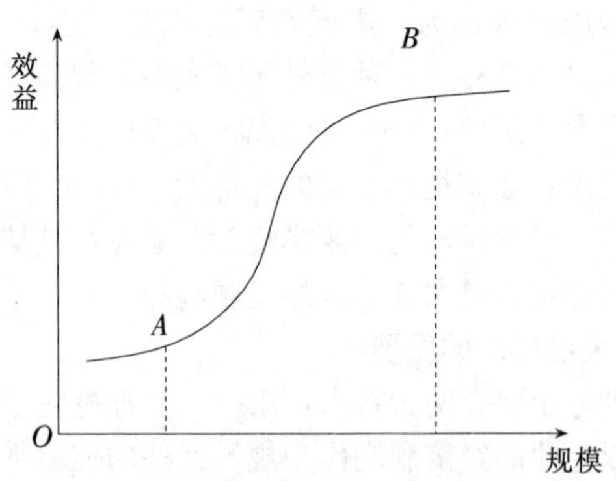

图 1—1　土地适度规模经营示意图

图 1—1 中，A 点处于“最小有效规模”点，即开始获得规模效益的规模最低限；B 点处于“最大有效规模”点，即开始出现规模效益零增长或负增长的规模最高限。土地适度经营规模在规模效益曲线上经常表现为一个区间段，而不是一个静止点。小于 A 或大于 B 的经营规模不能获得相应的规模效益，即规模不经济，A 与 B 之间任何一个点都可能获得不同程度的规模效益，AB 区间成为土地适度经营规模的决策区间。一般说来，土地适度规模经营的宏观决策任务在于确定各种经营形式各自的 AB 区间范围；土地适度规模经营的微观决策任务在于选择 AB 区间范围内的最佳规模位，在一定时点条件下表现为最佳点。不同地区、不同经营形式条件下的土地适度经营规模必然有不同的 A、B 值，不同经营单位也必然有各自的最佳规模位，寻求合理的 A、B 值及其规模位，正是土地规模经济原理及其应用的紧迫任务。

土地适度经营规模的规模量，其规定的主要依据是：作为劳动对象的各种资源状况；作为劳动手段的各种物资装备状况；作为劳动力本身的科技、管理水平状况等。

（三）土地规模经济理论在中国的应用

1.“两田制”实践经验及评价

“两田制”是指在坚持土地集体所有和家庭承包经营的前提下，将集体的土地划分为口粮田和责任田（有些地方叫商品田或经济田）两部分。“两田制”是在家庭承包经营的基础上，对土地承包方式的适当调整，承包期一般为 10～15 年。在承包期内，人口发生变动，一般都采取“两田互补、动账不动地”的办法进行调节。这种调节办法是在农户承包农田总面积不变的前提下，若农户增加人口，则增加其口粮田，减少其等量的责任田；若农户减少人口，则减少其口粮田，增加其等量的责任田。“两田制”承包方式，使人地矛盾能够得到适当缓解。“两田制”特别是对责任田的招标承包方式，是在农村商品经济不断发展的过程中出现的一种承包形式。这种承包形式将竞争机制引入承包中，有利于土地的相对集中和采用现代化生产手段，对于加快农业商品化、专业化和现代化进程有着重要意义。

发起于山东平度的“两田制”将承包地分成口粮田和责任田，口粮田按人口平分，责任田则按人、按劳或招标承包，承包者缴纳一定数量的承包费。“两田制”得到了快速发展，到 1994 年“两田制”土地面积占家庭承包总面积的 42.3%。但是，到了 20 世纪 90 年代中后期，“两田制”发展有些失控。社区集体为获得更多的利益，采取招标承包的方式，有的地方随意扩大机动田面积，个别地区机动田面积占土地总面积的 30%，有的甚至收回部分农民承包地搞租赁经营。频繁的土地调整，对农户的经营预期、对土地资源的保护性使用以及对土地的长期性投入都是一种损害，也是对家庭承包制制度安排的侵蚀，农民对此强烈不满。[①] 招标方式，特别是社区领导人为获取更多的“承包费”以高价出租责任田，侵占了农民的利益。1997—1999 年，政府对“两田制”的政策有所调整，强调要尊重农民意愿。“两田制”土地面积开始下降，1999 年，实行面积已不足 10%。从“两田制”制度创新的动机分析，地方政府和社区集体具有制度的创新动机，它们是制度创新的“第一行动集团”，这在农业部的统计中也得到了证明。农业部在 1997 年对全国 23 个省进行统计，采取行政手段推进“两田制”的社区占“两田制”社区总数的 83.5%，而条件成熟、农民自愿的社区仅为 16.5%。

“两田制”的制度创新，是在东部沿海地区的农业劳动力大量转移、土地撂荒、农业生产出现萎缩、农产品定购任务兑现难等情况下出现的。采取“两田制”的制度安排，对社区而言，责任田明码标价承租费用，使社区减少了与农户的“谈判”费用，同时保障了上级各项任务的完成；对地方政府而言，较好地实现了“公平与效率”的原则，既可以保持家庭经营制度的稳定，又可以相对容易地获得税收和各项费用。责任田的制度设计满足了政府和社区的利益，减少了均田制度下的不确定性和交易费用，而且可以较好地避免土地均分所造成的土地零碎化，实现规模经营。从制度创新的方式看，这属于“中间扩散型制度变迁方

① 参见张红宇：《中国农地调整与使用权流转：几点评论》，载《管理世界》，2002（5）。

式”。“两田制”的制度初始设计较好地实现了“公平与效率”原则，可以减少交易费用，提高制度绩效，但也赋予了地方政府和社区集体更多管理土地的权力，使得在追逐利益最大化过程中出现了侵犯农民土地权益的现象。

2. “增人不增地，减人不减地”模式的实践经验及评价

从1987年开始，贵州省湄潭县作为全国首批14个农村改革试验区之一，进行了土地制度的改革试验，其中实行“增人不增地，减人不减地”（又可称为“生不增，死不减”）的土地制度是其重要的试验内容。这一制度的实质是在土地稀缺的情况下，一次性将土地交给农民。这与其他地方政府和社区的“调地偏好”形成了强烈的反差（如部分实施“两田制”的地区）。其目的主要是稳定土地产权，防止调地产生的交易成本和土地破碎，同时形成人口控制的自我约束机制；另外，土地的调整必然剥夺对土地投入较多的农户的利益，而且对土地的调整也使土地零碎化严重。因此，对社区集体和地方政府来说，调地成本必然非常高，要牵扯基层干部很大的精力。

由于“增人不增地”必然会损害人口增加的少部分农户的利益，在土地分配问题上，人口数少的农户获得的利益要多于人口数多的农户。湄潭县在1987年土地制度改革一开始就把推动非耕地资源的有计划开发作为制度创新的重要内容，这为解决新增人口与土地的矛盾创造了良好的途径。“增人不增地，减人不减地”模式，降低了调地过程中的交易成本，避免了土地因调整而零碎化，增加了农户对土地的投入，制度创新的绩效明显。

3. “土地股份合作制”实践经验及评价

广东省南海市土地股份合作制改革试验开始于1992年。南海市实行土地股份合作制有其特殊的环境和条件。1992年初，大量资本流入广东，开发区大量兴起，南海市的土地被大量征收。在土地征收过程中，地价开始上涨，农民的“惜地”心理受到强化。而当时土地承包经营制导致农户分散经营，户均耕地仅为2.9亩，而且好坏搭配、远近不均，难以实现农业规模经营和现代化。[①]

要实现工业化和城市化的发展，必须打破土地分散在农户手中的局面，集中土地，实现土地的集约化利用。采取土地国有化的政策，收回农民的承包权和社区集体的土地所有权，势必引起强烈的社会矛盾，而且成本又太高，因此只有采取一种农民参与、共同获利的制度改革方式。土地股份合作制恰好是能实现土地集约化利用且让农民共同获利的制度安排，这种制度安排可以将土地集中，土地

① 参见陈天宝、许惠渊、庞守林：《农村土地制度变革中的地方政府行为分析》，载《农业经济问题》，2005（1）。

价值按股份界定到人。土地股份合作组织的建设以社区为基本单位，将讨价还价的范围限定在社区之内，容易形成“集体的一致行动”。

从南海市1992—2000年的经济发展看，土地股份合作制的制度绩效明显：促进了农业适度规模经营和农业结构调整，提高了农业生产效率；促进第二、第三产业的全面发展和农业劳动力的转移；农村集体经济实力增强，使大部分村社有能力为农民提供社会保障和社会福利。从实践上看，土地股份合作制是地方政府、社区、农民“共赢”的制度安排。

4. 开发区建设经验及评价

中国的城市开发区建设是在改革开放的过程中，以土地规模经济理论、聚集经济理论为基础，借鉴国外经验创立和发展起来的。自第一批14个沿海城市开发区于1984年底成立至今，中国的开发区建设已经历了近30年的发展历程。从空间布局上看，开发区由原来散点布局演变为依托重要的经济核心或者区域集群化发展的新态势，形成了一些具有密切经济社会联系的开发区群。[①]

开发区的建设可以使建设城市获得良好的集聚经济和规模经济效益，并在一定区域形成特色化的开发区群，提高整体竞争力；另外，通过合理布局、优化用地结构，增加存量土地投入、改善经营管理等途径，可以不断提高土地的使用效率和经济效益。开发区建设是城市化和工业化进程中集约节约用地、实现土地规模利用的有效途径之一。

目前，我国的开发区已成为工业集中、产业集聚、外资密集、带动力强的经济增长点，产业集聚效应突出，经济支撑带动作用明显。开发区经济已成为许多省份经济的重要组成部分，成为当地经济的重要增长极和重要支撑点。开发区是工业集中区，是促进产业集聚、培育产业集群的重要平台，如开发区已成为福建电子、机械、石化三大主导产业的重要载体，区内三大主导产业产值已占全省60%以上，全省较大规模的产业集群多数落在国家级、省级开发区内。

但是，当前我国的开发区建设仍然存在一些问题，主要体现为：(1) 土地开发利用方式粗放；(2) 单一固化的生产功能；(3) 远离城市中心，呈“孤岛”状的区域分布关系。

因此，开发区的建设不能仅仅依靠规模的扩大和产业的不断集聚，而是应该与土地集约节约利用相结合，使开发区更充分地发挥其经济发展的带动优势。

---

① 参见王兴平、许景：《中国城市开发区群的发展与演化——以南京为例》，载《城市规划》，2008 (3)。

第二节　土地报酬递减理论

一、土地报酬递减理论的提出

（一）土地报酬递减理论的萌芽

自从人类开始利用土地从事生产劳动，土地报酬递减规律就已存在了。但是人类发现这一规律的历史并不长。最早注意这一现象的，是生活在17世纪中叶的英国人威廉·配第，他发现一定面积的土地的生产力有一最大限度，超过这一限度之后，土地生产物的数量就不可能随着劳动的增加而增加了。

法国重农学派代表人物弗朗索瓦·魁奈（Francois Quesnay）在其《经济表的分析》（1766）中指出了农业发展对人口增长的制约——由于土地面积有限，追加的劳动不能生产出与原来相同的产品，因而农产品无法满足人口增长的需求。①

另外，亚当·斯密在其《国民财富的性质和原因的研究》一书中，专门分析了"社会进步对原生产物的不同影响"，在对渔业生产发展的分析中表达了"报酬递减"的思想：当人口增多，该国土地和劳动年产物增多的时候，鱼的购买者必增多。……但是，为供应此扩大了的市场，所投下的劳动量，如不增多到超过市场扩大的比例，那就不能满足这扩大了的需要。②

（二）土地报酬递减理论的提出

18世纪70年代，法国重农学派代表人物杜尔哥（A. R. J. Turgot）在其所写的《对于佩瑞韦先生关于间接税的评论》（1768）中论述道：撒在一块天然肥沃的土地上的种子，如果没有做过任何准备工作，这将是一种几乎完全损失的投资。如果添加一个劳动力，产品产量就会提高；第二个、第三个劳动力不是简单地使产品产量增加一倍或两倍，而是增加四倍或十倍。这样，产品产量增加的比例会大于投资增加的比例，直到产量增加与投资增加的比例达到它所能达到的最大限度时为止。超过这一点，如果我们继续增加投资，产品产量也会增加，但增加得较少，而且总是越来越少，直到土地的肥力被耗尽，耕作技术也不会再使土地生产能力提高时，投资的增加就不会使产品产量有任何提高了。③

---

① 参见杨欢进：《收益递减理论研究》，北京，中国经济出版社，1990。

② 参见［英］亚当·斯密：《国民财富的性质和原因的研究》，北京，商务印书馆，1972。

③ 参见杨欢进：《收益递减理论研究》。

杜尔哥研究土地报酬递减的特点是：第一，从微观角度，如一个农场或一个生产单位来分析问题；第二，杜尔哥的分析限制在一季、一种作物的生产过程内；第三，杜尔哥的分析对象是对同样土地上的同种作物的不同量的劳动投入所带来的产量变化。

杜尔哥的理论贡献在于：首先，在其对“报酬递减”的分析过程中体现了“边际”分析的思维；其次，实际上区分了“边际产量”和“总产量”，并精确地指出了“边际产量”与“总产量”在变动中的相互关系；最后，指出在产品“边际产量”递减前存在递增的阶段，完整描述了报酬先递增，达到最大值后再递减，直到减少到零的变动过程。[①] 然而，杜尔哥的土地报酬递减理论并没有提出“技术条件不变”的前提，这也为土地报酬递减理论的争议和改革埋下了伏笔。

二、土地报酬递减理论的传播和引用

（一）土地报酬递减理论的绝对化

马尔萨斯（T. R. Malthus）最早提出了“土地肥力递减规律”。他从三个不同的角度来阐述这一规律，其中最典型的观点是其在《人口原理》（1826）中的论述：按耕作进展的比例而增加的年产量，和以前的平均增加额比较起来，必然是逐渐地并不断地减少下去的。另外，马尔萨斯在其著作中还写道：当全部的良田一亩接着一亩地被占完以后，食物的每年增加额必然要依靠所占有的土地的改良。这笔土地总基金，从一切土壤的性质来说，非但不会递增，而且必然会逐步递减。扩大耕种面积和资本的大量增加只会带来较小比例的报酬。[②]

在马尔萨斯关于“土地报酬递减”的论述中可以看出，马尔萨斯的理论吸收了多数前人的成果，内容较为广泛；然而他在研究时没有提出前提条件或假设，忽略了科学进步和技术改良等因素的变化，观点过于绝对化；相对于之前的杜尔哥和配第等学者，马尔萨斯的土地报酬递减论是基于对人口学的研究，带有浓重的人口色彩；另外，马尔萨斯只看到报酬递减，而没有看到在此之前的递增，体现了他对这一规律认识的片面性。

威斯特（Edward West）在《论资本用于土地》这部著作中首次提出了“土地收益递减规律”的概念，第一次将“土地报酬递减”称为“规律”。他写道：劣等土地之所以必须日渐耕垦，就在于有土地收益递减规律之故。威斯特认为，

① 参见杨欢进：《收益递减理论研究》。

② 参见［英］马尔萨斯：《人口原理》，北京，商务印书馆，1961。

这个原理简单说来就是这样：随着耕作的进步，农产品的增加变得愈加昂贵了，换言之，土地纯产品与总产品的比率是不断下降的。但是随着耕作的进步，总产品和纯产品必定会持续增加，但是每份增量投资提供报酬的比例较少，结果，花费的资本越多，利润同资本的比例越小。[①] 威斯特在关于“土地报酬递减”的论述中虽然承认存在土地报酬递增的可能性，但是认为技术的改进只能暂时抵消土地报酬递减的趋势，“土地报酬递减”是一种不可改变的客观规律。

（二）绝对化土地报酬递减理论的传播

李嘉图（David Ricardo）作为英国古典政治经济学的杰出代表，却在土地报酬递减论方面接受并传播了马尔萨斯和威斯特的绝对观点。他在《政治经济学及赋税原理》中写道：最肥沃和位置最适宜的土地将首先投入耕种。[②] 他认为在社会发展过程中，土地上所使用的资本每增加一份，生产效率都会下降。[③]李嘉图的土地报酬递减理论与马尔萨斯和威斯特的基本观点大致相同，主要包括三个方面：土地耕作次序从优到劣；同一土地上追加投入的报酬递减；农产品的生产日益困难。但其理论有自己的特点：相对于马尔萨斯，在李嘉图的土地报酬递减理论中土地肥力被视为土地生产能力增长的限制要素，而没有认定土地肥力自身在递减；虽然把土地报酬递减作为地租产生的前提，但李嘉图没有将土地报酬递减视为“规律”，而只是把它作为社会发展过程中的一种现象；相对于马尔萨斯和威斯特，李嘉图较为强调技术进步的作用。

（三）对绝对化土地报酬递减理论的评价

马克思在《剩余价值论》中对马尔萨斯的土地报酬递减理论进行了分析和批判。首先，揭示了马尔萨斯宣扬土地报酬递减理论的动机，指出其将报酬递减纳入自己的人口理论和地租理论中，以使自己的人口规律同时有政治经济学和现实的论据。其次，揭露了马尔萨斯对土地报酬递减理论的剽窃。马克思认为马尔萨斯对安德森的观点进行了剽窃和歪曲，马尔萨斯把相对的暂时的土地报酬递减趋势改为了绝对的长期的必然趋势，把长期的土地肥力提高改为长期的土地肥力下降。另外，马克思还在其著作中批判了马尔萨斯的政治目的。同样，在《剩余价值论》中马克思对李嘉图的土地报酬递减理论也进行了大量研究，分析了李嘉图接受并宣扬土地报酬递减的原因，并考察了土地报酬递减论在其理论体系中的地位。在此基础上，马克思对李嘉图的错误观点作了评析，一方面批评了其观点的绝对化，另一方面指出了其理论上的不彻底性。

---

① 参见［英］威斯特：《论资本用于土地》，北京，商务印书馆，1992。

②③ 参见［英］李嘉图：《政治经济学及赋税原理》，北京，商务印书馆，1981。

总的来看，绝对化的土地报酬递减理论本身是错误的，其应用也不科学。马克思对马尔萨斯和李嘉图等人的评判，表明了自己对土地报酬递减理论的观点和态度，同时也为我们今天正确认识和评价土地报酬递减理论提供了借鉴和启示。

三、土地报酬递减理论的发展和完善

（一）土地报酬递减理论的转折

西尼尔（N. W. Senior）在前人的基础上对土地报酬递减理论进行了深入研究，提出了报酬递减的条件、原因以及现实中的可能，相对之前的理论，西尼尔的土地报酬递减论开始向正确的方向发展。

首先，西尼尔在1836年为此规律的内涵添加了“农业生产技术保持不变”这一重要条件。他论述道：假使农业技术不变，在某一地区的土地上所使用的增益劳动，一般会产生比例递增的报酬，也就是说，尽管在土地上增加劳动，虽然报酬有所增加，但报酬不能随着劳动成比例地增加。① 西尼尔把“农业技术不变”作为“土地报酬递减”的必要前提条件，认为“土地报酬递减”并不是必然要发生的，只是在农业技术不变的情况下才存在。这就意味着只要农业技术水平提高，“土地报酬递减”就可以避免。在这一点上，西尼尔显然抓住了问题的关键。其次，西尼尔探讨了土地报酬递减要素方面的原因，他指出：土地所具有的优点是，以增益劳动使用于同一材料可以获得越来越多的产物；它的缺点是，产量增加对劳动增加的比率一般会逐渐降低；结果是优点敌不过缺点。②应该说西尼尔的分析找到了报酬递减的真正原因——生产要素的配合比例失调，这也意味着把“部分生产要素投入量不变”作为“报酬递减”的条件③，使人们对报酬递减原因的认识更加科学。另外，西尼尔还强调了农业技术进步的作用，他认为：当一国的资本和人口有所增加从而引起劳力增长时，与这一增长同时存在的必然是农业技术的改进；这类改进必然足以抵消，甚至有可能胜过由地力递减所引起的缺陷。④ 西尼尔把马尔萨斯等人的土地报酬递减的绝对必然性变成了可以避免的可能性。

当然，由于时代的限制和经济社会发展水平的影响，西尼尔的土地报酬递减理论也存在一些不足，主要表现为其理论的不彻底性，如有些观点的自相矛盾、

---

①② 参见［英］西尼尔：《政治经济学大纲》，北京，商务印书馆，1977。

③ 参见杨欢进：《收益递减理论研究》。

④ 参见［英］西尼尔：《政治经济学大纲》。

夸大工农业劳动生产率的差别等。但是，他的研究促使了土地报酬递减理论向更加科学的方向转折。

（二）土地报酬递减理论的过渡

阿尔弗雷德·马歇尔在其经济学的研究过程中，对“报酬递减”问题作了广泛而深入的探讨，他的报酬递减理论研究正处于从古典向现代的过渡阶段。马歇尔的报酬递减理论，主要是在他的《经济学原理》中提出的。其主要理论观点表现在以下几个方面：对报酬递减分析中投入量与产出量问题的研究；对报酬递减率和报酬递增率及其关系的研究；对报酬递减的原因及适用范围的研究；对报酬递减率和效用递减率的比较分析。

马歇尔对报酬递减理论发展的贡献在于其分析方法，他在分析中除采用边际方法外，还引入了其他数学方法。他根据各种资本和劳动与其投入土地所产生的报酬的对应关系，做出了报酬递减曲线图（见图1—2）。图中，横轴代表各种资本与劳动的投入量，纵轴代表各种投入的边际产量。A（A'）BPC 为报酬递减曲线，DC 代表正好抵偿支出的报酬，$ODCH$ 的面积表示抵偿投入的总和，$ODCA$ 的面积表示生产物的总量，AHC 的面积表示剩余产物的量。

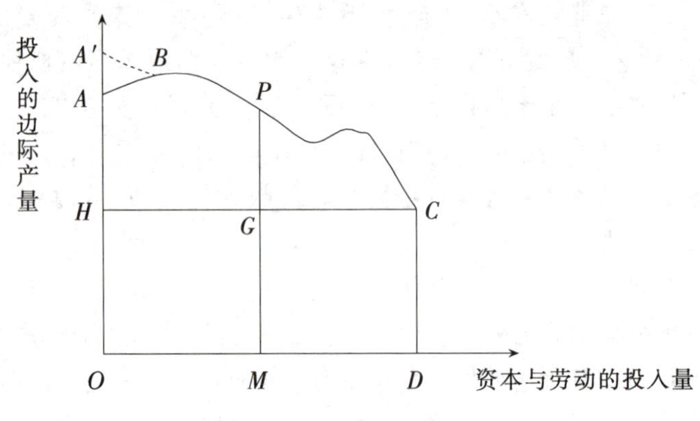

图1—2　报酬递减曲线图

马歇尔对图形这一分析工具特意加以说明：图形的例解不是证明，它不过是大略相当于某些实际问题的主要条件之图表而已。它只求轮廓清楚，而未考虑随着实际问题变化的许多事情。对于这些事情，农民在他自己的特殊事件上，必须加以考虑。[①] 虽然马歇尔引入数学工具有限，其图形也只是一种形象表达，但他丰富了报酬递减理论的数量研究方法，为后人的进一步探讨提供了基础。

① 参见杨欢进：《收益递减理论研究》。

（三）土地报酬递减理论的丰富和完善

克拉克（J. B. Clark）作为美国著名经济学家，在把报酬递减理论从农业特殊扩展到生产要素一般方面起了关键性的作用。他在《财富的分配》一书中，提出了静态条件下说明资本主义分配问题的边际生产力论，其核心就是“边际生产力递减规律”，这一规律是由土地报酬递减规律在其他生产要素上加以扩展，并引入边际分析方法而形成的。

克拉克在其著作中指出：在固定数量资本的情况下使用劳动，它的生产力是递减的，这是一个普遍的现象。无论是哪一种经济都出现了这个事实。[①] 这就是“劳动生产率递减规律”。图 1—3 说明了边际劳动力决定工资的原理。

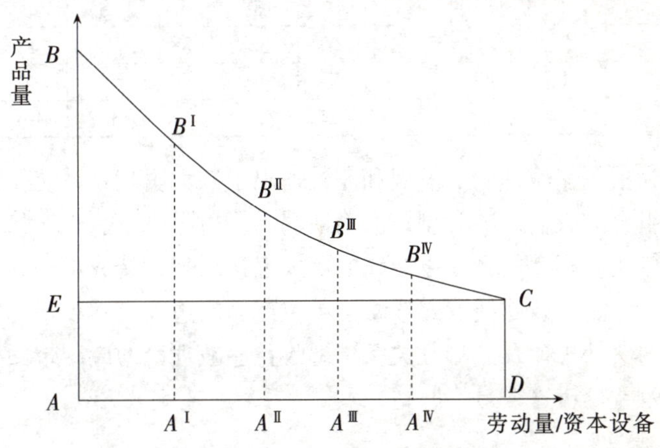

图 1—3　边际劳动力曲线图

在图 1—3 中，*AD* 表示连续追加的劳动量，*AB* 表示与连续追加的劳动量相对应的产品量，*CD* 表示最后一单位劳动所增加的产量，即边际劳动生产力，它决定了此类劳动者的一般工资水平。同样，如果 *AD* 表示资本设备，假设劳动投入量不变，而连续追加投入资本，则可以得出资本的一般利息水平。这就是所谓的资本生产率递减规律，最后追加的一个单位资本就是边际资本，边际资本所提供的生产量就是资本边际生产力。[②]

克拉克在理论观点方面提出了“边际劳动”和“边际生产力”等概念，归纳出了对一切生产要素都具有普遍意义和广泛适用性的“生产率递减规律”，将报酬递减规律从农业领域推广到了一般领域，并引入了“若干生产要素投入量保持不变”作为报酬递减规律发生作用的前提条件；在方法上更多地运用了边际分析

---

① 参见［美］克拉克：《财富的分配》，北京，华夏出版社，2008。

② 参见杨欢进：《收益递减理论研究》。

方法，弥补了生产和分配理论中边际分析的不足。

布莱克（J. D. Black）作为美国著名农业经济学家，在其《农业经营经济学》(1914) 和《生产经济学导论》(1926) 等著作中对报酬递减规律作了系统详细的研究。布莱克在分析中提出了总产量曲线、平均产量曲线特别是边际产量曲线的概念和图解，突出了变动要素的生产力曲线，使报酬运动曲线趋于完整，为合理配置资源提供了理论依据。在布莱克的例子中，对应一定面积土地，连续追加大麦种子投入，每单位种子产量先递增，后递减。具体数据如表 1—1 所示。

表 1—1　　种子投入量与大麦总产量、边际产量、平均产量表

种子投入量	1	2	3	4	5	6	7	8	9	10	11
总产量	2	6	12	20	27	33	38	42	44	44	43
边际产量	2	4	6	8	7	6	5	4	2	0	−1
平均产量	2	3	4	5	5.4	5.5	5.4	5.2	4.9	4.4	3.9

布莱克为报酬递减理论的发展和完善作出了四大贡献：系统提出并分析了各种生产要素组合的收益递减类型；准确地揭示了边际产量、总产量、平均产量三者的变动规律及其相互关系并以曲线的形式表达出来；从成本的新视角对收益递减规律进行了研究，以曲线形式描绘了单位产品的边际成本、平均可变成本、平均固定成本的变动规律及其相互关系；把收益递减理论的应用带回生产的投入与产出的经济效益分析这一最终归宿。[①]

四、土地报酬递减理论对现代经济研究的贡献

经过进一步发展，报酬递减理论的内容逐步稳定下来，形成了具有现代内容和形式的公认的定义。同时，它在现代经济学理论研究和体系中的地位也得以确立，成为微观经济学的重要经济规律。

经济学家依据报酬递减规律，确立了固定成本和可变成本的区分，提出了边际成本（MC）先下降、达到最低点，然后上升的 U 形曲线，进而提出了总成本（TC）和平均成本（AC）曲线，并揭示了二者的相互关系，构成了成本理论的基本内容；经济学家又根据上升的边际成本曲线部分，说明了供给曲线的来源和根据，揭示了供给曲线背后的决定因素。西方经济学家依据报酬递减规律，描绘出了边际收益变动曲线，并相应地得出了总产量、平均产量的变动曲线，在此基

① 参见杨欢进：《收益递减理论研究》。

础上形成了两种理论：一是生产阶段理论；二是厂商均衡理论。经济学家还依据报酬递减规律建立了分配理论，用以说明对生产要素需求的决定。

现代经济学中的边际收益递减指的是假设其他投入保持不变，产出对于单一投入增加的反应，比如保持土地不变时，不断增加的劳动引起产量以越来越小的增量增加。如果我们考虑到增加所有投入后的产出情况，这就涉及规模报酬问题，即投入规模的增加对产出量的影响。当所有投入的均衡增加导致了更大比例、更小比例或同比例的产出增加时，生产表现为规模报酬递增、递减或不变。①

可见，在微观经济学的价格（市场）理论、消费理论、生产理论、厂商理论和分配理论这五大部分中，生产理论、厂商理论和分配理论都与报酬递减规律有着十分密切的关系，都是在这一规律的基础上建立或发展起来的。因此，可以说报酬递减规律是西方微观经济学的理论基石。在现代人口经济学、农业经济学、土地经济学等学科中，报酬递减规律也有着重要的地位，并且发挥着广泛的作用。

五、土地报酬递减理论的现实意义

土地报酬递减理论一直被视为农业经济学的基本规律，经过二百多年的发展完善，已经成为工农业生产的普遍规律，并被抽象为报酬递减理论，广泛应用于资源经济学、土地经济学等领域，对现代经济学研究具有重要作用。我国目前的土地利用效率普遍偏低，土地集约利用没有达到理想的状况，因此多数情况下土地利用效率跟土地集约利用成正比例关系，即土地利用效率随着土地集约度的提高而提高。为了满足经济社会发展对各种农产品及建设用地日益增长的需求，要提高土地集约利用水平，提高单位面积产量。

（一）对农业生产投资的启示

土地报酬递减理论是农业生产投资的客观规律，揭示出在一定的技术条件下，对土地追加投资，当投入一定量的资源时，产出量会因此而增加，而当投入的资源超过一定量时，因追加投入而产生的产出量会呈现递减的趋势。正确认识和掌握这一经济规律，对农业生产投资具有重要的现实指导意义。

从图 1—4 中可以看出，当生产要素 X 从零增加到 X_1 这段区域，边际产量曲线 MPP 递增，投入量达到 X_1 时，边际产量 MPP 曲线达到最高点，此时单

---

① 参见［美］萨缪尔森、诺德豪斯：《经济学》，17 版，北京，人民邮电出版社，2004。

位投入量所获得的产出量最大；总产量曲线 TPP 和平均产量曲线 APP 也呈递增趋势，但均没有达到最高点，因此，应继续增加生产要素的投入量。当生产要素 X 从 X_1 增加到 X_2 这段区域，边际产量曲线 MPP 递减，总产量曲线 TPP 和平均产量曲线 APP 继续递增，投入量达到 X_2 时，平均产量曲线 APP 达到最高点，并与边际产量曲线 MPP 相交。当投入量从 X_2 继续增加到 X_3 时，边际产量减至零，平均产量开始递减，此时总产量曲线 TPP 达到最高点，应停止追加投入量。当继续追加生产要素 X 投入量超过 X_3 时，则总产量、平均产量均呈递减趋势，边际产量变为负值。

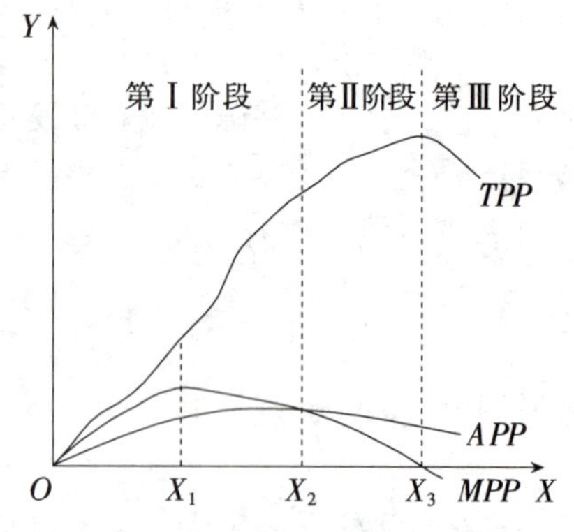

图 1—4　土地投入产出阶段图

可见，生产要素投入量的多少与产出和效益密切相关，具体的投入量取决于投入与产出的比较分析。在其他条件不变的情况下，生产要素投入量在 X_2 与 X_3 之间即总产量曲线第Ⅱ阶段较为合理。生产要素投入量还取决于农业资金投入的多少，如果农业资金量投入过少，会使生产滞留在第Ⅰ阶段，总产出量不能达到最大值，投资效益较低。如果农业资金投入过多，会使产出量达到第Ⅲ阶段，此时每投入一单位生产要素，产出量不仅不会增加，反而会下降。因此，只有在第Ⅱ阶段才能使农业生产投资实现最大效益。

（二）对城市土地集约利用的启示

土地使用效率越高，土地的价值越能得到体现。而土地利用的高效化需要以集约化为前提。我国人多地少，耕地后备资源不足，在城市化的过程中如何提高土地使用效率、集约利用城市土地，关系到经济社会的健康发展。城市土地集约利用是在特定时段中、特定区域内的一个动态的、相对的概念，是指以合理布局、优化用地结构和可持续发展的思想为依据和前提，通过增加存量土地投入、改善经营管理等途径，不断提高土地的使用效率和经济、社会以及生态效益的过程。

报酬递减规律是指在生产规模不变的前提下，增加单位土地的投入能提高土地的经济效益，增加单位土地的资本和劳动力的投入能增加单位土地的产出，从而提高城市单位土地的集约利用水平。但是土地的集约利用水平并不与各种生产要素在单位面积土地上的投入量成正比，因此，要根据报酬递减规律，找出生产要素的最佳投入点，并不是集约度越大，土地使用效率越高，在现实中也并不是一味追求土地集约利用度的最大化，而是应当寻求合理的集约度，使土地使用效率达到最大化。因而，在土地利用过程中，依据土地报酬递减规律，在一定社会生产力水平下，依据边际收益等于边际成本的原则，通过科学手段测定最佳的投入点是十分必要的。

另外，报酬递减律是指在一定的技术和社会制度条件下，追加一定的生产要素，将导致收益的增长或减少。从土地利用的全过程来看，土地报酬会在一定的技术和社会制度条件下，随着单位土地面积上生产要素的追加投入，先是递增，后趋向递减。在递减后，如果出现科学技术或社会制度的重大变革，使土地利用在生产资源组合基础上进一步趋于合理，则又会转向递增；技术水平与管理水平稳定后，将会再度趋于递减。因此，城市土地集约程度的衡量标准，也应随着社会经济技术条件的变化而变化。

当然，土地报酬递减的三个阶段也不是固定不变的，随着社会发展和科技水平的提高，这三个阶段也在不断变化。我国的土地国情和全球经济一体化的趋势决定了我们必须因地制宜、与时俱进地探求在一定社会生产力水平下单位面积土地获取最大收益的途径，使有限的土地资源能够得到有效的利用。

第三节　土地产权理论

一、产权与土地产权

（一）产权与产权功能

在主流产权经济学家眼中，产权的界定和合理安排是非常重要的。那么，什么是产权呢？简单地讲，产权是指财产权利。一项产权，表现为主体对客体的某种支配权利。一般而言，构成一项产权的要素有三：（1）主体，即权利的拥有者。它可以是自然人、企业法人，也可以是政府公法人。（2）客体，即权利所指向的标的。它可以是有形的财产，如机器、厂房、土地等，也可以是知识、劳动等无形的财产。(3) 权利内容，即主体对客体具体所拥有的权利和承担的义务。由于现代社会财产的占有、使用、收益等关系越来越复杂，产权所包含的内容已越来越丰富。例如，《牛津法律大辞典》认为，产权亦称财产所有权，是指存在于任何客体之中或之上的完全权利，它包括占有权、使用权、出借权、转让权、用尽权、消费权和其他与财产有关的权利；阿贝尔（Abel，1992）认为，产权包括所有权、使用权、管理权、分享残余收益或承担负债的权利、对资本的权利、安全的权利、转让权、重新获得的权利以及尚未列举的一些权利；巴泽尔（Barzel，1989）把产权定义为，对财产进行利用、收益以及转让的权利。综上所述，所谓产权，是指对财产各种权利的总称。而且产权是一种权利束（a bundle of rights），其可以分解为多种权利并呈现出一定的产权结构。

产权经济学家还从产权的功能对产权进行了说明。例如，德姆塞茨（Demsetz，1967）认为，产权是一种社会工具，其重要性在于事实上它能帮助一个人形成他与其他人进行交易时的合理预期；产权包括一个人或者他人受益或受损的权利；产权的一个主要功能是引导人们将外部性转为内在的激励。波斯纳（Richard Posner，1977）概括了产权有效体系的三个标准：(1) 普遍性，也就是说，要使产权有效发挥作用，必须使资产普遍有其所有者，否则哪一领域有限资源缺少所有者，哪一领域就必然无序且无效；(2) 独占性，在大多数情况下，产权越是独占和完整，资源配置越有效，只有当交易费用极高，使得独占性排斥了产权的转移时，产权的独占性才会降低资源配置的效率；(3) 可转移性，即产权必须可自由地交易，否则资源配置难以奏效。由此可见，产权是一种排他性的权利，而且这种权利必须是平等交易的法权，而非特权。它是规定人们行为相互关系的一种游戏规则，是社会经济有效运行的基础。因此，在正交易费用的世界里，产权明晰有利于交易费用的节约，以及给交易双方一种收益的预期，提高资源配置的效率。具体说来，产权有以下三种基本功能：一是激励功能，即激发人们干好自己工作的积极性；二是约束功能，即规定人们能够做什么，不能做什么；三是分配功能，即人们按照自己所拥有的产权的多少对所创造的收益进行分配。正是基于以上功能，一项有效的产权制度安排能够使当事人各尽其能、各得其利。从另一个角度说，一项有效的产权制度能够有效地克服搭便车、偷懒行为（shirking behaviour）以及道德风险（moral hazard），使外部性（externality）内部化。显然，在此条件下能够实现科斯（1966）所言的“产值最大化”。

（二）土地产权与土地产权功能

由产权的定义，我们不难给出土地产权的定义。土地产权就是有关土地这种财产（地产）的一切权利的总和。也就是说，土地产权包括土地的所有权、使用权、收益权、处分权等各项权利。基于此，我们可以把土地产权理解为各种单项权利的权利束或权利组合，其不同的组合方式形成不同的土地产权结构。不同的产权结构形成了不同的利益主体结构，从而不同的产权结构也就具有不同的产权效率。周诚（1996）将土地产权分为四级产权束：一级土地产权束是全部产权的总和；二级土地产权束由土地所有者产权束、土地受托管理者产权束和土地产权宏观调控者产权束所组成；土地使用者产权束是从土地所有者产权束中分解出来的，故称之为三级产权束，它由土地无偿或低偿使用者产权束和土地有偿使用者产权束所组成；土地承租者、土地抵押权人从土地有偿使用者那里有偿地取得相应的土地产权，形成第四级土地产权束。

毋庸讳言，土地产权的功能同样包括激励、约束和分配三项。一般而言，土地产权的上述功能能够保证土地的集约利用和合理利用。但在特殊情形下，因土地特性或土地制度不完善，土地的集约利用和合理利用也难以保证。例如，因土地具有资源（生产要素）和资产双重属性，容易助长土地投机，不利于土地的合理利用。此外，若土地使用权得不到有效保障，土地所有者也会损害土地使用者的利用，造成土地资源的不合理利用。可见，有什么样的土地产权制度，就有什么样的土地产权功能，从而就有什么样的土地绩效。因此，必须在土地产权的保护和限制方面制定一套合理的制度，这样才能保证土地产权功能的有效发挥。

二、土地产权与土地利用

前已述及，土地产权影响土地利用。土地产权影响土地利用的表现主要有以下三个方面：一是产权的稳定性影响土地利用。就其本质而言，德姆塞茨（1967）认为，产权的重要性在于事实上它能帮助一个人形成他与其他人进行交易时的合理预期。但若产权制度不稳，人们就无法对自己所拥有的产权形成稳定的预期，从而损害了产权的效率。我们用土地收益率（*LR*）代表土地产权的稳定性。一般而言，土地产权越稳定，土地收益率波动性越小。我们用土地集约利用度（*IU*）来表示土地集约利用的程度。如图 1—5 所示，土地收益率的波动带来了土地集约利用度的波动。因此，土地产权不稳，将导致土地集约利用度的不稳，影响土地合理利用。二是土地产权结构不合理也会影响土地利用。在现今两权分离的世界里，若土地所有者与土地使用者对土地收益的分配比例不合理，也将影响土地利用。例如，对分成地租的研究就是研究设定多大比例的地租分成能够确保地主和租客双方的利益，同时保证土地的合理利用。张五常（1969）对此有过精彩的论述。三是对土地使用权的保护程度也将影响土地利用。因土地使用权是从土地所有权中分离出来的，如对土地使用权不加以保护，土地所有权人就会侵害土地使用权人的利益。各国发生的租客的抗租、抗捐暴动和游行，就是明证。因此，为了保护租客的利益，各国都制定了相关法律，对土地使用权进行保护，从而保障了土地的合理利益。实际上，后两种情形均可由图1—5来解释。

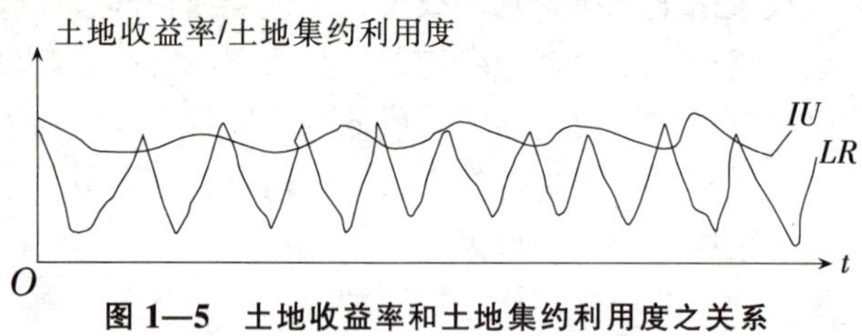

图1—5　土地收益率和土地集约利用度之关系

三、外部性与土地开发权

土地开发权（land development rights）最早是于20世纪40年代在英国首创的，是对土地在利用上进行再发展的权利，即土地所有权人或土地使用权人改变土地现有用途或者提高土地利用程度的权利，它是从土地所有权中分离出来并且具有独立性和可移转性的财产权。20世纪70年代，美国、法国、日本、加拿大、新加坡、韩国及我国台湾地区都陆续建立了土地开发权制度。尽管目前我国法律上并未设立土地开发权，但我国学者对土地开发权已有一定的研究，只是对土地开发权的概念尚未达成一致。例如，沈守愚（1998）将农地开发权界定为“将农地变更为非农用地的变更利用权”。王小映（2003）认为，土地开发权是一种农地可转为建设用地进行开发利用的权利。胡兰玲（2002）认为，土地开发权是指对土地在利用上进行再发展的权利，即在空间上向纵深方向发展、在使用时变更土地用途之权，可将其分为两类：空间（高空、地下）建筑权和土地开发权。季禾禾等（2005）认为，土地开发权的客体涉及地下、地上、地面上空的开发和利用。万磊（2005）认为，土地开发权是指对土地在资源利用方面改变原有的利用形式而进行再开发的权利。侯华丽、杜舰（2005）认为，土地开发权是将土地变更为不同使用性质的权利，包括：农地变更为非农用地的发展权或农地发展权；未利用土地变更为农用地或建设用地的发展权；在农地使用性质不变的情况下扩大投入的发展权；在建设用地上进行建设的发展权。范辉、董捷（2005）从土地用途和集约度两个方面，把土地开发权分为农地发展权、建设用地发展权和未利用土地开发权，农地发展权仅指土地用途由农用地转为建设用地，主要包括国家通过征地将农用地转为建设用地和农用地依法被转为农村集体建设用地。

王万茂、臧俊梅（2006）认为，土地开发权是指土地变更用途使用和对土地原有集约度的改变之权，包括农地发展权和市地发展权。农地发展权指土地用途由农用地转为建设用地的使用之权，包括：国家通过征地将农村集体农用地转为国家建设用地；农村集体农用地依法被转为农村集体建设用地；国有农用地依法转为国有建设用地。可见，国内学者对土地开发权界定的差异，源于其对土地开发权客体认识的差异。实际上，土地开发权既包括农地开发权，也包括市地开发权。

土地开发权作为一项土地产权，除了能够为权利人带来收益外，从土地开发权产生的背景和创设目的来看，其功能还表现在以下五个方面：一是保护自然资源与生态环境。通过对土地开发权的限制，可以实现土地利用规划，对自然资源与生态环境进行保护。二是调节因土地使用而产生的土地所有人之间的不平等。在传统的分区管制制度之下，一方面，被限制开发地区的权利人因得不到发展遭受了巨大的损失，而被规划为可发展地区的权利人因高密度的发展而获得巨大收益。这就人为地造成了不同地区发展的不平等。通过土地开发权的移转可以很好地平衡被限制地区和发展地区权利人的利益，从而实现社会公平。三是土地开发权可替代或配合土地用途管制，避免了直接管制所带来的巨大成本。四是以转让部分或全部开发权替代征收，实现土地多元主体立体开发利用，提高土地的利用效率。五是明晰土地产权，通过市场机制补偿限制发展地区的权利人，从而减轻政府的财政负担。因此，从土地开发权的生成来看，土地开发权是因限制土地发展而形成的，若无限制则无土地开发权一说（黄祖辉、汪晖，2002）。

创设土地开发权可以将土地利用和保护中的外部性内部化。德姆塞茨（1967）指出，产权的发展就是为了使外部性内部化，界定产权的一个主要功能就是提供激励，引导人们将外部性更好地内部化。众所周知，土地存在许多外部性问题。例如，涵养水源、防风固沙、调节气候、保障生态安全等。但市场机制很难解决外部性问题。因此，西方国家创设土地开发权的初衷是为了保护耕地、保护自然资源和公共资源、限制建筑物的高度等。例如，在农用地变更为建设用地的过程中，可开发地区向受限制地区购买土地开发权，让受限制地区的居民获得经济补偿，从而使农用地的生态功能在经济上得到体现。此外，由科斯定理可知，通过清晰界定土地开发权，可以减少土地市场的交易成本，促进土地资源的有效配置和利用。例如，在土地征用中，农民集体可以通过土地开发权参与土地增值利益的分享，从而解决了征地过程中关于补偿问题的争论。

对于土地开发权归属问题，国内学者有三种观点。第一种观点为国家所有。例如，沈守愚（1998）认为，土地开发权的权源是国家主权，对土地使用者为非公益主体的，除给集体和农户应有的补偿外，还要向国家购买开发权。胡兰玲

(2002)认为，将土地开发权归属国家所有较为合理。贾海波(2005)也认为，农地开发权只能由国家来行使，因为农地开发权所引致的土地增值实际上属于级差地租Ⅰ，应归国家和社会所有。第二种观点为私人所有。张安录(1999，2000)主张将农地开发权归农地所有者所有，开发权可像其他普通商品一样在市场上自由交易。刘永湘、杨明洪(2003)认为，农地开发权应属农民集体所有。黄祖辉、汪晖(2002)认为，非公共利益性质的征地活动剥夺了集体土地所有者的土地开发权，国家应将农村集体土地开发权的价值支付给农民。李长健、伍文辉(2006)和周建春(2007)都主张将土地发展权配置给土地所有者，国家再用税收来调节。第三种观点为公私兼顾论。戴中亮、杨静秋(2004)认为，中国农村集体土地开发权具有二元主体，即国家是显性主体，而农民是隐性主体，主张将农村集体土地中的集体建设用地的开发权赋予农民。徐恒周(2005)认为，中国土地分为国家所有和集体所有两种形式，前者的土地开发权完全由国家控制，后者的土地开发权因农民集体拥有土地的所有权，而且法律上国家所有和集体所有是平等的，所以应该明确集体对其所有土地的开发权。万磊(2005)也主张城镇土地开发权归属政府，农村土地开发权归属农民集体，政府再用税收杠杆来均衡各方利益。刘国臻(2005)提出，改变土地使用性质的土地开发权归国有，包括农用地变更为建设用地之权和未利用土地变更为农用地或建设用地之权；土地使用性质不变，但对原有土地增加投入而形成的开发权(包括农用地性质不变、承包人增加对农用地的投入而形成的开发权和在建设用地上进行建设而形成的开发权)，归土地使用权人所有。朱启臻、窦敬丽(2006)主张新增建设用地的开发权由国家和失地农民分享，农地开发权应从“涨价归公”转变为“涨价分享”。

第四节　区位理论

一、区位理论的形成及发展

区位理论(location theory)是研究人类经济行为的地域空间选择及空间内经济活动的组合优化的理论。简单地说，区位理论就是研究经济行为与空间关系问题的理论。

从1826年产生以来，区位理论这一人类杰出的智慧成果在科学发展史上一直闪烁着熠熠光辉。随着社会经济的发展和技术、交通运输能力的提高，区位理论研究经历了由古典区位论到现代区位论的发展过程，研究也由微观的静态的分析转向宏观的动态的研究，其理论体系日趋成熟。从理论发展历程以及研究内容的变化来看，区位理论可划分为古典区位论和现代区位论两大阶段。

（一）古典区位论阶段

作为一种学说，区位理论产生于19世纪20—30年代，其标志是1826年德国农业经济学家杜能（J. H. V. Thunen）的著作《孤立国》的出版。杜能根据资本主义农业与市场的关系，探索因地价不同而引起的农业分带现象，创立了农业区位论。19世纪中叶以后，西欧的基础性工业特别是钢铁和机器制造业蓬勃发展，交通运输能力也有了很大提高，一些学者开始探讨工业区位问题。19世纪80年代，德国经济学者龙哈德（Wilhelm Launhardt）提出了“龙哈德区位三角形”（standorts-dreieck），其论文《商业趋向的理论》（1872）、《工业合理区位的确定》（1882）已体现出工业区位论的早期思想。20世纪初，工业区位论的集大成者德国经济学者韦伯（A. Weber）在其经典著作《工业区位论》中对工业区位理论进行系统地分析和阐述，从而创立了工业区位论。继韦伯之后，瑞典经济学家帕兰德（Tord Palander）和美国经济学家胡佛（E. M. Hoover）等人对工业区位理论作了进一步的完善和改进。20世纪30年代初，随着城市的迅速发展，许多学者把研究的目光转向对城市空间配置的研究。德国地理学者克里斯塔勒（W. Christaller）在其著作《德国南部的中心地》中根据聚落和市场的区位，绘出了正六边形市场网络图，由此创立了中心地理论。7年后，德国经济学者廖什（A. Losch）利用克里斯塔勒理论的框架，并在其基础上建立了市场网络模型，把中心地理论发展成为产业的市场区位论。

这些区位论都采用新古典经济学的静态局部均衡分析方法，以完全竞争市场结构下的价格理论为基础来研究单个厂商的最优区位决策，因此，这些理论又被称为古典区位论。

（二）现代区位论阶段

现代区位论始于20世纪50年代，这一阶段区位论的研究将数量统计、线性规划、投入—产出分析等数量方法以及系统论、运筹学思想与方法用于对区域经济运行的动态性、总体性进行描述。20世纪50年代，达恩（E. S. Dunn）、奥托伦巴（E. Otremba）、艾萨德（Walter Isard）、博芬特尔（E. V. Boventer）等学者从空间经济的角度出发，对推动区位选择的研究从局部均衡向一般均衡发展进行了卓有成效的研究。同时，在这一时期，由于行为科学和行为地理学的发展，区位理论中不仅考虑经济因素，也重视行为因素，即消费者的效用最大化。20世纪60年代，区位行为理论的思想由英国经济学家邓尼森（S. R. Dennison）首先提出，后经美国学者史密斯（D. M. Smith）进一步发展成系统化的区位理论。

20 世纪 60 年代后期，美国数量地理学者普雷德（A. Pred）发展了史密斯的空间成本曲线和盈利边际理论，并提出了用来解释决策者和产业区位的行为矩阵。此外，20 世纪 90 年代美国经济学家克鲁格曼和日本的滕田（Fujita）等人提出的以非完全竞争市场结构为主的新经济地理学理论也是对区位理论的发展。

二、主要区位理论概述

（一）农业区位理论

1826 年，德国农业经济学家杜能的《孤立国》一书问世，奠定了农业区位论的基础，也标志着西方区位理论的产生，杜能因此被推崇为区位论研究的鼻祖。

农业区位论的产生是与 19 世纪德国的社会历史背景和生产力状况密切相关的。18 世纪末到 19 世纪初，德国处于资本主义上升阶段，但封建诸侯割据的生产方式仍有保留。当时 90%的人口仍居住在村庄里，农业生产以粮食为主，根本没有化肥和新式农具以及先进的交通工具，形成了以独立城市为中心的一个个封闭的经济区，城市间的经济联系十分松散。但农业的资本主义化已起步，封建的庄园农业逐渐被自由式的农业经营方式所取代。为了解答这些新情况下面临的农业生产的区位选择问题，杜能从一个假想空间——“孤立国”出发，以在德国梅克伦堡经营的特洛农场为例，经过多年经营和观察，提出了农业经营方式的合理空间组合，即农业区位论。

继杜能之后，对农业区位论贡献较大的经济学家是布林克曼（Brinkmann），他从集约度和经营方式出发来研究农业的区位布局和土地利用方式。他认为，影响集约度的因素有农场的运费、农场的自然情况、社会经济发展水平和经营者本身的特征等，集约度的高低影响农业的收益和土地利用方式。布林克曼与杜能理论的区别是：杜能把生产费的一部分即所谓的“谷物部分”作为距离的函数，认为“货币部分”与距离无关，而布林克曼则把所有的生产费都作为距离的函数来研究。

辛克莱尔（Robert Sinclair）于 1964 年提出了同杜能圈完全不同的城市周围土地利用模式，即所谓的“逆杜能圈”。辛克莱尔首先假设：农民能自由地选择土地利用活动并能根据情况的变化调整其生产行为；城市日趋膨胀并不断吞噬周围的农地；城市扩张对其周围各个方向的农地影响均等。通过对美国中西部的许多大城市周围的土地利用进行实证研究，他得出了如图 1—6 所示的结论图。

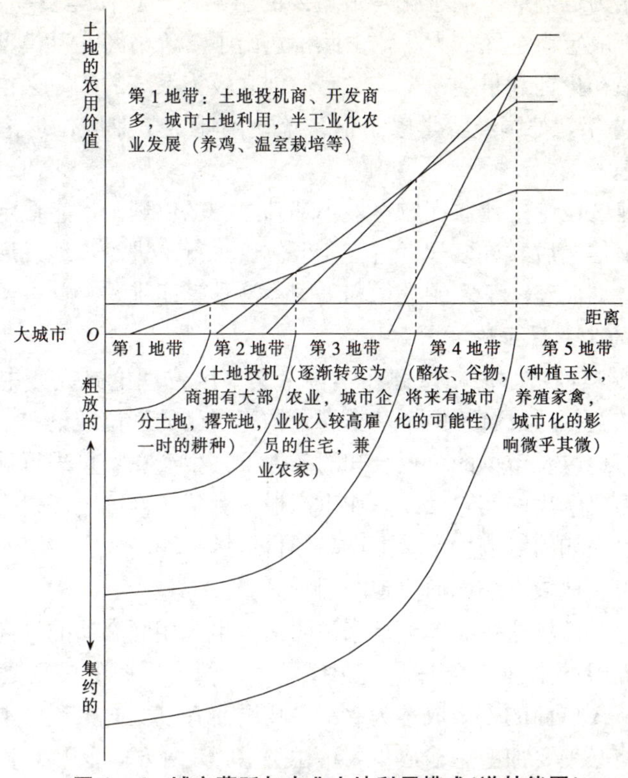

图 1—6　城市蔓延与农业土地利用模式(逆杜能圈)

杜能理论所描述的规律与发展中国家的现实基本吻合，而辛克莱尔模型充分考虑了现代城市化发展的特点，更适合于发达国家的大城市周围地区的实际情况，辛克莱尔模型可以说是杜能理论的一种补充和修正。

(二) 工业区位理论

19 世纪后半期是西欧自由资本主义上升时期。产业革命后，德国的生产社会化程度提高，现代工业特别是钢铁和机器制造业迅速发展，新的交通工具被广泛使用，使工业布局受自然条件的制约减少。另外，自由资本主义的发展给资本家提供了平等的竞争环境，企业间竞争渐趋激烈，迫使工厂企业寻求最佳区位，以减少生产成本，获得最大利润。这成为当时经济学家研究的中心。

19 世纪中后叶，德国学者威廉·罗舍尔对杜能的理论作了充分肯定，并提出新的补充。之后，德国经济学者龙哈德首先运用自己创立的“结点原理”中的结点原则和极原则对三个区位怎样联结成一个“V”或“Y”的问题进行几何求解，提出了著名的重量三角形模型。他又对影响企业区位决策和市场区位的因素进行了分析，认为运输成本最小化是最重要的影响因子，而运费率、商品效用、竞争者的行为等决定市场区的大小，由此构建出了“价格漏斗”模型。这是关于工业区位论的最初论证和早期模型，对韦伯创立较为系统的工业区位理论体系有很大影响。1909 年，德国经济学家韦伯系统地阐述了工业区位理论，成为工业区位理论的奠基者。

韦伯的工业区位论是建立在成本最小基础上的区位理论，它奠定了工业区位论的基础。继韦伯之后，许多学者对工业区位论进行了进一步地发展与深化，作出重要贡献的是瑞典经济学家帕兰德和美国经济学家胡佛。

1. 帕兰德的工业区位论

1935 年，瑞典经济学家帕兰德在学位论文《区位理论研究》中提出了自己的区位理论。帕兰德通过解答两个基本问题构建自己的区位理论：一是在假定原料的价格和分布地以及市场的位置已知的条件下，生产在哪里进行的问题，该问题也是韦伯努力要解决的问题；二是在生产地、竞争条件、工厂费用和运费率已知的情况下，价格如何影响生产者的产品销售地域范围。

(1) 关于市场地域大小如何决定的问题。

帕兰德以直线市场这一简单模型来说明两个生产相同产品的厂商，如何达成两个市场区域界限的平衡。在图 1—7 中，A、B 两个厂商的市场是沿着图形的水平轴分布的，A 厂商的生产成本为 AA'，B 厂商有较低的生产成本 BB'，而消费者所付的价格必须要加上运输成本，可由 A' 和 B' 两方向上升的直线表示。因此，任一点的产品的价格包括固定的工厂成本及变动的运输成本，用几何学来说，该地点价格的高低呈漏斗状，漏斗的下端部就是生产地。在这些漏斗相交的地点，价格相等，这两个厂商的市场范围将以 X 点为界。

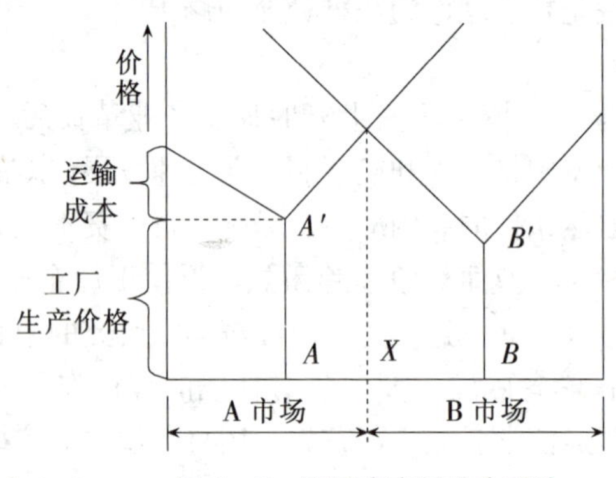

图 1—7　两厂商市场分布理论

(2) 生产区位布局问题。

分析了市场地域之后，帕兰德又研究了在原料的价格、分布地和市场给定时，生产区位在哪里布局的问题。在这一问题的研究上，他提出了远距离运费衰减的规律，这是对区位理论发展作出的一大贡献。

帕兰德的分析采用了韦伯的等费用线分析方法。为了说明运费对区位的影响，他研究了只有一个原料地和一个消费地的简单模型。结果表明，当运费率为等运费率时，总运费在原料地和市场连线上的各点都相同；当运费率为可变运费率时，总运费在原料地和市场两点比两者之间的任意区位都低。在现实世界中，运费率一般是可变的，那么，生产的最佳区位选择在原料地或者市场的可能性更大。

帕兰德的理论深受韦伯的影响，他也认为在区位选择时，运费最小地点就是最佳的生产地。可是随着生产地的选择，其他所有的费用也在发生变化。因此，最佳的生产地应该是生产的所有费用的总和最小的地点。

2. 胡佛的工业区位论

1937年，美国经济学家胡佛在研究了制鞋和制革工业的基础上，出版了更为全面的理论著作《经济活动的区位》，提出了他的区位理论。

（1）胡佛的运输费用理论。

胡佛在研究经济活动的区位时非常重视运输费用的影响。他首先分析了运输费用的结构。他将运输费用区分为与距离变化相关的线路运输费用和与距离变化无关的场站作业费用。场站作业费用包括装卸、仓库、码头、管理经营机构和保养等费用；线路运输费用包括线路维修、管理、运输工具磨损、动力消耗、保险和工人工资等。由于场站作业费用的存在，运输距离与运输费用之间的变化就不是简单的等比例关系。一般地，线路运输费用与距离的变化成比例，但场站作业费用与距离的变化无关。因此，区位布局要尽量避免原料和产品的多次中转。

胡佛还研究了运输方式和运输费用之间的关系。运输方式不同，单位重量的货物每单位距离的运输费用也不同，即运费率不同。一般场站作业费用低、线路运输费用高的运输方式适合于短距离运输；场站作业费用高、线路运输费用低的运输方式进行长途运输较有利。他总结出，通过选择运输方式可以降低运输费用，公路适合于短途货物运输，水运有利于远距离的货物运输，而铁路适宜于中长途货物运输。

（2）市场地域理论。

胡佛以采掘工业的生产地如何决定供给市场地域为例，说明运输费用和生产费对区位的影响。他先假设：生产者（或消费者）之间存在着完全竞争；生产要素具有完全的可移动性；资源分布地已知。

胡佛采用了送达价格的概念，送达价格即为采掘费和运费之和。当采掘费一定时，运费成为影响价格的唯一的变量（见图 1—8）。在图 1—8 中，纵轴表示费用或价格，横轴表示距离。矿物的采掘地为 X，A、B、C 表示在同一方向市场地域可能的终点。供给地域为 XA 时，采掘费由纵轴上的距离 Xa 表示，直线 aa' 表示随着远离采掘地 X 点的运费的增加情况，胡佛称其为运费倾斜线。如果市场扩大到 B 点，采掘费为 Xb，这时新的运费倾斜线 bb' 也同时产生。扩大到 C 点也会有同样的影响。a'、b'、c' 等类似的点成为市场地域的终点，胡佛将这些点的连线命名为边界线（margin line），即市场终点的送达价格的联结线。如果划出同样矿物 Y 的供给地的边界线，那么，两者的交点就是两市场地域的界线。在交点上送达价格从 X 或者 Y 运送都相同。

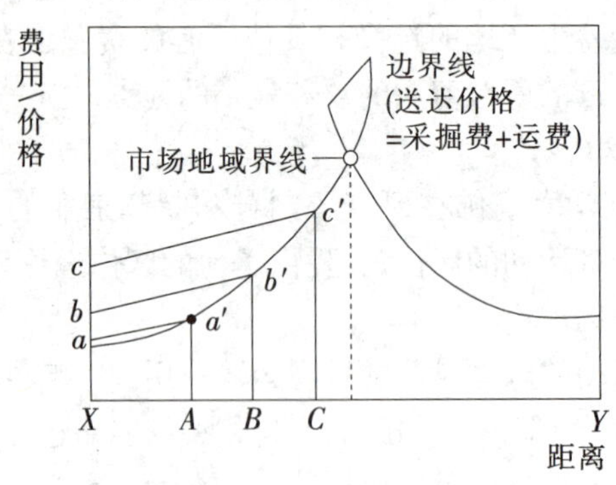

图 1—8　在收入递减条件下两个生产者的市场地域界线

利用上述方法，同样可以分析制造业产品的市场地域。生产地 A 的市场地域到 L 时，在 A 点的生产费用 AC 表示，在 L 点的价格用 LQ 表示（CQ 为运费的倾斜线）。如果市场地域扩大到 M 和 N 时，A 点的生产费分别为 AR 和 AT，在 M 和 N 点的价格分别为 MS 和 NU（RS 和 TU 分别为运费的倾斜线）。将 Q、S 和 U 等点连线，即得到边界线（见图 1—9）。

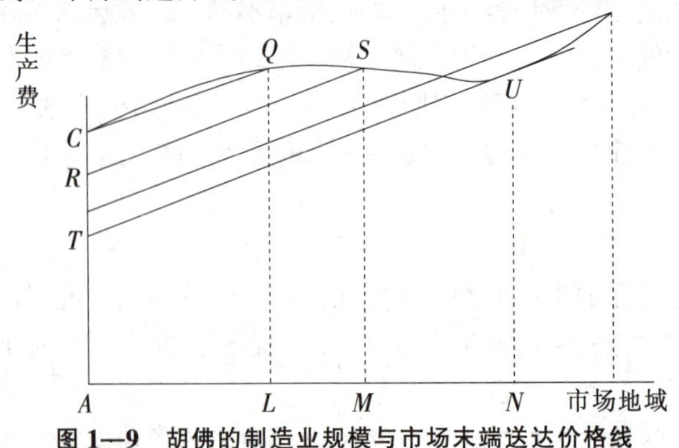

图 1—9　胡佛的制造业规模与市场末端送达价格线

可见，随着市场地域的扩大，由于规模经济带来了生产费的降低；但在一定地域生产过度集聚就会出现规模不经济，生产费将再次上升。胡佛把边界线与运费倾斜线相切的点作为地域规模经济与规模不经济的分界点。从生产费的角度而言，该点是市场的最佳规模。

（三）中心地理论

进入20世纪，资本主义国家的城市化进程大大提高，城市在社会经济生活中的地位空前提高。为此，许多经济学家和地理学家把研究的目光转向城市，对城市的空间分布、数量和规模等进行研究。早在19世纪初，德国政治学家缪勒（Muller）和美国农村社会学者罗比・吉尔（Robbie Gill）就提出六边形形态是研究具体地域最佳的空间形态；1919年，德国地理学者施吕特（Schluter）对中心地等级问题进行了探讨；英国学者鲍伯克（Bauboeck）在1927年关于聚落职能的研究已接近于克里斯塔勒的理论。1933年德国地理学家克里斯塔勒系统地建立起了这一对城市理论体系研究具有重大影响的中心地理论。之后，德国经济学家廖什发展了克里斯塔勒的理论，并基于此提出了自己的市场区位论。

20世纪40年代，西方国家由自由竞争资本主义过渡到垄断资本主义，企业间的竞争空前激烈，企业为谋求最大利润，必须使其产品市场最大化。1940年，德国经济学家廖什出版了其著作《经济空间秩序》，该书被认为是中心地理论的代表作。廖什的主要贡献是用利润原则来说明区位趋势，因此，廖什的理论被称为"最大市场学派"。

克里斯塔勒和廖什的中心地模型是中心地系统理论和实践研究的基础，此后，美国学者贝利和加里森（J. L. Berry & Garrison）对中心地理论的发展和应用研究作出了很大的贡献。20世纪50年代末，贝利和加里森相继发表了三篇论文，论述了中心地的等级性、商品供给的范围和中心职能的成立过程。60年代初期，他们首次采用计量方法研究中心地，在研究中引入"门槛人口"等概念。他们指出，门槛人口（threshold population）就是某种中心职能在中心地布局能够得到正常利润的最低限度的人口。一般来说，门槛人口大的中心职能，供给的市场区域范围也大。贝利和加里森在求出各中心职能的门槛人口后，按照门槛人口进行中心地等级划分。贝利和加里森进一步从动态角度分析了中心地规模扩大对中心职能布局的作用。

（四）空间竞争理论

1. 理论背景

二战以后，区域一体化快速发展，这一时期，系统论及运筹学的数学模型广泛建立，计算机技术大量使用，学者们从空间经济的角度出发，对推动区位选择的研究从局部均衡向一般均衡发展进行了卓有成效的研究，包括达恩的经济区位阶段论、奥托伦巴的农业经济结构空间统一体理论、博芬特尔的六角形顶点区位的景观结构模型等等。下面对空间竞争理论的主要代表理论——艾萨德的区位指向理论作以简单介绍。

2. 理论的核心内容

1956 年，美国区域经济学家沃尔特·艾萨德（Walter Isard）在其著作《区位与空间经济》一书中，通过著名的代替原则，把有关区位的理论合并并加进经济理论。艾萨德认为，一般来说，区位理论能以经济理论其他方面相同的方法来扩展，用以研究在依据代替原则分析企业家作区位决策时各种不同的生产要素任何组合，并利用和借鉴经济学中两种生产要素的各种可能组合所形成的等产量曲线与各种等成本曲线相切，决定生产的特定生产量和生产要素的最低成本组合的分析方法，利用等产量曲线分析确定工厂的区位。

例如，假设一厂商在目前的技术水平和生产设备最有效利用的情况下，每月生产 X 单位产品，其利用劳动力（L）及原料（M）的情况如图 1—10 中的等产量曲线 L_X 所示，L_X 线上每一点的劳动力和原料的组合均可生产 X 单位的产品。

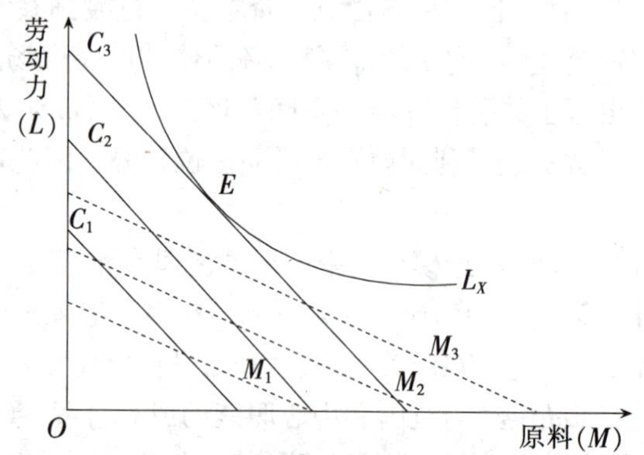

图 1—10　利用等产量曲线确定工厂的区位

假设劳动与原料为影响变动成本的两个仅有的生产要素，市场和原料为两个替选区位。图 1—10 中的 C 为市场地的等变动成本线，M 为原料地的等变动成本线，各 C 线的斜率相同，各 M 线的斜率也相同，但各 C 线与各 M 线的斜率不同。通过分析可以得出：若产品数量及售价一定，且在 L_X 上的各套生产设备所代表的固定成本也相差甚微，只有在 C 与 L_X 的切点 E 上，才可以保证厂商在一定产量水平上成本最小，则 E 点的生产将不仅是变动成本最小的生产方式，而且也是利润最大的。

当替换的可能最佳工厂区位不止两个时，也可为各个区位求出它们的等变动成本线处于何处，将工厂设于该处。这就是工厂区位的等产量分析方法。

艾萨德的理论建立了区域的总体空间模型，把研究重点由部门的区位决策转向区域综合分析，其研究更接近现实经济情况。然而，新古典宏观区位论整个理论框架仍然沿用新古典经济学的完全竞争和规模报酬不变的假设，这极大地影响了其理论对现实区位选择的解释力和实际运用范围。①

（五）区位行为理论

20 世纪 60 年代，区位行为理论的思想由英国经济学家邓尼森首先提出，后经美国学者史密斯进一步发展成系统化的区位理论。20 世纪 60 年代后期，美国数量地理学者普雷德发展了史密斯的空间成本曲线和盈利边际理论，并提出了用来解释决策者和产业区位的行为矩阵。

普雷德认为，许多工厂并非建立在最佳区位，这与企业家个人心理因素、掌握的信息量以及处理信息的能力有很大的关系。在研究的基础上，他提出了用来解释决策者和产业区位关系的一般描述模式——行为矩阵（见图 1—11）。

运用信息的能力——结论趋向优化

信息的质与量→认识趋向完善

$$\begin{matrix} B_{11} & B_{12} & B_{13} & B_{14} & \cdots & B_{1n} \\ B_{21} & B_{22} & B_{23} & B_{24} & \cdots & B_{2n} \\ B_{31} & B_{32} & B_{33} & B_{34} & \cdots & B_{3n} \\ B_{41} & B_{42} & B_{43} & B_{44} & \cdots & B_{4n} \\ \vdots & \vdots & \vdots & \vdots & & \vdots \\ B_{n1} & B_{n2} & B_{n3} & B_{n4} & \cdots & B_{nn} \end{matrix}$$

图 1—11　行为矩阵

行为矩阵由拥有信息水平和利用信息能力构成，各个决策者均可在这一行为矩阵中表示出来（见图 1—12）。在行为矩阵中，决策者的位置越接近于右下方的 Z，则决策者区位信息量就越丰富，信息利用能力也越高，采取的行为越与最佳化行为相近。现实中因不具有完全的信息以及利用信息能力，大多数决策者往往更多地处于图中 A、X 或其他中间位置。

随着时间的推移，区位决策主体的知识得到累积，模仿能力也会提高，并对区位决策进行不断地修正，决策者在行为矩阵中的位置从左上方向右下方移动。如图 1—13 中 A、B、C、D 所示，从时间 t_x 到时间 t_{x+2}，决策者在行为矩阵中的位置逐渐向右下方移动，结果使行为矩阵在空间上的投影，即工业区位或工业地域更趋于合理。另外，在新的运输方式和技术的作用下，曾经是满意的区位或最佳的区位也发生了变化。

① 参见陈文福：《西方现代区位理论述评》，载《云南社会科学》，2004（2）。

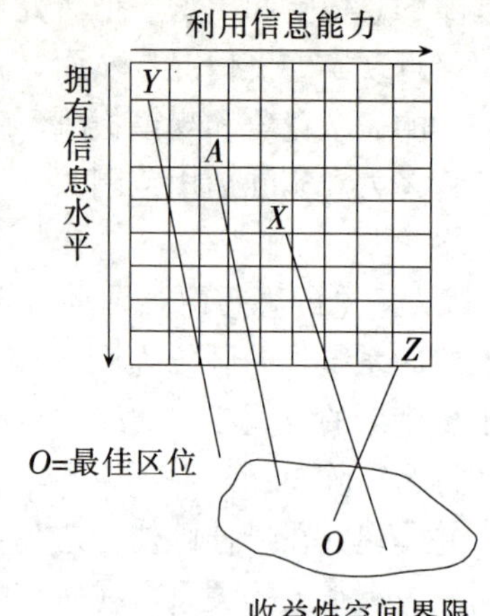

图 1—12　行为矩阵和收益性空间界限

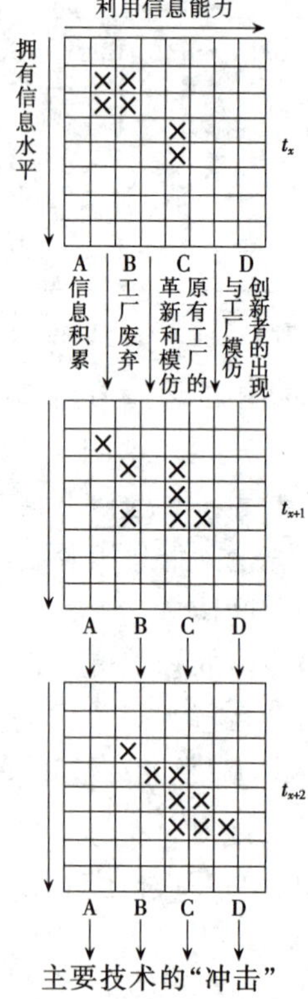

图 1—13　行为矩阵随时间变化示意图

三、区位理论对于土地经济学的意义

区位理论是关于自然物体和人类活动的空间分布及其在空间中的相互关系的学说，是土地经济学的基本原理，其研究思想、方法对土地经济学的发展具有重要的指导作用。对于农业土地利用而言，区位理论是指导和调整农业生产和布局的理论基础，也是制定农业发展政策的重要依据；对于城市土地利用来说，区位更是起着决定性的作用，不仅影响城市用地功能的配置，而且直接影响用地企业的经济效益，同时也会对城市土地的开发程度，经济活动的集聚和互补、互赖性产生决定性的作用。

第五节 地租理论——新古典地租理论

阿隆索（Alonso）是新古典地租理论的开创者。他的《区位和土地利用》一书是新古典地租理论的奠基之作。该书将杜能（1826）的农业土地利用模型引入城市，阐明了城市内部土地价值与土地利用之间的关系。其在严格假设的基础上，采用数学方法分别考察了城市家庭和厂商区位选择的市场均衡，并在此基础上提出了竞价曲线（bid price curve)。该书的贡献是将城市土地与农地的土地利用理论和土地价值理论建立在一个统一的竞价曲线分析框架下。

该书假定：城市位于均质平原之上，且交通在城市的各个方向均可到达；所有的就业以及商品和服务都集中在市中心；土地自由买卖；买者和卖者对市场非常了解。

对家庭而言，应购买多大面积的地块？应在离市中心多远的地方定居？在上述假定下，家庭就会在其预算约束下使其效用最大化。假定家庭收入用于土地、通勤和其他所有商品，则家庭效用最大化的条件为：

$$u=u(z,q,t)$$

$$y=p_z z+P(t)q+k(t)$$

式中，z 表示其他所有商品；p_z 表示其他所有商品的价格；$P(t)$ 表示位于 t 处的土地价格；q 表示家庭所消费的土地面积；$k(t)$ 表示位于 t 处的交通费用。

分别对上述条件求微分，可以得到：

$$\mathrm{d}u=u_z\mathrm{d}z+u_q\mathrm{d}q+u_t\mathrm{d}t$$

$$\mathrm{d}y=y_z\mathrm{d}z+y_p\mathrm{d}P(t)+y_q\mathrm{d}q+y_k\mathrm{d}k(t)=0$$

$$dP(t)=(dP/dt)dt$$

$$dk(t)=(dk/dt)dt$$

由一阶条件可以得出 z、q 和 t 的最优组合。实际上，z、q 和 t 的最优组合位于家庭的预算线与无差异的效用曲线相切之处。

对厂商而言，应购买多大面积的地块？应在离市中心多远的地方进行经营？在上述假定下，厂商则会使其利润最大化。厂商利润最大化的条件如下：

$$G=V(t,q)-C(V,t,q)-R$$

式中，G 表示利润；$V(t, q)$ 表示营业量；$C(V, t, q)$ 表示经营成本；R 表示土地租金。

分别对上述条件求微分，可得：

$$dG=dV(t,q)-dC(V,t,q)-dR$$

$$dV(t,q)=V_t dt+V_q dq$$

$$dC(V,t,q)=C_V dV+C_t dt+C_q dq$$

$$dR=P(t)dq+q(dP/dt)dt$$

由一阶条件可以得出 V、q 和 t 的最优组合：$0=V_q-C_V V_q-C_q-P(t)$。

根据杜能农地竞租函数，该书同样也可推出城市厂商的竞价函数。竞价函数使厂商面对这些价格时，在区位间是无差异的。换言之，若土地价格随着距离变化，则厂商在任何区位所赚取的利润均将相同。

同样，根据杜能农地竞租函数，该书也推出了家庭的竞价函数。换言之，在一定效用水平下，家庭的竞价函数表示家庭在不同区位的满足度是无差异的。

阿隆索（1964）提出的竞价函数将杜能的农地竞租函数延伸到城市土地，为城市土地利用和地租的决定作出了突出的贡献。但该理论的缺陷在于，对城市地价与土地利用的分析仅仅局限于土地需求的分析，忽视了土地供给对土地利用和地价的影响。换言之，阿隆索仅仅考虑的是土地需求者（家庭和厂商）如何通过竞争获得土地，如何在城市中进行区位选择，而土地供给者被动地接受土地需求者的选择。另外，该书也没有说明为什么土地需求是重要的，哪些原因导致了竞价函数的产生。

第二篇

重要文献

第一节　重要论文

一、Congestion，Land Use and Job Dispersion：A General Equilibrium Model（Anas Alex and Rong Xu，*Journal of Urban Economics*，1999，45（3））

这篇论文有两个目的：一是构建一个没有预先决定的就业中心以及具有内生性拥挤费的土地利用可计算一般均衡模型；二是考察拥挤费的征收是如何影响分散性城市中的土地利用方式的。

在分散性城市中，拥挤费将提高市中心的工资和租金，从而使市中心的生产者趋于向城市边缘分散。同时，支付较低的土地租金，通过土地对劳动力的替代实现生产率的提高。此外，拥挤费也促使居民聚集在一起以便于节约通勤和购物成本。在可计算的一般均衡模型中，我们发现，拥挤费对居民的聚集效应大于厂商的分散效应，致使分散性城市中有很多集中性的工作和人口密度大。但是该文是在没有充分考虑聚集经济的条件下来探讨土地利用和拥挤费之间的关系的。若聚集经济很大，城市则会进一步集中，而非出现分散性城市情形。

Alex 和 Xu 假定城市是一个弧度为 φ 的楔形线性城市（wedge-shaped linear city）模型，有 I 个楔形区，每个区的宽度为 1 英里，几何中心的面积为 $\frac{1}{2}\varphi\pi$，楔形区的面积为 $A_i=\varphi\pi(R_i^2-R_{i-1}^2)$。

对厂商而言，他们假定：(1) 厂商用土地和劳动生产相同的产品；(2) 生产函数是规模报酬不变（CRS）的 Cobb-Douglas 生产函数；(3) 厂商分布在不同的楔形区；(4) 区内产品和投入市场是竞争性且相同的；(5) 楔形区 i 在市场均衡时的土地租金为 r_i、工资为 w_i、产品价格为 p_i；(6) 令 X_i、M_i 和 Q_i 分别表示楔形区 i 的总产出、劳动力总投入和土地总投入。由上述假设，则生产函数为 $X_i=BM_i^{\delta}Q_i^{\mu}(\delta+\mu=1)$；对劳动力和土地的总需求函数分别为 $M_i^*=\delta p_iX_iw_i^{-1}$，$Q_i^*=\mu p_iX_ir_i^{-1}$；厂商的成本函数为 $C(r_i,w_i,X_i)=(B\delta^{\delta}\mu^{\mu})^{-1}w_i^{\delta}r_i^{\mu}X_i$。由完全竞争条件假定：消费者楔形区 i 的产品价格为 $p_i=(B\delta^{\delta}\mu^{\mu})^{-1}w_i^{\delta}r_i^{\mu}$。

对消费者而言，他们假定：(1) 消费者居住在 i 区，工作在 j 区；(2) 消费者到商品的生产地购买商品，每次购买单位数量的商品；(3) 城市中共有 N 个消费者；(4) 每个消费者每年的时间为 H，令 v 为其每年工作的天数，t_{ij} 为从 i 区到 j 区的单程成本，g_{ij} 为从 i 区到 j 区的单程旅行时间。则消费者的 C-D 型的效用函数为：

$$U_{ij}=\alpha\ln(\sum_{k=1}^{I}Z_{ijk}^{\eta})^{1/\eta}+\beta\ln q_{ij}+\gamma\ln L_{ij}+u_{ij}$$

式中，$\alpha+\beta+\gamma=1$；$0<\eta<1$；Z_{ijk} 为消费者到 i 区的购物次数；q_{ij} 为土地面积；L_{ij} 为休闲时间；u_{ij} 为消费者偏好。

$$s.t.\ \sum_{k=1}^{I}Z_{ijk}(p_k+2t_{ik})+r_iq_{ij}+2v\,t_{ij}=w_j(H-T_{ij}-L_{ij})+D$$

式中，$T_{ij}=2vg_{ij}+\sum_{k=1}^{I}2g_{ik}Z_{ijk}$，表示消费者总的通勤和购物时间；$D=\frac{1}{N}\sum_{k=1}^{I}A_ir_i$，表示城市土地租金分配给每个消费者的份额。

给定上述最优化条件，消费者根据自己的偏好选择最喜欢的“居住—工作”组合。则消费者选出最优组合的概率为：

$$\Psi_{ij}=\mathrm{Pr}ob[U_{ij}>U_{sm}\ \forall(s,m)\neq(i,j)]$$

对交通而言，他们假定：(1) 道路仅仅由土地来提供；(2) 令 $S_i\leqslant A_i$ 为 i

区用于道路的土地面积；（3）F_i 为每天经过 i 区通勤和购物的往来流量。假设从 i 区到 j 区的期望通勤流量为 ${}^wF_{ij} \equiv N\Psi_{ij}$；每天从 i 区到 j 区的期望购物流量为 ${}^sF_{ij} \equiv \frac{N}{v}\sum_{s=1}^{I}\Psi_{is}Z_{isj}$，则从 i 区到 j 区总的交通流量为 $F_{ij} = {}^wF_{ij} + {}^sF_{ij}$。

若区域 i 的拥挤函数为 $g_i = d[1+b(\frac{F_i}{S_i})^c]$；$d$，$b>0$；$c \geqslant 1$。则区域 i 内的旅行时间为 $g_{ii} = \frac{1}{2}g_i$，区域 i 到区域 j 间的旅行时间为 $g_{ij} = \frac{1}{2}(g_i + g_j) + \sum_{s=i+1}^{j-1} g_s$，总的旅行成本为 $G_i = F_i g_i$。需要指出的是，上述拥挤函数是由平均时间成本和边际时间成本组成的。其中，$db(\frac{F_i}{S_i})^c$ 为边际成本（拥挤税）。则拥挤税的货币形态为 $t_i = \varpi_i db(\frac{F_i}{S_i})^c$。式中，$\varpi_i$ 为所有经过 i 区旅行者的加权平均工资。要使土地的资源配置有效率，则需 $vF_i t_i = S_i r_i$。由此可得：$S_i = F_i(dbcv\varpi_i r_i^{-1})^{1/c+1}$。

消费部门、生产部门和交通部门可以对商品市场、土地市场和劳动力市场出清，得出一般均衡模型。市场出清条件如下：

$$N\sum_{j=1}^{I}\Psi_{ij}q_{ij} + Q_i + S_i = A_i$$

$$N\sum_{s=1}^{I}\Psi_{Si}[H - T_{isi} - L_{si}] = M_i$$

$$N\sum_{n=1}^{I}\sum_{s=1}^{I}\Psi_{nsi}Z_{nsi} = X_i$$

该文通过消费者的选址行为，论证了拥挤成本对商品市场、劳动力市场和土地市场均衡的影响，得出了包括消费部门、生产部门和交通部门在内的一般均衡模型，对城市空间结构、土地利用结构和方式变动进行了理论性的说明。该文较以往文献更加注重拥挤成本或交通部门对土地利用方式的影响，是拥挤成本对城市结构变动理论的重要研究成果。正如该文所言，其不足也就是假定所有的经济活动集中在市中心，忽视了聚集经济对城市空间结构和土地利用方式的影响。若能在此基础上将聚集经济加进去，则会使该文更趋完善。

二、Optimal Urban Land Use and Zoning (Esteban Rossi-Hansberg, *Review of Economic Dynamics*, 2004, 7 (1))

这篇论文通过商业企业的外部经济和工人的通勤成本（commuting cost）之

间的权衡关系（trade-off））研究了环形城市（circular city）商业用地与居住用地的最优分布。理论模型显示，最优的商业用地和居住用地分布与均衡的商业用地和居住用地分布不同。前者的劳动生产率高于后者。最优的商业用地分布在CBD，较高的通勤成本将使居住中心和商业中心交叉分布，从而扩大了最优分布和均衡分布之间的差异。由此，该文提出通过劳动力补贴、土地税和土地区划限制，可以提高土地的最优配置效率。

Esteban假定：(1) 城市为环形城市，其半径为 S；(2) 环形城市只有一种产品，由劳动和土地生产出来，人们消费该种产品；(3) 环形城市的土地只有商业和居住两种用途；(4) 厂商生产的外部性取决于其他厂商的区位；(5) 工人在工作地和居住地之间安排一单位时间；(6) $n(r)$ 表示距离市中心 r 处的单位商业用地的工人数；(7) $N(r)$ 表示距离市中心 r 处的单位居住用地的居民数；(8) $\theta(r)$ 表示商业用地所占的比重；(9) $c(r)$ 和 $l(r)$ 分别表示每人所消费的产品数和土地数；(10) $H(r)$ 表示位于 r 处没有住房的人数；(11) $Z(r)$ 表示位于 r 处代表性厂商的外部经济。据此，可得单位土地面积的生产函数为：

$$q=g(z(r))f(n(r))$$

考虑到环形城市的对称性以及就业的外部经济性随距离增加呈现指数性下降趋势，可以得到：

$$z(r)=\int_0^s \varphi(r,s)s\,\theta(s)n(s)\mathrm{d}s$$

式中，$\varphi(r,s)=\int_0^{2\pi} \mathrm{e}^{-\delta x(r,s,\phi)}\mathrm{d}\phi$。其中，$x(r,s,\phi)=\sqrt{[r^2-2rs\cos(\phi)+s^2]}$。

根据上述假设，消费者的效用函数为：

$$U=U(c(r),l(r))$$

则位于区间 $\mathrm{d}r$ 的没有住房的工人数为：

$$2\pi r[\theta(r)n(r)-(1-\theta(r))N(r)]\mathrm{d}r$$

因位于 r 处的就业是固定的，所以当 $H(r)>0$ 时，需要为更多的工人提供住房。若需要为 $kH(r)\mathrm{d}r$ 的工人提供住房，则满足上述条件的差分方程为：

$$\frac{\mathrm{d}H(r)}{\mathrm{d}r}=2\pi r[\theta(r)n(r)-(1-\theta(r))N(r)]\mathrm{d}r+kH(r)$$

由此，环形城市土地价值的最大化问题可由下式表示：

$$\int_0^s 2\pi r[\theta(r)g(z(r))f(n(r))-(1-\theta(r))N(r)c(r)]\mathrm{d}r$$

$s.t.$

$$0 \leqslant \theta(r) \leqslant 1$$

$$U(c(r), l(r)) \geqslant \bar{u}$$

$$n(r), N(r) \geqslant 0$$

$$l(r) = \frac{1}{N(r)}$$

$$H(0) = 0, H(S) \leqslant 0$$

$$z(r) = \int_0^s \varphi(r,s) s\, \theta(s) n(s) \mathrm{d}s$$

由一阶条件，我们可以得出最优土地利用结构的条件。

该文的重要贡献在于将聚集经济纳入城市土地利用模型中，考察了聚集经济对土地利用结构的影响，从而造成了最优土地利用结构与均衡土地利用结构的差异。其不足在于，尽管它在建立最优土地利用结构模型时采用通勤时间作为通勤成本，但它忽视了消费者收入对土地利用结构的影响。若能将厂商的最优条件与消费者的最优条件结合起来，则该文更具说服力。

三、Land Values in a Newly Zoned City (John F. McDonald, *Review of Economics and Statistics*, 2002, 84 (2))

该文以 1923 年芝加哥采用土地区划法（Zoning Ordinance）前后土地价值的数据实证检验了土地区划法对土地价值的影响。在控制最初的土地用途以及消除了土地区划法决定的内生性问题之后，实证结果表明，居住性土地区划（residential zoning）比商业性土地区划（commercial zoning）导致了更高的土地价值增长率。

McDonald 假定土地有住宅和商业两种用途。此外，他假定住宅土地价值（v_r）和商业土地价值（v_c）是住宅性用地比重（p）的线性函数。即，住宅土地价值和商业土地价值分别为：

$$v_r = \alpha_r + \beta_r p$$

$$v_c = \alpha_c + \beta_c p$$

最优的土地区划是同时提高住宅用地和商业用地的价值。换言之，β_r 和 β_c 均为大于零的系数。在此情形下，居民更加喜欢以住宅为主的小区，而且商业也会被吸引到住宅小区中。就此，McDonald 讨论了三种具体的情形（见图 2—1）。当住宅土地价值函数为 $R1$ 时，市场均衡的结果是全部土地用于住宅用途（$A1^*$ 点）。当住宅土地价值函数为 $R3$ 时，市场均衡的结果是全部土地用于商业用途

(A3 点)。当住宅土地价值函数为 R2 时，市场均衡的结果是住宅用地与商业用地相互混合（A2 点)。因此，如果土地全部被用于居住用途，则居住性土地区划毫无疑义。当土地是住宅和商业的混合用地时，居住性土地区划将提高土地价值，但商业性土地区划对土地价值没有影响（因 grandfather clauses① 在发挥作用)。当土地全部被用于商业且住宅土地价值很低时，则居住性土地区划毫无作用。当某地区全部为商业用地且住宅土地价值接近于商业土地价值时，居住性土地区划将提高土地价值。此外，在商业性土地区划条件下，因土地使用方式没有变化，则土地价值不会下降。

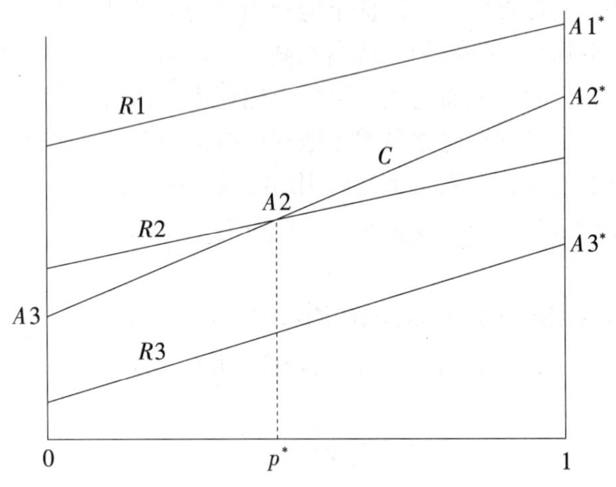

图 2—1　最优土地区划与市场均衡

上述局部均衡模型是完全静态的。如果商业企业最终选择离开居住性社区，则商住混合社区的土地价值将下降。在一个成长性的城市中，商业企业愿意寻求以居住为主的社区。如果一个居住性社区被区划为商业社区，其土地价值将下降。若当地居民意识到这种未来土地用途的冲突，他们就会付高价说服当局保留居住性社区区划。

McDonald 指出了土地区划法与土地价值的内生性问题（endogeneity problem)。当土地区划法制定当局意识到他们的决定会影响土地价值时，他们并不会因此而采取措施去消除这种影响。因为制定当局认为，当冲突性的土地用途被清除时，土地区划法将提高总体土地价值。但实际上，土地区划法的效应是不确定的。例如，若当地居民愿意付高价保留居住性用地，上述结论是准确的；若土

① Grandfather Clauses 是指土地优先使用的顺序为：居住用地、工业用地和商业用地。

地区划法没有考虑未来哪种用途的土地更合适，则土地价值可能会下降。据此，McDonald 认为土地区划法的作用效果是一个实证问题（empirical issue）。

该文从理论和实证两方面论证了土地区划法对土地价值的影响。因影响土地价值的因素很多，所以其缺陷在于，在实证检验土地区划法的作用时，如何将其他影响因素控制住应是该文的重点，但它对此没有进行交代和说明。

四、The Impact of Zoning on Housing Affordability (Glaeser，E. & J. Gyourko，*Economics Policy Review*，2003 (9))

该文通过实证检验，认为美国并不存在全国性的住房可支付性危机问题。全国许多地方的房价接近于建造成本。在一些地方，房价甚至低于建造成本。只有纽约、加州等一些特别的地方，房价远高于建造成本。在一些房价过高的地区，地价并不高，而且人口密度也不高。该文的实证结果表明，高房价是由土地区划或土地控制造成的。

该文提供了测度房价与土地区划之间关系的三种方法。第一种方法是通过特征价格模型（hedonic price model）来测度二者之间的关系。Glaeser 和 Gyourko 假定某辖区土地供给为 A，住房的建造成本为 K，土地自由市场的价格为 p，用新的建房税 T 代替土地区划。由此，L 单位土地面积的住房供给价格为 $K+T+pL$。我们用 $P(L)$ 表示 L 单位土地面积的住房销售价格。当市场均衡时，$P(L)=K+T+pL$，则 $P'(L)=p$。实际上，土地价格和新的建房税是不能直接观察到的，但可以观察到 $P(L)$ 和 K。由此，可以通过计算 $P(L)-K$ 来估计 $T+pL$。运用特征价格模型，可以估计出 $P'(L)$，从而可以估计出土地价格 p。考虑到不同社区有不同的宜人条件（amenity），所以 Glaeser 和 Gyourko 假定社区的宜人条件为 B。则房价函数可表示为$P(L, B)$。因建设成本不随社区的改变而改变，所以对不同社区进行微分，可以得到$\frac{\mathrm{d}P(L,B)}{\mathrm{d}B}=\frac{\mathrm{d}p}{\mathrm{d}B}L+\frac{\mathrm{d}T}{\mathrm{d}B}$。由此，通过观察$\frac{\mathrm{d}p}{\mathrm{d}B}$和$\frac{\mathrm{d}T}{\mathrm{d}B}$之间的大小，我们可以判断土地价格和土地区划对房价的影响。

第二种方法是通过测度房价与土地密度之间的关系来测度二者之间的关系。他们假定，消费者的效用函数包括一般商品的消费（C）、土地消费（L）和宜人条件的消费（B）；消费者的收入为 Y。则消费者的效用函数可表示为 $U(B,L,Y-P(L))$。为简便起见，他们假定消费者的效用函数为：$U(B,L,Y-P(L))=W(B)+V(L)+Y-P(L,B)$。因此，由一阶条件可以得到 $V'(L)=p$。由此可得

$\frac{dL}{dB}=\frac{dp/dB}{V''(L)}$。因此，$dp/dB$ 越大，土地密度越低，土地价格越高。相反，若住房价格和土地密度不存在上述关系，则土地区划对房价不会产生上述影响。

第三种方法是通过测度房价与获得土地区划难度的关系来测度二者之间的关系。换言之，即通过测度$\frac{dP}{dT}>0$来证明二者之间的关系。一般而言，若某一地区实行严格的土地区划，则$\frac{T}{L}$会很高。通过特征价格模型可以估算出$\frac{T}{L}$的大小，从而可以分析房价与土地区划之间的关系。

Glaeser 和 Gyourko 通过实证检验了上述房价与土地区划之间的三种关系，证明了美国住房市场并不存在严重的可支付性危机问题。该文的缺陷在于，它所论证的房价是由成本决定的房价。实际上，房价是由供求以及预期决定的。由此，高房价地区完全可能是由房地产投机造成的，而非由土地区划法造成的。

五、Land Use and Zoning in an Urban Economy (William J. Stull, *The American Economic Review*, 1974, 64 (3))

该文考察了由利润最大化的开发商主导的城市土地政策对城市土地租金和土地利用结构的影响。理论模型显示，若开发商扩大工业用地的面积，则会导致工业用地厂商所支付租金的下降及工人工资的提高，但其对住宅用地租金的影响不确定（这取决于收入效应和外部效应之间的大小比较）。同时，尽管土地是无限的，但扩大工业用地面积将导致居住用地面积的缩小。

如图 2—2 所示，Stull 假定：(1) 城市为单中心的线性城市；(2) 城市中仅包括商品市场和劳动力市场，且都位于市中心 C 处；(3) 城市土地仅有居住用途和工业用途两种；(4) 城市的空间结构是由利润最大化的开发商设计的；(5) 开发商将土地拍卖给居民和厂商；(6) 经济的均衡状态是由开发商的设计和土地拍卖决定的；(7) 线性城市的土地被开发商均匀地划分成长度为 q^* 的若干份；(8) 厂商的区位选择被限定在市中心 ($[t_a^*, t_b^*]$)，居民的区位选择被限定在城市边缘 ($[t_a^*, t'_a]$和$[t_b^*, t'_b]$)；(9) 所有的消费者的效用函数是相同的。根据上述假定，消费者效用函数为：

$$U=U(X,q,t,t-t^*)$$

$$s.t.\ y=X+mq+h(t)$$

式中，X 表示复合商品，其价格被标准化为 1；q 表示居住用地的数量，其价格

为 m；t 表示工人居住地与市中心的距离；t^* 表示最近的土地区划边界与市中心的距离；$h(t)$ 是交通成本函数。一般而言，居住者愿意居住在一起，且喜欢远离工业区。因此，$t-t^*$ 实际上表示居住区的大小和规模经济大小。

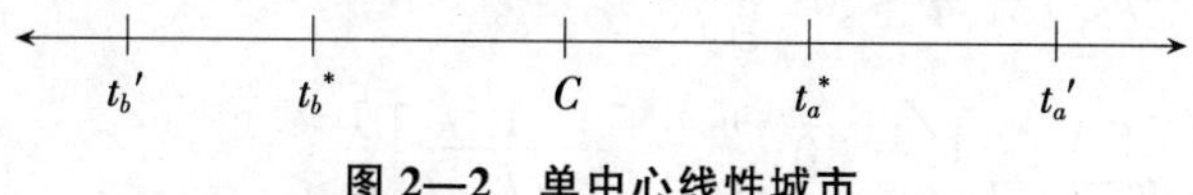

图 2—2 单中心线性城市

由假设（7）可得，消费者的土地消费量为 $q=q^*$。此外，因劳动力市场是竞争性的，所以在开放城市模型（open city model）下，所有消费者的效用固定且相同，即 $U=\overline{U}$。因此，消费者的效用函数变为：

$$U=\overline{U}(X,q^*,t,t-t^*)$$

由上述效用函数和约束条件，可以得出由距市中不同距离的土地决定的均衡土地租金。若假定开发商对称性地分配城市土地，则城市右边土地的均衡租金可用下式表示：

$$m=m(t;y,t^*)$$

由拉格朗日（Lagrangian）方程可以得到市场均衡租金：

$$R=\frac{1}{q^*}(y-X-h(t))-\lambda[\overline{U}-U(X,q^*,t,t-t^*)]$$

由此可以得出土地租金的斜率：

$$\frac{\partial m}{\partial t}=\frac{\partial R}{\partial t}=\frac{1}{q^*}(-h'(t))+\lambda[U'_t+U'_{t-t^*}]$$

土地租金斜率的符号是不确定的，若居民不关心他们距离工业区的远近，则 $U'_{t-t^*}=0$，这样土地租金的斜率为负。

若开发商将工业区和居住区的边界外移，则消费者所能支付的土地租金变少 $\left(\frac{\partial m}{\partial t^*}=-\lambda U_{t-t^*}<0\right)$。同时，这也将缩短城市边界 $\left(\frac{\partial t'}{\partial t^*}<0\right)$。容易证明，提高居住者的工资收入，将导致土地租金的提高（$\frac{\partial m}{\partial y}>0$）和城市边界的扩大（$\frac{\partial t'}{\partial y}>0$）。

若 y、t^* 和 $\overline{U}$ 均保持不变，则城市劳动力的供给量为 $L_s=2(t'-t^*)/q^*=L_s(y;t^*)$。

对制造业部门而言，厂商的生产函数为 $Z=Z(L,q^*)$。若厂商的货物运输成本为 $k(t)$、厂商支付的租金为 M，则厂商的利润函数为 $\pi=[p-k(t)]Z(L,q^*)-yL-Mq^*$。市场的完全竞争假设决定了每个厂商的利润为零，即 $M=[p-k(t)]$

$Z(L,q^*)/q^*-yL/q^*$。由一阶条件可以得到$\frac{\partial M}{\partial L}=[p-k(t)]Z_1(L,q^*)/q^*-yL/q^*=0$。由此可得：

$$\frac{\partial M}{\partial t}=-k(t)Z_1/q^*<0;\ \frac{\partial M}{\partial y}=-L/q^*<0$$

$$\frac{\partial L}{\partial t}=\left[\frac{k'(t)}{p-k(t)}\right]\frac{Z_1}{Z_{11}}<0;\frac{\partial L}{\partial y}=\left[\frac{1}{p-k(t)}\right]\frac{1}{Z_1}<0$$

同样，厂商对劳动力的总需求为 $L_d=2/q^*\int_0^{t^*}L(t;y)\mathrm{d}t=L_d(y;t^*)$。容易证明，$\frac{\partial L_s}{\partial y}=2/q^*\int_0^{t^*}\frac{\partial L(t;y)}{\partial y}\mathrm{d}t<0$。由劳动力的供给函数和需求函数可以得到市场均衡时的劳动力数量。

最后，该文考察了工业区和居住区边界的变化对土地市场和劳动力市场的影响。对劳动力市场而言，容易证明，$\frac{\partial L_s}{\partial t^*}=\frac{2}{q^*}[\frac{\partial t'}{\partial t^*}-1]<0$，$\frac{\partial L_d}{\partial t^*}=\frac{2}{q^*}[L(t^*;y)]>0$，$\frac{\partial y}{\partial t^*}>0$，$\frac{\partial M}{\partial t^*}=\left(\frac{\partial M}{\partial y}\right)\left(\frac{\mathrm{d}y}{\mathrm{d}t^*}\right)<0$。对土地市场而言，$\frac{\partial m}{\partial t^*}=\left(\frac{\partial m}{\partial y}\right)\left(\frac{\mathrm{d}y}{\mathrm{d}t^*}\right)+\frac{\partial m}{\partial t^*}$。上述符号取决于收入效应和外部效应之间的大小。

该文的贡献在于，它论述了一个由利润最大化的开发商为主导而非政府主导的城市空间结构，分析了开发商的土地政策和消费者的收入变动对土地市场和劳动力市场的影响。该缺陷在于其单中心城市的假设及预先决定了土地利用结构，从而无法完全考察开发商和消费者行为对城市土地利用结构的影响。

六、Real Estate ‘Cycles’: Some Fundamentals（William C. Wheaton, *Real Estate Economics*，1999（272））

Wheaton 在住房耐用性基础上考察了办公楼市场外生和内生的市场均衡波动问题。该文通过建立存量—流量模型，考察了市场参与者预期、开发延期、住房耐用性以及供求弹性对市场均衡的影响。模拟结果显示，理性预期将导致办公楼市场的稳定，非理性预期将导致办公楼市场的周期性波动；当办公楼供给弹性大于需求弹性、开发滞后期很长以及资产耐用性很低时，办公楼市场的周期性波动将很大。

该文首先假定办公楼市场的需求函数 D_t 是外生就业量（E_t）和租金（R_t）的函数。即：

$$D_t=\alpha_1 E_t R_t^{-\beta_1} \tag{2—1}$$

若市场存量是 S_t，则在无房屋空置情形下，短期均衡的市场租金是：

$$R_t=(S_t/\alpha_1 E_t)^{-1/\beta_1} \tag{2—2}$$

办公楼存量模型可用差分方程表示为：

$$\frac{S_t}{S_{t-1}}=1-\delta+\frac{C_{t-n}}{S_{t-1}} \tag{2—3}$$

式中，C_{t-n}表示因建设和规划滞后 n 期的新增开发量；δ 表示存量房屋的贬值率。其中，C_{t-n}取决于 t 期资产价格的估计。即：

$$\frac{C_{t-n}}{S_{t-1}}=\alpha_2 p_t^{\beta_2} \tag{2—4}$$

此外，若考虑经济增长对办公楼存量—流量模型的影响，则上述均衡条件会发生改变。若假定就业率的增长率为 δ，则 $E_t=(1+\delta)E_{t-1}$。也就是说，该文认为就业率增长率的大小等于贬值率。同时，因贬值率对任何类型的物业均无足轻重，即$\delta=0$，则办公楼存量模型的差分方程可表示为：

$$\frac{S_t}{S_{t-1}}=1+\frac{C_{t-n}}{S_{t-1}}$$

对未来价格的预期包括非理性预期和理性预期两种。非理性房价为：

$$P_t=R_{t-n}/r \tag{2—5}$$

理性房价为：

$$P_t=P_{t-1}(1+r)-R_{t-1} \tag{2—6}$$

式中，r 为外生的均衡资本回报率。

由式 2—2 至式 2—6，可以得出市场参与者在非理性预期或理性预期的稳定状态（steady state）解。

该文将房地产周期定义为因单一经济冲击所导致的房地产市场围绕稳定状态的上下波动。因此，在理性预期下，由式 2—2、式 2—3、式 2—4 和式 2—6，可以得出二阶非线性差分方程：

$$\left[\frac{P_{t-1}(1+r)-P_{t+1}}{P_t(1+r)-P_{t-1}}\right]^{-\beta_1}=1-\delta+\alpha_2 P_t^{\beta_2}$$

在非理性预期下，由式 2—2 至式 2—5，可以得到非线性 n 阶差分方程：

$$\left[\frac{P_{t+n}}{P_{t+n-1}}\right]^{-\beta_1}=1-\delta+\alpha_2 P_t^{\beta_2}$$

可见，市场的波动取决于模型中参数的取值。模拟结果显示，供给弹性大于需求弹性是市场波动的必要条件；随着滞后期限的延长，市场开始波动，虽然波动的频率越来越小，但波幅越来越大；随着贬值率或经济增长率的提高，市场开始波动，而且波动的频率和波幅越来越大。与之相反，模拟结果显示，只要需求弹性大于供给弹性、滞后期很短、贬值率或增长率很低，则市场显示稳定性。

该文的贡献在于，它从写字楼的耐用性、开发的滞后性、开发商预期等供给角度考察了写字楼市场的周期性波动问题。正是供给方面的特性造成了写字楼市场的周期性波动。其缺陷在于，它将需求因素设定为外生的。若需求为内生，上述结果则会更完美。

第二节　重要著作

一、*Urban Economic Theory*（M. Fujita，Cambridge University Press，1989）

该书通过竞租函数（bid rent function）考察了家庭选址问题的经济原因，并将城市土地利用和城市规模理论统一在一个理论框架下。该书的第一部分阐明了城市土地利用和最优城市规模的基本理论。该部分在微观经济学的框架下，考察了家庭居住性区位选择的行为、居住性土地利用的市场均衡和最优方式。与此同时，该部分也考察了不同情形下相应的城市均衡条件和最优城市规模。该书的第二部分在第一部分的基础上考察了外部性对城市土地利用和城市规模的影响。该部分对外部性的考察包括公共产品、拥挤、产品多样化和种族歧视。该书在严格的假设下，通过严谨的数学推导建立理论模型，是20世纪70年代以来“新城市经济学”（new urban economics）的集大成者，对城市经济学、区位理论、城市地理和城市规划均有重要的指导作用。

竞租函数来自杜能（1826）的农业土地利用模型。后来，贝克曼（Beckmann，1957）和温戈（Wingo，1961）将杜能的农业土地利用理论引入城市土地利用中。最后，阿隆索（1964）将杜能理论一般化，并提出了竞租曲线（bid rent curves）概念。这一概念是杜能农业土地利用理论和城市土地利用理论的核心。在此基础上，穆特（Muth，1969）将竞租模型引入住房市场中来。此后，竞租模型引发了大量的有关城市房地产空间市场的理论和经验研究。Fujita将上述竞租函数进行了综合和一般化。需要指出的是，上述单中心城市土地利用模型是家庭选址理论，而非企业选址理论。家庭选址理论以效用最大化为基础，企业选址理论以利润最大化为基础。Fujita 假定：(1) 城市是单一就业和商务中心，就业和商务中心位于面积固定的 CBD，CBD 位于原点；(2) 城市的交通系统通向城市四周的每一个方向，没有拥挤，单位距离的交通费用为 t；(3) 城市位于一个没有任何特征的平面上，没有公共产品和外部性，所有的土地都是相同的，土地是正常品 (normality) 或消费品；(4) 家庭的消费包括土地 (l) 和除此之外的复合品 (X)，复合品是计价品 (numeraire)；(5) 家庭收入为 Y，用于复合品、土地和交通。在上述假设下，家庭的选址就是在预算约束条件下使其效用最大化。即：

$$\begin{cases} \underset{r,X,l}{\mathrm{Max}}\, U(X,l) & (2\text{—}7) \\ s.t.\ Y = X + R(r)l + 2tr & (2\text{—}8) \end{cases}$$

式中，r 为距 CBD 的距离；$R(r)$ 为位于 r 的单位土地面积的租金。家庭选址位于无差异曲线与预算线相切之处。

对上式求一阶条件，可得：

$$\frac{\partial R(r)}{\partial r} = -\frac{2t}{l} < 0$$

由上式可以看出，土地租金曲线的斜率是负值。也就是说，当市场均衡时，土地租金随着距离的增加而减少。土地租金曲线可以转化为土地竞租曲线。根据式 2—7 和式 2—8，土地竞租曲线可表示为：

$$\Psi(r,u) = \underset{X,l}{\mathrm{Max}}\left\{\frac{Y-X-2tr}{l} \mid U(X,l)=u\right\} \quad (2\text{—}9)$$

若考虑到时间因素，则上述竞租模型需作进一步修改。Fujita 假定消费者的时间用于工作、休闲和上下班，则考虑了时间因素的竞租模型为：

$$\underset{r,X,l}{\mathrm{Max}}\, U(X,l,T_l)$$

$$s.t.$$

$$\begin{cases} Y_0 + wT_w = X + R(r)l + 2tr \\ T_l + T_w + 2ar = \overline{T} \end{cases}$$

式中，T_l 为休闲时间；T_w 为工作时间；$2ar$[①] 为上下班时间；$\overline{T}$ 为固定不变的总时间；Y_0 为非工资收入。

若考虑了家庭结构，竞租模型则需进一步修改。若将家庭成员分为工作者 (n) 和家属 (d)，则考虑了家庭结构的竞租模型为：

$$\underset{r,X,l}{\mathrm{Max}}\, U(X,l,T_l,d,n)$$

① a 为单位距离的上下班时间。

$$s.t.\quad \begin{cases} Y_0+nwT_w=X+R(r)l+2ntr \\ T_l+T_w+2ar=\overline{T} \end{cases}$$

若存在多个家庭，则上述竞租曲线将进一步修改。Fujita 假定：（1）城市由 m 个类型的家庭组成；（2）每一类型家庭的数量是外生给定的，为 $N_i(i=1,2,\cdots,m)$；（3）每类家庭的效用函数、交通成本和土地消费面积相同；（4）每一距离 r 可用于居住的土地数量为 $L(r)$；（5）没有居住的土地用于农业，农地租金是固定不变的 R_A。则多家庭土地市场均衡条件为：

$$\begin{cases} R(r)=\mathrm{Max}\{\mathop{\mathrm{Max}}\limits_i \Psi_i(r,u_i^*),R_A\} & (2—10) \\ \Psi_i(r^*,u_i^*)=\Psi_{i+1}(r^*,u_{i+1}^*) \qquad i=1,2,\cdots,m-1 & (2—11) \\ \Psi_m(r^*,u_m^*)=R_A & (2—12) \\ \int_{r^*-1}^{r^*}\frac{L(r)}{l_i(r,u_i^*)}\mathrm{d}r=N_i \qquad i=1,2,\cdots,m & (2—13) \end{cases}$$

其中，式 2—10 保证了市场租金是所有竞租中最大的；式 2—11 表明土地市场均衡位于相邻家庭竞租曲线相交之处；式 2—12 说明距离最远的土地市场均衡位于竞租与农地租金相等之处；式 2—13 表明土地市场均衡时，第 i 个家庭在其所占据的环形市场上的数量为 N_i。

该书的贡献在于，它将土地利用和城市规模的决定统一在竞租函数的理论框架下。其缺陷在于，它仅仅分析了家庭在城市中的选址问题，没有分析厂商在城市中的选址问题，而后者涉及聚集经济。因此，在考虑厂商或聚集经济的情形下，城市的空间结构和土地利用方式可能会发生改变。

二、*Economics, Real Estate and the Supply of Land*（Alan Evans，5th edition，Wiley Press，2004）

众所周知，古典和新古典土地经济学假定土地是固定不变的，地租或地价完全由需求决定。该书认为，古典和新古典土地经济学的上述结论是错误的，因为它们忽视了土地供给者或土地供给对地租或地价的影响。一方面，土地供给并非是固定不变的，尽管从全球以及某一个国家或地区来看，土地供给总量是不变的，但通过土地的开发和改造，不同用途的土地实际上是可变的。另一方面，土地供给者并非仅仅接受目前出价最高的土地用途，他们的投机行为以及土地的垄断性导致他们可能在未来出售他们的土地，而非现在出售土地。因此，该书重点强调了土地供给对土地市场的影响。该书主要从土地区位的固定性、土地产权、土地市场的不完全竞争性和无效性、政府干预等方面分析了土地供给对土地市场的影响。

该书首先对土地需求分析的缺陷进行了评价，认为以李嘉图为代表的古典经济学家关注的仅仅是农业土地的租金决定而非城市土地的租金决定。他们假定所有的土地被用于农业。另外，他们假定只有玉米一种农业产品。在此情形下，李嘉图分析了收入在不同阶层和地价之间的分布，而非不同土地租金分布。杜能在《孤立国》一书中解释了土地租金和土地价值之间的区别。他发现，农业的土地租金和土地价值在越靠近城镇的地方越高，越远离城镇的地方越低，这主要是由不同区位的交通成本造成的。后来，杜能的研究方法被阿隆索（1964）和穆特（1969）等新古典土地经济学家用于城市土地的分析，并在此基础上提出了竞租函数。竞租理论认为，城市土地被用于出价最高的土地用途，土地租金随土地距市中心距离的增加而减小。因此，新古典土地经济学与古典土地经济学的差异在于，前者将土地视为有多种用途而非农业用途一种。但是，无论是古典土地经济学还是新古典土地经济学，均强调了土地需求对地租的决定作用，土地供给没有发挥任何作用。就现实而言，只有政府干预的土地计划体系才使土地需求理论有用武之地。基于此，该书的第三章试图整合土地供给与需求理论，以此说明高土地价值将导致土地的集约利用。如图 2—3 所示，某生产者使用土地和资本作为生产要素。若土地价值提高，则土地使用者会使用较少的土地（由 L_1 减至 L_2）、较多的资本（由 C_1 增至 C_2）；同时，生产者的产量也会下降（由 Q_2 减至 Q_1）。由此，当土地供给不再无弹性时，提高土地价值将提高土地集约利用程度。

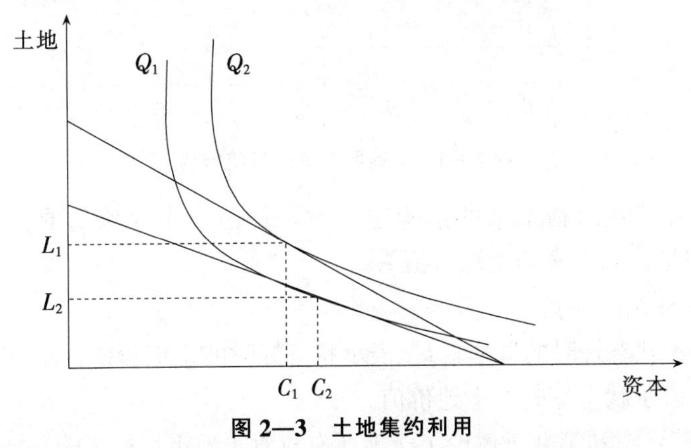

图 2—3 土地集约利用

因不同所有者有不同的行为，有关土地市场的信息难以取得，导致了土地市场不是完全竞争的市场，而且土地市场也不是有效市场。该书的第四章和第五章对此进行了阐述。该书认为，物业的几乎完全差异性以及房地产交易频率低是造成土地市场不完全竞争和无效的主要原因。

该书的第六章和第七章阐述了土地所有者没有出售或出租他们的土地的原因：一方面，土地所有者的投机行为使其为了在将来获取更高的回报，宁愿牺牲现在的收益；另一方面，未来是不确定的，现在进行开发能否获取最大利润是不清楚的，因此，土地所有者将土地视为土地期权，更愿意推迟现时开发，以期将来获取更高回报。如图 2—4 所示，在 T_1 期，尽管农业土地租金（R_F）高于其他土地用途，但住宅土地价值（V_1）高于农业土地价值（V_F）。因此，对土地所有者而言，在 T_1 期进行住宅开发以期在 T_2 期获得更高的收益是其理性的行为。当土地所有者考虑到此种情形时，他就会进行土地投机。同样，在 T_2 期，虽然住宅土地租金（R_1）高于其他土地租金，但商业用地价值（V_2）最高，所以土地所有者将进行土地投机，进行商业用地开发，并在 T_3 期获得更高的收益。

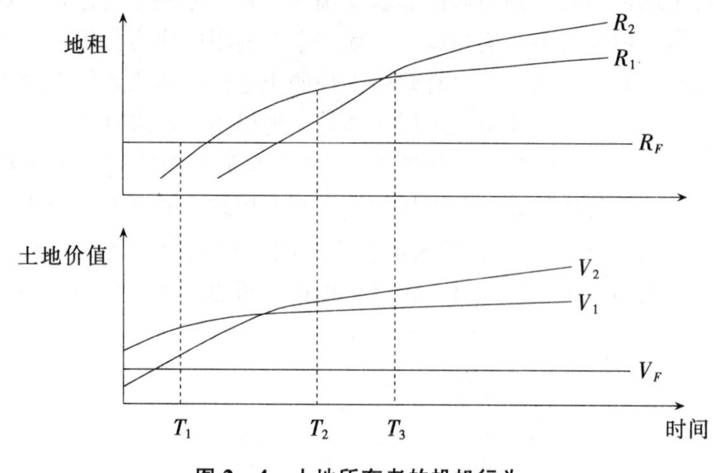

图 2—4　土地所有者的投机行为

当土地所有者面临未来的不确定性时，其未来土地价值取决于“好”和“坏”两种情形。其未来的土地价值为：

$$V=s_H p_H+s_L p_L$$

式中，s_H 表示状态好时的概率；p_H 表示状态好时的土地价值；s_L 表示状态坏时的概率；p_L 表示状态坏时的土地价值。

该书的第八章和第九章讨论了土地所有权对土地市场的影响。如果土地所有者进行土地开发是为了出租而非居住，则土地开发的速度要快于居住开发，同时土地开发的价格要低于居住开发。

该书的第十章和第十一章讨论了马克思的绝对地租问题。因土地区位的固定性，土地所有者拥有垄断势力，从而产生了垄断地租。因此，土地所有者不会以低于垄断地租（绝对地租）的价格出租土地。特别是在存在交易费用、不确定性和风险条件下，绝对地租或垄断地租一定会存在。如图 2—5 所示，在垄断条件下，土地市场的价格不再由不同用途土地的竞租曲线决定，而是由其边际收益曲线决定。由此，在垄断条件下，土地租金就由 P_1 变为 P_2。这说明，在垄断条件下，土地租金提高了。

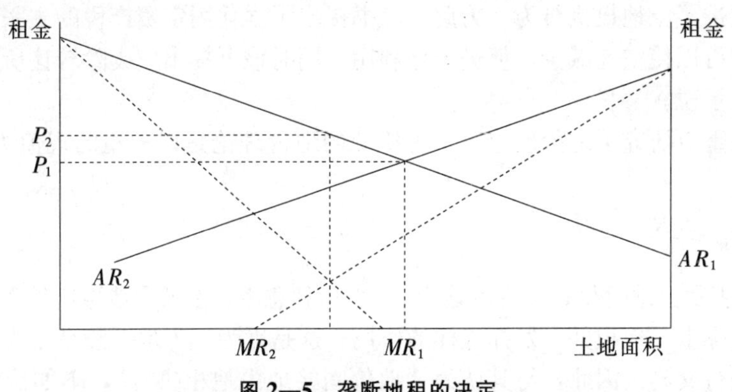

图 2—5　垄断地租的决定

最后，该书还讨论了土地税对地租和土地资源配置的影响。

综观全书，尽管该书强调了土地供给对土地市场均衡和资源配置的重要影响，但它在对其展开论证时还缺乏足够的证据。这需要在日后对其进行补充和完善。

三、《土地经济学》(野口悠纪雄，北京，商务印书馆，1997)

该书分析了二战后日本存在的土地问题，运用一般均衡方法和比较方法，指出当土地被当做资产来看待时，地价的高涨不仅不会带来土地的集约利用，反而会减少土地的有效供给，造成的土地的粗放利用，这是该书的突出贡献。该书还指出，日本当时的地价远远超过了理论地价，这是由土地投机造成的土地泡沫部分。该书还从经济增长方式、出租费和土地课税三个方面论述了日本土地价格高涨的原因，认为土地证券化是解决日本土地问题的重要途径之一。

该书认为，造成日本土地价格高涨的原因之一是城市开发不够。这主要是由于城市基础设施的投资不足造成的，从而导致城市空间场所的有效供给不足。另一个造成日本土地价格高涨的重要原因是人们将土地作为资产来保有。这一方面是由于城市开发不充分，另一方面由错误的土地政策造成的。这些错误的土地政策包括对租地权的过度保护和不恰当的税制。首先，保护租地权是以针对地主这种强者、保护承租人这种弱者为目的的，从而能够高度利用土地，并可给地主带来经济利益。但对地主而言，过分保护租地权就相当于放弃土地所有权，所以地主宁愿卖地也不愿意出租土地。特别是当地价飞涨时，地主更愿意保有土地，进行土地投机。其次，日本土地税制存在的问题是，土地保有税负较轻，土地转让所得税负较重，土地继承税负较轻。因此，日本的土地税制强化了人们对土地的保有，促进了土地投机行为。为此，该书提出了强化固定资产税的主张，因为固定资产税可以使空地减少，促进土地利用。同时该书提出应废除转让所得税，强化土地继承税。

该书重点研究了地价理论，认为传统的地价理论是以地租的现值为基础的。即：

$$q=\frac{R}{i-g}$$

式中，q 表示土地价格；R 表示地租；i 表示利息率；g 表示地租增长率。

但实际上，地租并未发挥这样的作用。这是因为，土地一般是作为资产而非服务来进行交易。因此，与其认为“地价间接地由地租决定”，不如认为“地价直接由土地的买卖决定”。当土地作为资产进行交易时，其资产收益率包括土地出租收益率和预期地价上升收益率两部分。则土地资产收益率公式为：

$$i=\frac{R}{q}+\frac{\Delta q^e}{q}$$

式中，i 表示土地资产收益率；Δq^e 表示地价预期上升额。由上式可以得到：

$$q=PVR(n-1)+\frac{q_n^e}{(1+i)^n}$$

式中，$PVR(n-1)$ 表示到 $n-1$ 年土地收益现值和；q_n^e 表示第 n 年预期地价。

当预期和现实值一致时，则上式与古典理论的公式是一样的。但在现实中，预期值与现实值往往不一致，所以采用上式能够更准确地表达地价。

野口悠纪雄通过理论地价与现实地价的比较，认为日本的地价有一半是泡沫。造成地价泡沫的原因在于投机性需求，所以他建议地价政策必须由抑制投机性需求、抢购性需求和增加有效供给构成，直接控制地价不能解决任何问题。

野口悠纪雄区分了短期性土地政策和长期性土地政策。短期性土地政策是为了抑制地价上升；长期性土地政策是为了促进土地的有效利用。短期性土地政策包括：为防止土地购买者抢购，为其提供有关土地市场交易的信息；对投机性土地交易进行融资约束。长期性土地政策包括：依靠开发来增加土地有效供给；重新评价租地权；强化固定资产税。上述建议对于抑制地价泡沫具有重要的参考价值和借鉴作用。

该书深刻剖析了日本土地价格上涨的原因，指出土地资产属性是造成地价泡沫的根本原因，地价泡沫不是土地供给不足造成的。但在政策建议中，该书又提到了应增加土地有效供给。此外，该书忽视了土地的其他特性（如不可移动性、稀缺性）对地价泡沫的影响。实际上，土地的其他特性也是造成地价泡沫的主要原因。

四、《土地经济学》(刘潇然，中国土地学会重印，2003)

该书是刘潇然先生在陕西西北农学院（今西北农林科技大学）任教时(1940—1945 年) 所用的教材，吸收了当时中西方土地经济学的经典研究成果，是当时一本优秀的土地经济学教材。刘先生认为，土地经济学所研究的经济问题，大体上只限于在各个国家内部，土地在国民之间如何分配、如何使用的问题。因此，土地问题有两方面：一是所有与分配问题，二是使用或经营问题。前者又名地权问题，或称土地制度问题；后者又名土地利用问题，或称土地生产技术问题。这两种问题的不同点在于，前者为人与人的问题，后者为人与物的问题；前者为社会经济问题，后者为农业技术问题；前者为谁来使用土地问题，后者为如何使用土地问题。而使用是否合理，则取决于分配之如何，故分配问题比使用问题更为重要。不过，分配是手段，使用是目的，故后者亦不容忽视。总之，刘先生认为，土地问题就是在私有制下，由于土地分配不合理及使用的不经济，在生产分配消费上所发生的各种问题。基于此，刘先生将该书分为地租、租佃制度、地价、地税和土地利用五篇。该书从历史演进的角度，对上述五个方面进行了阐述，并对其进行了比较和实事求是的评价，使读者对土地经济学的发展及其研究内容有了更清晰的脉络。

在地租篇，刘先生首先分析了地租发生的前提及其表现形式，然后分析了对差地租（级差地租）、绝对地租、建筑地地租及矿地地租产生的条件和原因，最后对中国的地租进行了分析。刘先生认为，经济剩余是地租发生的经济上或技术上的绝对必要前提，而土地所有权的确立及土地分配不均是地租发生的另一个前提。前者为地租发生的因，后者为地租发生的缘，因缘结合，方才结成地租之果。刘先生将地租分为农民地租和农业企业家地租。其中，农民地租包括力租、物租和钱租。农业企业家地租又称资本制地租，是地租的最后、最高形态。刘先生总结了对差地租的特征，这些特征包括：对差地租包括由土地肥沃度不同所发生的对差地租、由土地位置不同所发生的对差地租和由追加投资所发生的对差地租三种；在对差地租形态下，最劣等地不提供地租，但其产物的生产价格为决定市场价格的一般生产价格；农产品的全部卖价超过其全部生产价格的差距为一国地租总额；对差地租产生的自然基础是不同的生产价格和相同的市场价格之间的差异；当土地的产量一定时，对差地租取决于农产品市场价格的高低；当市场价格一定时，对差地租取决于土地产量的差异；决定对差地租大小的，不是各级土地的绝对产量，而是其产量差额，不是各级土地的绝对货币收益，而是其收益差额；剩余利润是一切地租的实体，各种对差地租不过是剩余利润的不同表现形态；由扩大耕地面积所发生的对差地租是经营集约化所发生的对差地租的基础；由提高集约度所发生的地租，虽然单位资本的地租率可以不变，但土地面积的地租率必然增加；由扩大耕作所发生的地租，若地租总额增加，则由资本和土地面积计算的地租率必定一同增加；只要有更多的资本投入，不论是用于耕作面积扩大还是用于集约度提高，都将提高地租总额，增加地主阶级的不劳所得。最后，刘先生对绝对地租、对差地租和独占地租进行了比较。对于绝对地租和对差地租的关系，刘先生认为，对差地租并非农产品市场价格的构成部分，并不影响市价的高度；绝对地租则构成市场价格的一个追加部分，直接抬高市价。前者发生于个别生产价格之差额，后者发生于市场价格超过一般生产价格的数额。对差地租的法则，不因绝对地租是否存在而改变。土地私有权是产生绝对地租而非对差地租的原因，对差地租来自劳动生产率的差别。对于绝对地租和独占地租的异同，刘先生认为，两者都是土地私有权独占势力的结果，都是由市场价格超过一般生产价格的剩余利润所构成的，但前者是由农产品价值超过生产价格但未超过价值的那一部分构成的，而后者则为价格超过农产品价值的部分，是一种纯粹的独占。

在租佃制度篇，刘先生在剖析了现代租佃制度利弊的基础上，从租约、租息、租期、地力保持及增进、租佃面积及租赁形式五个方面提出了如何建立健全租佃制度。其分析对今人仍有很多启发。

在地价篇，刘先生从决定地价的基本要素——土地收益和利率入手，分析了影响地价的因素。他认为地租是土地的基本收益。因决定地价的是土地的纯收益，所以地税影响土地的纯收益，从而影响了地价。此外，刘先生还批驳了地价是产生土地收益的观点。他认为，土地是产生土地收益的来源，土地收益决定了地价，而不是相反。刘先生还分析了人口的变动、地块的大小、政治情况、社会习尚等对地价水平的影响。最后，该篇分析了土地投机产生的原因以及地价对社会经济的影响。他认为，与其他商品投机不同，土地投机产生的原因为：土地的供给量受到存量的限制，不能由人力自主增减；土地不易损坏，致使投机者可大量囤积。刘先生还着重分析了地价与农业阶梯（agricultural ladder）之间的关系，并比较了中国与美国农业阶梯的差异。他认为，造成美国农业阶梯变化快而中国农业阶梯变化慢的原因在于：美国的地价低而中国的地价高；美国的工资在世界上最高，而中国的工资在世界上最低；美国的地租较中国低很多。此外，刘先生还讨论了土地集中所造成的社会财富分配不均，不仅不利于社会经济发展，而且还会进一步诱致经济恐慌的爆发。

在地税篇，刘先生区分了地租与地税。前者为土地所有人私人经济的所得，后者为国家基于公权而向土地所有人征课之收入。与地租类似，刘先生将地税划分为劳动地税、实物地税和货币地税。他还讨论了公平税赋的条件、地税的资本化及其偿还问题及地租税进化到地价税问题。最后，刘先生讨论了土地增值税和地价税的区别。他认为，土地增值税和地价税都是地价税，前者是普通的地价税，后者是特殊的地价税。土地增值税之所以必要，不是原有的地价税税率过低，而是其课税方法是比例税而非累进税，所以地价才有增长现象，从而使大地主有获取大量不劳增值的可能。

在土地利用篇，刘先生重点评价了土地收益递减法则。他说，根本无所谓土地收益递减法则，纵然存在某种例外的场合，可以发生收益递减的现象，那也不是农业上独有的特征，更不是农业上普遍的法则，在其他的生产部门之中，在一定的情形下，也能同样发生。这不过仅仅表示，在一种生产要素固定，而其他两种要素继续增加的假定之下所可能发生的情形而已。在这样的场合，收益不变或收益递增的现象不但同样发生，而且更多更容易发生。刘先生以历史和事实，对上述法则的错误性进行了批判。

综观全书，该书重点突出，资料翔实，观点鲜明，融贯中西，在当时是本难得的土地经济学教材，对当今也有很多学习和借鉴作用。源于历史原因，该书的论述主要集中在农业土地上，几乎没有涉及城市土地，后者有许多与前者不同的地方。

五、《土地经济学导论》（张丕介，上海，商务印书馆，1947）

该书是中国较早论述土地经济问题的专著。张先生认为土地经济学研究的对象是人与人之关系，具体而言，则为因人类经济行为而造成之人与地、人与人、地与地之种种关系。在此基础上，张先生将该书分为导论、土地之定义分类与特性、土地与人口、论土地利用、论农地、论市地、论富源地、论地租（上、中、下）十部分。张先生认为，导论部分最为重要，因其表明了著者的研究态度；土地之定义分类与特性为此学科应知之基本概念；土地与人口之关系在于揭示土地问题之真谛；论土地利用专注其趋势；论农地、论市地和论富源地，为学者继续研究土地政策之理论依据；论地租则论述了古典地租理论和地税对地租的影响。该书思路清晰、结构严谨，致使后期很多的土地经济学教材都借鉴和沿用了张先生的研究思路和研究内容。

张先生认为，土地经济学为社会科学之一种，更正确言之，为经济学之一部门。在论及土地收益渐减定律时，张先生认为，其发生的条件为：生产技术程度不变；土地面积不变；资本是指实物资本而非货币资本；收益是指实物收益而非货币收益。为了缓解替代收益渐减定律的作用，张先生提出了以下途径：为人口政策之制定，使人口数量之增加适应土地之收益力；为土地利用范围之扩张；为生产技术程度之改进。张先生认为，上述措施并不能完全消除该定律的作用。

在论及当时中国人口与土地问题时，张先生认为，中国人口与土地问题的特点是农多地少、技术落后、农民比例太大、人口分布不均、普遍贫困。为解决此问题，张先生认为，一是不应采取积极人口增加政策，二是采用科学技术、推进工业化政策、采用资本集约化政策，积极提高土地对人口的容力。

在论土地利用部分，张先生认为，土地利用的目的是地尽其力、合理使用、防止滥用、配合国策、平均收益、促进文化。在谈到土地利用趋势时，张先生认为，就土地利用之广度而言，有扩张趋势；就土地利用之精度而言，有集约化趋势；就土地利用之内容而言，有复杂化趋势；就土地利用之性质而言，有社会化趋势。

在论农地部分，张先生认为，农地利用制度之粗放或集约取决于以下条件：一是土地位置；二是自然环境；三是技术程度；四是地权形态；五是国家经济组织与经济政策。

在论市地部分，张先生论述了市地投机。张先生总结了市地投机的特征：土地投机者迈进土地，其目的不在土地之利用，而在待价而沽，以获取更高之地价；土地投机所待之利润为超额利润，而非普通商品的一般利润；土地投机者购入土地后，通常不施之合理之改良利用，以素地购入，仍以素地卖出。张先生认为，土地投机的动机来自社会心理作用和客观事实。其中，后者包括：因城市发展而带来的不劳而获的可能；因地价之上涨趋势而带来的投资之安全性；因土地面积有限和土地位置不变而带来的土地之独占；市地扩充可以预测；社会思想及政治制度之流弊。张先生认为，土地投机的经济弊端包括抬高地价、提高房租、妨害建设和阻碍经济发展；土地投机所造成的社会问题包括不劳而获的事实、刺激社会心理、争相投机等。

在论地租部分，张先生认为，李嘉图之地租定律谓地租必将增加、工资不变、利润下跌，是极端错误的。李嘉图研究的前提为人口增加，则粮食之需要亦增加，粮价必将上涨，于是地租亦随之增加。因此前提不符实际，则地租定律亦不能成立。理由是，地租并非完全不劳而获之所得，而常与其他所得部门之发生有密切关系。例如，差额地租就与李嘉图的地租定律相矛盾。

总之，该书从人与人、人与地及地与地之间的关系论述了土地经济学所关注的主要问题，其内容主要是逻辑性和总结性的，没有从理论（数学方法）的高度进行分析。另外，该书没有分析市场在土地利用和资源配置中的作用。从历史角度来看，上述遗憾是可以理解和忽略的。

六、《土地经济学原理》（朱剑农，国立四川大学农业经济系印行，1947）

朱先生认为，因土地经济学的研究涉及土地利用的方式及人类关系法则，所以土地经济学应进行土地利用的研究；为解决土地所有与使用的矛盾，所以地租理论是土地经济学中一个重要的内容；土地虽无价值，但在土地私有制下，土地可以买卖，所以土地具有价格，故土地经济学不能忽略地价理论；因土地产权制度是土地生产关系的具体表现，所以土地经济学包括土地所有权的理论。基于此，该书将土地经济学分为土地利用篇、地租论、地价论、土地所有权论四篇。土地利用篇包括土地利用之社会科学的论点及其扩张与进步的趋势、土地利用之限制、农地之特性、农地收益渐减问题、农地经营规模大小问题、农地之经济利用、市地之特征、市地之经济利用、林地之特征、林地之经济利用、矿地之特性、矿地之经济利用。地租论包括资本主义地租之本质与由来、地租形态之发展与变化、地租论之演进、差额地租、绝对地租、半封建制度下的地租问题、小农经济中的地租问题、地租与农产物价格之关系、建筑地地租、矿地地租。地价论包括土地价格之形成与其本质、地价升落的因素及其现象的分析、关于不以地租与利率为标准的高地价之研究、地价上涨的必然性、地价上涨的弊害。土地所有权论包括土地所有权之概念、土地所有制的演进、资本主义土地所有制的特征、半封建土地所有制的特征、土地改革思想之演进。

朱先生认为，土地经济学是研究人类在土地生产中的社会关系，也就是土地经济关系之发展的科学，它要解释出人类社会发展的各个阶段上那些支配着土地的生产与分配的法则。

在土地利用篇，朱先生指出，土地利用就是研究人与地的关系。他将土地利用限制分为自然的限制、经济的限制和社会的限制。其中，自然的限制包括气候、地势、地质、土壤、水质等的限制；经济的限制包括工资的高低、利率的高低、地租的高低、土地生产物价格的高低的限制；社会的限制包括墓地制度、不合理的土地制度的限制。朱先生将市地的特征归结为位置之重要、利用之集约、交通设备之重要、利用之无损、市地设施可以促成地价之相对增大但投资额仍易辨认。为了提高市地之经济利用，朱先生认为，应进行多层建筑、发展市郊交通、兴建地下或架空的交通设备、尊重市民对各种用地的选择，这些观点至今仍具有指导意义。但朱先生指出，在资本主义制度下，因财富分配不均，导致了市地经济利用的困难以及市地利用的阶级性。

在地租论中，朱先生论述了地租与农产物价格之间的关系。他认为，绝对地租是农产物价格的构成要素之一，但差额地租并非农产物价格的构成要素。这是因为，所有权的独占使任何土地生产者都要付绝对地租，但农产物的一般价格是由劣等地的个别生产价格决定的，并非由那些支付差额地租的优等地的个别生产价格决定，所以差额地租并未作为农产物价格的构成要素。尽管如此，农产物价格的升降却能影响级差地租的有无或升降，因为只有农产物价格上升到一定程度，最劣等地才能被用于耕种。但是，独占地租却能影响农产物价格，这是因为独占地租不是由农产物的价格或价值决定的，而是由购买者的需要和支付能力决定的。

在地价论中，朱先生认为，土地价格并非土地价值之表现，这是因为土地并非人类劳动的产物，而是天赐的自然物。土地价格的本质是资本化的地租。在此条件下，朱先生认为，地价随地租的增大而增大、随利率的提高而减小。另外，朱先生分析了地价不以地租和利率为标准升跌的原因。这些原因包括：土地投机引起的高地价，小土地所有制（土地被众多地主所拥有）引起的高地价，土地所有权的优越感引起的高地价。在此，朱先生还分析了导致地价上涨必然性的因素。这些因素包括：人口增加，交通改善，利率低落。最后，朱先生分析了地价上涨的弊害。这些弊害包括：自耕农经营资本的相对减少，地力的尽量榨取和滥用，无地人民的增多，土地私有制的危机。

在土地所有权论中，朱先生认为，土地所有权的成立，就其现象形态而言，可以买卖、继承和赠与；就其本质而言，是由某些集团或少数人对公有土地的霸占，或对某些弱者土地的掠夺所形成的。他认为，土地所有权的作用包括三方面：一是获取土地资本家的地租；二是获取农业资本家的地租；三是索取地价上涨的收益。最后，朱先生认为，土地所有制有其历史性，随着社会阶段的发展而发展，不是一成不变的。

总之，该书从历史发展的角度，论述了土地利用、地租、地价和土地所有权这四个土地经济学研究的主要方面。该书思路清晰、逻辑性强，抓住了土地经济学的主要内容。特别是，该书对市地、地价的分析非常有见地，对当今仍具有借鉴意义。该书的唯一缺憾在于，它注重逻辑推理，忽视了数理知识在土地经济学中的应用。但在当时的历史背景下，上述缺憾又是可以理解的。

七、《土地经济学》（张德粹，“国立”编译馆出版，正中书局印行，1979）

该书是在台湾地区较早出版的土地经济学教材之一。张先生认为，土地经济学是研究人们应如何利用土地的科学，所以土地经济学就是要从经济原理、科学方法及社会法制等各方面探究土地分配和利用的良好途径，促进土地合理分配与利用，改进人与人之间的关系。基于此，该书分为人与地的分析、土地利用的经济原理、各种土地利用的特质与实务、有关土地利用的社会法制四篇。其中，人与地的分析是将世界各种土地的分配状况及竞争土地的人口问题作一比较分析；土地利用的经济原理是说明有关土地利用的基本原理；各种土地利用的特质与实务是说明各种土地利用的特征、利用方法和应遵循的原则；有关土地利用的社会法制是讨论因利用土地而发生的人与人之间的各种关系。该书在对世界土地经济学和土地制度加以总结、比较的基础上，较全面地分析了土地经济学所涉及的内容，有利于学生全面掌握土地经济学的基本框架。

在人与地的分析篇，张先生将土地特性总结为数量固定性、位置不可移动性、长期不坏性和等级的差异性四个方面。在很多教材中，后两种土地特性没有被给予足够的重视。因张先生特别强调了人口对土地需求的决定作用，所以该书从马尔萨斯人口论、生物学人口论和社会学人口论三个方面论述了人口数量和人口政策问题。

在土地利用的经济原理篇，该书论述了报酬递减律和古典地租论。此外，该书还提到了土地利用应坚持的三个基本原则，分别是最低生产成本原则、均等边际原则和最佳土地利用的集约度原则。该篇最重要的部分是提出了转业与地租之间的关系。换言之，即因土地有多种用途，所以土地应用于能够提供地租最高的用途。由此，该书的转业概念类似竞租函数中的竞租概念。

在各种土地利用的特质与实务篇，该书首先分析了土地利用的决定因素以及土地利用的区位选择。在此基础上，该书分别对农地、森林地、市地、矿地、水地、娱乐地的土地利用问题进行了专门论述。在该篇中还提到了土地利用的规划和农地利用的管制问题。土地利用的规划主要是指地区分工和区域规划（zoning）。地区分工是指土地用途按照比较利益原则在不同地区的分布；区域规划是指为实现社会福利最大化，依据福利经济学原理对土地用途进行管制。农地利用的管制是为了保证人民基本生活需要而对农地用途及其转让进行限制。

有关土地利用的社会法制篇涉及了地权制度、土地改革、各国土地政策、各国土地金融、地价和地税等内容。对于土地应归公有还是私有，张先生认为，各种土地的所有权都以归属于实际利用该地而且利用效能较高者为原则，凡某种利用土地的事业以由国家经营为最符合大众的利益，该项土地就应归国有；凡某些事业以由私人经营效用最大，则这些土地当可归私人占有。凡占有土地而不自己利用的人，欲借占有权以榨取不劳而获的利益，这类地主的土地应强制出售，或由政府用重征土地税法迫其售出，或依政府所定价格强制收购而转售给实际利用土地的人。所谓土地私有和公有的区分，只是相对的，仅在利用权利所受限制上有程度的差异而已。划分公有与私有的主要目的，在便于利用，提高土地利用的效能和增进社会福利。张先生认为，土地改革应分为地权制的改革和土地利用技术的改进两大类。土地重划（land readjustment）就是改进土地利用环境与增大土地利用效能的一种重要措施。张先生还认为，都市平均地权与耕者有其田是台湾地区土地政策的两大主干，这主要是针对现代土地私有制进行严格管理，防止地主不劳而获。

综上所述，尽管该书按照经济原理、科学方法和社会法制三大板块来阐明土地分配和土地利用问题，但其结构也存在可调整的部分。例如，将地价从社会法制部分移至经济原理部分似乎更合适；将土地利用概论和土地区位选择从各种土地利用的特质与实务部分移至经济原理部分则更合理。同时，该书因过分注重人口对土地需求的决定作用，忽视了家庭收入和偏好对土地需求的影响，这也是该书的一大缺憾。最后，该书因过分强调技术对土地利用的影响，在某种程度上忽视了经济因素对土地利用的决定作用。例如，在论及土地利用的决定条件时，该书将其分为土地的实质条件（physical factors）、经济和利用技术条件（economic and technical factors）与社会制度条件（institutional regulations）。

八、《土地经济学通论》（林英彦，5版，台北，文笙书局，1999）

该书介绍了土地经济学的主要概念和主要内容，将土地经济学分为地租论、地价论、地税论、地权论、地用论、农地论、市地论、土地资源论和土地市场论九个部分。实际上，该书涉及了土地类型（农地和市地）、土地市场（租赁市场和买卖市场）、土地制度（土地产权制度）、土地资源和土地利用、土地税收六个板块。由此，该书几乎涵盖了土地经济学研究的主要内容，为土地经济学的教学提供了一个分析框架。此外，该书也针对地价问题、土地税问题、农地问题、市地问题等焦点问题作了重点分析。

在绪论中，该书重点讨论了土地问题形成的原因、分类和当前台湾地区的土地问题。该书认为，土地问题形成的原因包括土地的特性、人口的增加、不良的土地制度和土地利用方式。土地问题可分为土地分配问题和土地利用问题，具体包括地权问题（土地归属和土地调整问题）、地价问题（土地投机和地价暴涨）、地税问题（地税种类与课税标准）、地用问题（土地开发计划、农地利用、市地利用等）、地政问题（土地登记、土地政策）、土地金融问题（土地债券、土地抵押等）。当前台湾地区的土地问题包括：改进地税制度，贯彻土地涨价归公；加强市地开发，促进都市建设；健全房地产交易，稳定房地产价格；强化地政机关组织功能，健全地籍测量制度；合理规划土地资源，兼筹并保护利用；保护农地资源，促进农地利用；合理规划住宅用地，解决居民居住问题；确立公地政策，加强公地管理利用。

林先生认为地价上涨不至于导致物价上涨。对商品而言，尽管地价上涨会导致产品成本上涨，但在完全竞争条件下，商品价格却不会因此上涨。对商业用地而言，尽管商业用地费用过高，使商品价格过高，但这并不会导致物价上涨。这是因为高地价是由其优越的区位决定的，从而其必然被高利润所抵消。对自建房屋者而言，尽管地价上涨会导致建房成本上升，但其所得并非随地价上涨而上升，结果反而会使其需求下降。如此物价不仅不会上涨，反而会下降。

在论及地价与房价关系时，林先生认为地价是房价的结果，而非原因。

在征收土地税时，针对地价与房价如何分算问题，林先生认为应将房价与地价一并计算增值税，因购买房屋之后的自然增值也是不劳而获，故也应涨价归公。对预售房屋的征税问题，林先生认为，对那些按公告现值预估增值税的预售房业主而言，若按实际转移价格征收增值税，则必然对其造成巨大冲击，应按原先的增值税征收。对农地转非农用地，林先生则认为应对其征收土地增值税。

对农地限制问题，林先生认为，农地不仅能生产人类所必需的粮食，而且可生产一些工业原料。农地的分配和利用，对地主、农民、国家、社会均有重大影响，所以需要对农地进行限制。这些限制包括面积的限制、转移的限制、使用的限制、租佃的限制和抵押拍卖的限制等。对于农地转移问题，林先生认为，转移农地的问题应考虑如下情形：一是应适合其他产业发展的需求；二是面积应尽量地少；三是应兼顾区域规划；四是应慎重考虑土地收益分配问题。此外，林先生反对农地自由买卖，也反对农地分割和变更使用不加限制。

林先生认为，城市的土地问题包括土地的过度利用、土地的低度利用、土地的不当利用、土地投机问题、土地面积限制问题、公共设施保留地问题、住宅问题等等。

纵观全书，该书涉及内容较多，但有些部分还有待讨论。例如土地资源论和土地利用论结合还可更为紧密；将土地金融列入土地市场论中，对土地金融的理解和重视程度不够等。

九、《土地经济学原理》（周诚，北京，商务印书馆，2003）

该书依据土地存在的经济形态——土地资源、土地财产和土地资产，将土地经济学分为土地资源经济、土地财产经济和土地资产经济三个方面，对土地经济学的研究内容提出了自己独到的见解。土地资源经济探讨了土地资源利用中的主要经济问题，其目的是提高土地资源利用效率。土地资源经济包括土地资源的供求与可持续利用、土地区位经济、土地集约经济和土地规模经济。土地财产经济探讨了土地财产权利和土地财产制度，其内容包括土地所有制、土地使用制和土地国家管理制。土地资产经济研究土地资产的市场运行与政府管理，其内容包括地租、地价、土地金融和土地税收。该书认为土地资源经济属于生产力范畴，土地财产经济和土地资产经济属于生产关系范畴。该书始终贯穿市场与政府关系这条主线，对土地经济学的基本原理进行了阐述。

在土地资源经济篇，周先生认为，十分珍惜、合理利用土地和切实保护耕地是中国土地资源供求平衡与可持续利用的基本政策。这一基本政策包括土地用途管制制度、占用耕地补偿制度和基本农田保护制度。落实三大基本制度的基本手段是土地利用总体规划。

在土地财产经济篇，周先生认为，土地产权是由层次不同的多种权能构成的，形成“土地产权束”。具体而言，土地产权束包括土地所有者产权束、土地使用者产权束和土地宏观管理者产权束。其中，土地所有者产权束居于核心地位，其余二者都是对土地所有者产权束的分割。土地宏观管理者对土地所有者产权束的分割具有强制性，而土地使用者对土地所有者产权束的分割则具有契约性。对于土地征收的范围与补偿原则，周先生针对“严格将征地范围限于公共利益目的、非公共利益性质的用地交易，交由市场机制来加以解决，让用地者自己跟农民通过谈判达成交易”，认为至少存在两个待解决的问题：一是在经营性用地的自有交易中如何避免农地转用失控的问题；二是当农村集体经济的土地在转变为非农建设用地的同时转变为国有土地时，国家与集体之间如何分配土地增值的问题。对于土地征收，应当遵循什么原则进行补偿呢？周先生认为，从市场公平的角度，无论让农民在何种性质的征地中牺牲其赢得的市场利益，都是不合理的；农民应当与其他社会集团或社会阶层按同等标准、同等方式奉献于社会。关于征地补偿标准，周先生认为，在市场经济中，最公平的补偿莫过于严格以“农地市价”为准。若按农地转用后的用途进行补偿，便意味着对农民进行超额补偿，这显然是不公平的。其可能产生的不良后果是，一方面增加国家征地的财力负担，另一方面鼓励农村社区经济组织自发出卖土地，使保护耕地的宏观举措遭遇新的障碍。

在土地资产经济篇，对于土地价值问题，周先生主张土地价值二元论，反对土地无价值论和土地全价值论。土地无价值论认为，土地是自然物，其本身无价值；土地资本虽然有价值，但它并不是土地本身。土地全价值论认为，全部土地都凝聚了人类的劳动，整个土地都是有价值的。周先生认为，土地由自然土地和人工土地构成，前者无价值而后者有价值，二者组成统一的整体。周先生认为，土地无价值论的要害在于看不到或不承认土地资本也是土地不可分割的组成部分；土地全价值论的要害在于看不到土地物质的存在，把全部土地都当成土地资本。因自然土地和人工土地分别具有地租和地价，故在土地价值二元论基础上形成了地租与地价的二元论。此外，周先生还区分了投资性增值、供求性增值和用途性增值三种不同的形态。

该书的贡献在于从土地的经济特性出发，将土地经济学分为土地资源经济、土地财产经济和土地资产经济三大板块。从严格意义上讲，上述划分抓住了土地经济的本质，是土地经济学研究的主要内容。但是，三大板块中的某些具体内容值得讨论。首先，将地租和地价完全纳入土地资产经济中值得进一步讨论。实际上，土地资源的配置和利用也受土地市场的影响，由此，地租和地价的空间分布和均衡是影响土地资源有效配置的重要方面。其次，认为土地资源的需求仅仅取决于人口因素也是忽视土地市场的重要方面。实际上，除人口因素外，收入、偏好和价格也是影响土地资源需求的重要因素。最后，该书没有对土地资源经济和土地资产经济之间的关系展开更深入的分析。实际上，土地资源经济和土地资产经济是紧密联系的。例如，由土地资源市场决定的地租影响土地资产市场的地价；反过来，土地资产市场的价格又影响土地资源的利用。

十、《土地经济学》（刘书楷，北京，中国矿业大学出版社，1993）

该书从土地资源资产的基本概念出发，以本学科的基本原理为先导，以论述土地资源资产的合理经济利用及土地产权制度改革与建设问题为主题，分为以下三个部分：一是土地经济学的基本原理（包括土地供求理论、土地报酬原理、地租及地价）；二是土地利用的理论与实践（包括土地利用的一般问题以及各种用地问题的探讨）；三是土地利用中人与人的关系（包括土地制度概论、土地产权制度改革与建设、土地市场与土地市场制度、土地金融与土地金融制度、土地税与地税制度）。该书是中国改革开放后较早对土地问题进行研究的教材之一。

该书综述了不同学者对土地报酬递减规律所进行的批判。刘先生认为，从土地利用的全过程来看，土地报酬的运动规律在正常情况和一般条件下，应该是随着单位土地面积上劳动和资本的追加投入，先是递增，然后趋向递减，在报酬递减后，如果出现科学技术或社会制度的重大变革，使土地利用在生产资源组合上进一步趋于合理，则又会转向递增；而一旦技术水平与管理水平稳定下来，将再回趋于递减。至于土地肥力及土地生产力的法制变化趋势，在土地合理利用条件下，总的趋势则是递增的，但利用不当也会趋于下降和衰退，关键在于科学技术和管理水平的主导作用。总之，土地肥力随着科学技术的进步，有可能使土地生产率提高到新的更高的水平，但并不能因此认为边际报酬递减就不存在。

在土地价值和价格理论部分，该书认为具有代表性的土地价格理论为土地收益理论、土地供求理论和均衡价格理论。此外，该书还介绍了土地估价方法。

在土地市场中，该书分析了灰色土地市场理论。刘先生认为，灰色土地市场是指现实中存在的非国家正式认可的那一类土地产权在权能流动过程中发生的经济关系的总和。灰色土地市场包括集体土地所有权在集体之间的流转、未补缴出让金的划拨土地使用权的流转、农转非土地使用权的流转和集体所有非农土地使用权的流转。土地灰市交易人的主要目的是在灰色土地市场上实现土地灰市价格。那么，土地灰市价格是如何决定的呢？该书假定非农土地供给方式包括划拨土地使用权、批租土地使用权和灰市土地使用权三种。其相应的土地价格分别为p_0、p和p_g。同时，该书假定土地总需求不变，土地供给具有刚性。划拨土地使用权是一种纯粹的土地计划配置方式，但其使用仍需支付一定的价格。如图2—6所示。

划拨方式的土地供求处于严重的非均衡状态，土地短缺（ss_1）情况十分严重。引入批租制后，土地供给量发生了变化。如图2—6所示，当引入土地批租

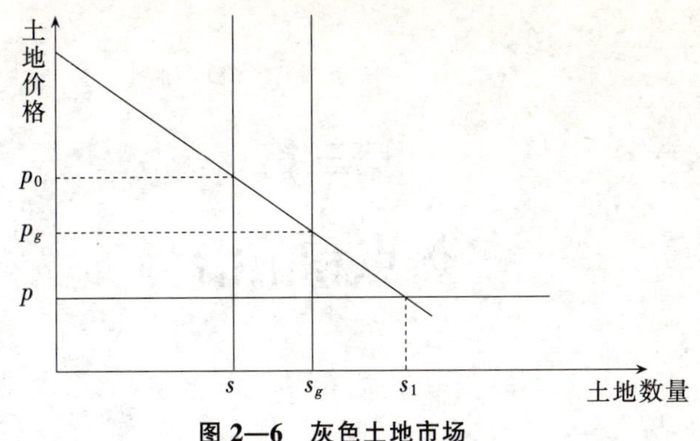

图 2—6　灰色土地市场

制后，土地供给由 s 增加至 s_g，土地价格由 p 增加至 p_g。所以划拨土地使用权人获得了更多的经济剩余。在此背景下，灰色土地市场应运而生。这样，灰市土地供给一部分是由于划拨土地使用权进入市场，另一部分则来自集体土地。灰市土地供给的增加，意味着与批租土地市场个体形成的土地供给量增加，从而导致土地市场价格下降。该书认为，土地灰市价格是一种均衡价格，是土地供求非均衡体系中出现的局部均衡现象，它客观地反映了土地计划价格机制所造成的短缺程度，并不能真实地反映土地供求整体状况，而灰色土地市场机制运行的直接效应就是土地供给扩张，并使土地短缺由 ss_1 减少到 s_gs_1。因此，该书认为，灰色土地市场机制的资源配置是高效的；土地灰市关系不会对批租土地市场产生负面效应，相反会对批租土地使用权的合理流动产生良好的影响；灰色土地交易对土地行政划拨产生了很大压力，只要对经济组织和个人的土地配置保留很低的计划价格，土地短缺和土地灰市交易就会存在，灰市也会发展。该书也认为，灰色土地市场会带来一些弊端。例如，导致宏观调控失调，土地交易不规范以及土地市场秩序混乱；模糊了土地财产关系，造成国有土地资产流失严重。

该书沿袭了以往土地经济学的研究脉络，将土地经济学视为研究人与地（土地利用）和人与人（土地制度）关系的学科，并增加了土地市场等方面的新内容。该书在以下方面值得商榷：例如，将土地市场放在人与人关系部分似乎不太合理。实际上，土地市场也是配置土地资源的重要方式。再如，对土地价格理论的分析还可以加深，对土地的供给与需求分析笔墨略少等。

第三篇

热点和前沿

第一节　土地利用与保护

一、土地规模经济与小城镇开发

(一) 问题产生背景

在我国城市化的进程中，小城镇发展具有重要地位。1998 年 10 月党的十五届三中全会通过的《中共中央关于农业和农村工作若干重大问题的决定》中指出："发展小城镇，是带动农村经济和社会发展的一个大战略，有利于乡镇企业相对集中，更大规模地转移农业富余劳动力，避免向大中城市盲目流动，有利于提高农民素质，改善生活质量，也有利于扩大内需，推动国民经济更快增长。"相对于一般城市的发展脉络，小城镇开发具有其自身的独特优势，如乡镇企业的集中、联合，广大农村富余劳动力产生的低劳动成本等。但是在这些优势的背后，有一个更为基础的条件，那就是土地的规模经济。

规模经济和集聚性是区别小城镇和农村的重要特征。土地的规模经济，能使

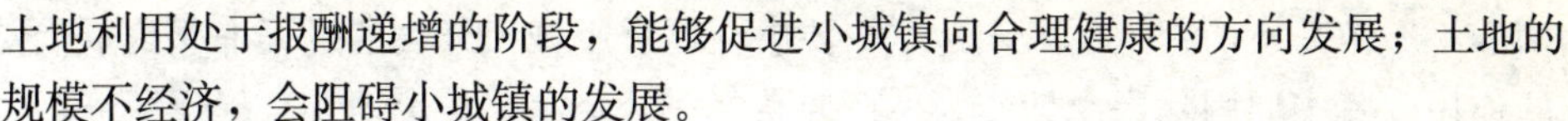

土地利用处于报酬递增的阶段，能够促进小城镇向合理健康的方向发展；土地的规模不经济，会阻碍小城镇的发展。

国际经验表明，城镇化水平超过30%后就进入快速增长期。目前中国城镇化水平已经超过40%，表明中国的城镇化速度已经进入快速发展阶段。但是在小城镇快速发展的同时，由于土地的规模不经济，出现了一些影响城镇开发的问题。比如，小城镇的规划缺乏科学性，缺乏适宜小城镇特点的原则与标准的指导，大多盲目照搬大中城市规划设计的标准与方法，且与其他规划如经济社会发展规划、土地利用规划等脱节；盲目贪大求洋、乱铺摊子、模仿攀比、重复建设等问题十分突出；小城镇建设缺乏约束，致使盲目发展、随意建设的现象十分严重；有的不按规划办事，盲目占地建设，有的布局过于分散，沿着公路两侧随意建设。内部建筑布局不合理、道路建设不规范、小城镇内边角空地随处可见、污染严重的工厂混杂于居住用地之间、商业网点偏居一侧等等，这些都严重影响了土地的规模效应，也阻碍了小城镇的健康快速发展。

（二）问题阐述和分析

1. 关于土地规模经济的认识

在新古典经济学中，规模经济被定义为产品的单位成本随着规模及生产能力的提高而逐渐降低的规律。斯蒂格利茨（1993）认为规模经济是"产量增加的比例大于投入品增加的比例"，曼昆（2003）把规模经济定义为"长期平均总成本随产量增加而减少的特征"。

土地的规模经济，不仅存在于微观的企业层次，还与大片土地的综合开发、城市用地规模等区域性问题有关。经营规模扩大所带来的经济利益，并不一定就是利润率的增加，它还可能是企业的劳动生产率、土地生产率的提高，或者宏观经济效益和社会效益的提高。规模扩大所带来的经济利益，并不一定属于某一个特定的企业，它可能属于一个产业或者一个地区的全部企业，甚至属于一个地区的全体居民。

根据西方经济学理论，规模经济来源于企业内部与外部两个方面，分别称为内部规模经济和外部规模经济。内部规模经济是指企业经营实体规模扩大而在企业内部产生的效益。外部规模经济是指整个行业的规模扩大和产量增加而使个别生产经营单位得到的经济利益。

2. 土地规模经济与小城镇开发

某一特定时期的小城镇发展，往往是各种因素综合作用的结果。正如英国经济学家艾伦·W·伊文思（Alan W. Evans）在回答"什么是城市发展的原因"时所指出的："事实上，没有哪一种理论能够独立解释各城市的发展"。但是从中国的小城镇开发历程来看，土地这一要素在促进小城镇开发的过程中起到了重要的作用。其中原因除去土地作为生产要素之一外，主要是土地具有规模经济。

20世纪80年代以来，一些西方主流经济学家提出以规模经济、不完全竞争理论为基础，运用经济学的方法研究经济活动的空间集聚和区域增长集聚的问题，即新经济地理学。这一理论认为，外部规模经济和运输成本的相互作用是解释区域产业集聚和区域“中心—边缘”形成的关键。其收益递增是指经济上相互联系的产业或经济活动，由于在空间上的相互接近性而带来的成本的节约，或者是产业规模扩大而带来的无形资产的规模经济等。报酬递增模型在解释城市增长动力机制时为产业向小城镇和工业园区聚集、为人们向小城镇聚集提供了理论上的解释。

规模经济是指单个企业因规模扩大而获得的递增效益，并不是指多个企业集中在一起所获得的效益，所以，它并不能解释可以自由移动的人为什么一定要集中在一起形成城市。促使城市形成的，是将生产经营活动集中在某一个地点所得到的空间意义上的规模经济，这就是集聚经济。由于集聚经济，城市规模越大，经济效益就越高。城市规模扩大，人均创造的GDP也会不断提高，另外，城市规模扩大，人均占用的土地面积也在不断节约。但是，城市规模过大就会产生规模不经济带来的外部成本。由此可见，并不是城市越大规模效益就越高，为了获得最大的城市规模效益，必须努力实现城市的适度规模。在市场经济条件下，现实的城市规模在一定程度由土地规模经济和规模不经济的平衡关系决定。

乡村工业大多是由民间投资创业经营，自身规模小、市场竞争性不强、研发创新能力不足，无法在企业内部实现规模收益。为了获取单个企业所不具备的竞争优势，乡村工业依据市场机制向一定区域空间聚集，形成区域性专业化分工的企业集群，呈现出明显的区域黏合性，通过规模经济和集聚经济的获得来提高效率和降低交易成本，并且促使小城镇不断完善基础设施，发展新的服务行业，不断完善城市功能，从而加快小城镇发展。这就是土地规模经济对于小城镇开发的促进动力所在。

我国学术界对小城镇建设与土地规模经济也作了一定的研究。如王瑞金（1991）研究了小城镇建设与规模经济问题，以嘉兴小城镇建设为例，认为小城镇建设应从注重数量转到注重质量上来，应制定必要的小城镇规模经济考核指标。汤继臣等（2001）认为小城镇发展的核心问题是土地利用问题，主张应对小城镇的土地利用进行评价，并提出了简要的评价体系。徐瑞祥等（2001）以南京市为例，研究了小城镇发展对土地利用的正负面效应，认为应加大发展城镇经济，科学定位、梯度发展小城镇，加强规划以及创新政策。白云升等（2002）对

小城镇建设土地利用的“集约化”理念进行了界定。王筱明（2003）总结了目前小城镇土地状况及存在的主要问题，认为应该从规划、审批等方面提高小城镇土地的集约利用。

3. 土地规模经济与小城镇建设模式

关于在规模经济下小城镇建设的模式问题，国内学术界也有不同的看法。

张庆广、杜达武（2000）认为，根据小城镇与农业产业化的关系，可以将小城镇建设划分为加工主导型、市场主导型和服务主导型。

李保江（2000）认为，从制度变迁的角度讲，城镇化是指农村人口向城镇转移和集中，以及由此引起的产业—就业结构非农化重组的一系列制度变迁过程。中国城镇化从新中国成立初期起步，经历了迂回曲折的发展历程。1978 年以前主要以政府主导的强制性变迁为主，而农村改革后则主要以在市场力量诱导下由农民群体和个人自发倡导、组织与实行的诱致性变迁为主。

我国著名社会学家费孝通将小城镇划分为五种类型。第一种类型：农村商品流通中心（以震泽镇为例）；第二种类型：农村家庭手工业中心（以盛泽镇为例）；第三种类型：农村政治中心（以松陵镇为例）；第四种类型：农村文化、休闲与旅游中心（以同里镇为例）；第五种类型：农村交通枢纽（以平望镇为例）。他认为，对小城镇还可以作进一步的分类。凡已形成固定城镇的，均可就其主要特征将其纳入一定的类型。

王昭耀（2000）认为，各地应根据自己的实际，确立向工业主导型、市场带动型、交通枢纽型、旅游开发型、边境贸易型、卫星城镇型等方向发展。

毛丽芳（2000）将苏南模式划入“农村—第二产业—城市化”的常规模式；将深圳模式划入“农业—第二产业、第三产业—城市化”的复合模式。同时，按职能划分，农村小城镇可分为综合型、旅游型、农副产品加工型和边贸口岸型等。

刘福垣（2003）在研究浙江的城市化过程时，提出浙江已经实现了从“农村工业化＋专业市场＋小城镇”向“特色工业园区＋现代商贸物流＋城市化”发展模式的转化。

（三）中央和地方政府的政策及效果

《国家关于促进小城镇开发的意见》明确指出，发展小城镇，有利于解决现阶段农村一系列深层次矛盾，优化农业和农村经济结构，增加农民收入；有利于缓解当前国内需求不足和农产品阶段性过剩状况，为整个工业和服务业的长远发展拓展新的市场空间。加快我国城镇化进程，实现城镇化与工业化协调发展，小城镇占有重要的地位。发展小城镇，是实现我国农村现代化的必由之路。

土地规模经济是推动小城镇开发的动力之一，然而，由于土地规模不经济的限制，城镇的规模并不是越大越好。因此，发展小城镇就要统一规划，合理布局，合理确定人口规模与用地规模，既要坚持建设标准，又要防止贪大求洋和乱铺摊子。

小城镇数量经历从增长到减少的演变过程，有其必然性。在经济发展水平较低的情况下，小城镇的规模普遍较小，小城镇发展的主要特点是数量增长。而当小城镇的数量增长到一定程度，小城镇发展的主要特点将变为规模的扩大和质量的提高。进一步发展，小城镇的数量反而可能会减少，但发展空间则有所扩大。

部分区位条件优越、产业基础雄厚的中心小城镇因为第二、第三产业的迅速发展，人口规模和空间规模进一步扩展，会逐渐与乡村系统相分离，发展成为新兴的小城市或中等城市。那些位于城镇密集区和大都市周边地区的小城镇，有可能纳入所属地区城镇体系的总体规划，成为卫星城市，形成人口和产业分布更为紧凑合理的城市群或城市连绵区。此外，还有相当一部分小城镇因为行政区划的变动或乡镇企业的迁出、倒闭等原因而衰落，以至于消失。这些小城镇是在一定历史条件之下，随着经济的发展和政策的调整，因完成自己的历史使命而消失的。小城镇发展在区域上的不平衡将随着我国经济的发展而改变。随着西部大开发战略的实施和中西部地区经济发展速度的加快，中西部地区建制镇的发展速度与东部的差距将会逐渐缩小。

二、开发区的土地利用

（一）问题产生背景

我国自1984年设立第一个经济技术开发区至今，在全国各地已有数量较大且性质不同的开发区。国内的开发区是由中央或省级政府批准设立的，以吸引外资、发展工业和出口创汇为主要目标的经济区。开发区在推动区域与城市经济发展、发挥窗口与辐射作用等方面收到了良好的效果。但同时，由于开发区一般占地面积大，并且所占的地一般是质量较好的地，因此开发区的土地利用合理与否在当前资源紧张的形势下显得尤为重要。目前各类开发区的土地利用问题主要集中在以下方面：

1. 开发区用地铺张，土地闲置，浪费严重

当前有的开发区规划不足，盲目上马，资金投入不足导致土地闲置；有的开发区区位不理想，招商引资困难，无资金开发；有的开发区投资商利用从农民手中征用的公益性用地与市场土地的差价炒地皮，不投资开发，土地被大量占用后

处于撂荒状态。据国土资源部初步调查，在全国省级以上的 900 余个开发区中，国家批准的近20 000平方公里开发区，已开发面积仅占规划总面积的 13.51%，土地闲置严重。

2. 小规模开发区数量多，缺乏规划，布局不合理

目前已有的 3 837 个各类开发区当中，省级以下的有 2 586 个，占总数中的 67.4%。在这些园区中，乡、镇、村一级的占多数。在建园过程中缺乏规划，盲目建设，布局不合理。“筑巢引凤，引凤筑巢”、“滚动开发”等口号已成为园区领导们的流行用语。但其自身条件有限，引进项目得不到保证，陷入只开花不结果的境地，低水平重复建设严重。

3. 压低地价成为园区之间主要的竞争手段，土地产出率低

开发区过滥导致招商引资恶性竞争，迫使其在各种优惠政策上做文章，压低地价成为最主要甚至唯一的竞争手段，有的地方甚至推出“零地价”、“负地价”。开发区得不到卖地收入，资金严重不足。先入园的企业占用大片土地，限制了后入园企业的用地，造成了土地产出率低。

(二) 问题阐述和分析

1. 国外开发区土地利用管理的主要手段

目前，国外发达国家关于开发区的土地利用管理手段主要有分区管制、税收调节和规划控制三种。国内学者班茂盛、方创琳和宋吉涛（2007）对这三种方式进行了介绍。

分区管制是西方国家普遍实行的方法，具有法律效力，是西方最著名的土地利用管理形式。根据需要，分区管制可以将土地集约的规划意图落实在空间上。分区管制制度创始于 1692 年，盛行于 20 世纪 30 年代美、英等国家城市化急速扩张阶段，一般通过分区条例来实施。美国是典型的通过分区进行土地用途管制的国家，通过确定土地使用密度和容积率实现对土地用途的管制，管制对象一般为建筑物及其布局，同时还包括建筑物及其他构筑物的高度、层数、建筑密度、容积率等，通过这些指标控制可以达到土地集约利用、提高土地的使用效率的目的。

税收调节也是实现开发区土地集约利用的一种非常有效的手段。西方发达国家根据房地产权变化，普遍实行较高的不动产税政策，并对粗放利用的土地施以重税，对集约利用的土地施以轻税。这一机制十分有效，可以促进更加集约地利用土地。

规划控制手段随着城市扩张也成为一种重要的管理手段。比如，美国政府以“精明地扩展”理念为基础，提出了多种规划措施，以提高现有建成区的开发密

度，减少对新增建设用地的需求，提高土地的利用效率。美国政府实施的主要措施有：提倡土地混合利用，将工作、娱乐、休憩、商务和居民生活结合在一起；倡导紧凑的建筑设计，主张提高建筑密度，以此提高土地利用效率；等等。

2. 国内开发区建设初期的土地利用分析

我国开发区是改革开放以后经济发展过程中的新生事物，开发区的理论也是伴随着开发区的建设而逐步展开的。

在开发区产生之初，相关研究主要集中在如何利用土地规划、土地市场等手段推进开发区的建设，如对高新技术产业开发区的推进机制、开发区现状、地域格局和发展趋势等方面的研究；开发区建设过程中的土地利用问题研究；土地规划如规划层次、规划原则、规划内容、规划管理等方面的研究；土地市场和土地市场的结构、土地供求关系、开发区土地市场的培育等方面的研究；土地利用政策法规的研究；土地开发模式如滚动开发、成片开发的研究。

随着经济的发展，开发区的大量建设出现了很多问题，开发区的土地利用成为焦点。学者们也开始关注开发区土地利用中存在的问题，如李红（1998）针对当时的开发区土地利用存在的问题，提出应该修订开发区用地规划、控制开发区用地规模，做好开发区闲置土地的利用和撂荒耕地的复耕工作，国家级开发区要向中西部地区发展，省级开发区要优存劣汰、梯度开发，未经批准的开发区要坚决撤除等建议。

3. 国内近期开发区土地利用分析

进入21世纪后，我国开发区的建设有了较大的规模，各地也有了一定的经验，同时也出现了一些新的问题。这一阶段，针对开发区土地利用存在的问题，研究主要集中在开发区土地集约节约利用评价、开发区整合、优化开发区土地利用结构等方面。

在开发区土地集约节约利用评价方面，何绘宇（2005）选取开发区土地利用评价指标体系，结合GIS技术，分析了开发区土地利用评价系统的各种需求，提出了一套辅助决策支持的土地利用评价系统的解决方案。许素芳（2006）以芜湖经济技术开发区为例，从土地开发利用状况、社会影响和环境质量三方面构建了开发区土地可持续利用的综合评价指标体系。杨文白（2007）基于标准差系数权数法，从土地利用程度、土地利用结构和土地利用效益三方面构建了开发区土地利用评价指标体系，并认为开发区土地利用的社会和环境生态效益以及开发区土地利用的动态性是模型需要完善的地方。

在开发区整合研究方面，刘彩霞（2001）总结了开发区土地利用存在的问题，提出应从规划、加大闲置处罚力度、转变供地方式等方面加以改进。利根

(2004) 认为土地开发应以追求产出效益最大化为目标，应整合开发区，促进区域土地资源优化利用，并且提出开发区用地有待深入研究的问题包括开发区地价体系和如何盘活存量用地以减轻增量扩张需求压力。周伟莨（2006）认为应建立开发区优胜劣汰机制，开发区土地利用应转向集约化，开发区土地供应应变为“规模控制”和“项目控制”两种模式。班茂盛（2007）等从土地利用控制主体、实施程序等方面对比了国内外开发区土地集约利用的手段与控制方法。吴郁玲、冯忠垒、曲福田（2006）对53个国家级的开发区土地利用进行研究，认为按照区域土地利用的比较优势来配置土地资源能够提高土地利用的总福利水平。研究认为，整体上，中西部开发区的比较优势高于东部地区，而区域内部东部地区的京津苏沪及中西部地区的中心城市在开发区建设用地的利用上具有比较优势。因此，应对现行开发区空间布局进行调整，将各地区比较优势度低的开发区撤销，恢复其农业生产；而在比较优势度较高的地区根据实际需要增设相应的开发区，以实现耕地保护与开发区建设的双赢。

在优化开发区土地利用结构研究方面，陈逸（2006）以苏州市高新区的土地利用为例，认为应该在开发区内实行空间置换，优化土地利用结构。对于造纸、纺织等排污比较大并且产业级别较低的行业，应该引导企业搬出高新区，并给予安排新的发展空间；而原有企业用地可以继续发展耗能小、污染小的高新技术产业、第三产业等，优化土地利用结构，以适应城市发展的需要。王志成、陈银蓉（2008）从宏观角度研究了武汉经济技术开发区的土地集约节约利用情况，认为征地、土地储备、土地利用规划三种制度提高了开发区的土地集约利用。如采用以控制土地使用密度和容积率为核心的土地用途分区管制，有效促进了开发区的土地集约利用。

（三）中央和地方政府的政策及效果

自1984年我国创建经济技术开发区以来，开发区在推动区域与城市经济发展、发挥窗口与辐射作用等方面收到了良好的效果。但同时，各类开发区也不同程度地存在着土地利用粗放和闲置现象，不利于资源节约型社会的建设。

我国人均耕地面积远远低于世界平均水平，保护耕地、提高土地的使用效率是我国的基本国策和各级政府的重要任务，因此，在各类开发区开发建设过程中，实现园区土地的集约利用一直是各级政府的任务和目标。为了实现这一目标，国内主要采用规划控制、指标控制和政策控制三种方式对开发区土地进行集约化管理。

1. 规划控制方面

1995年，建设部颁布了《开发区规划管理办法》，《办法》第五条规定，开发区必须依据城市总体规划编制开发区规划。开发区规划可以按照开发区总体规划阶段和开发区详细规划阶段进行编制。为了提高土地的利用率，2003 年建设部进一步出台了《关于进一步加强与规范各类开发区规划建设管理的通知》（建规［2003］178 号文件），《通知》要求，自 2004 年 1 月 1 日起，凡开发区规划、控制性详细规划未按法定程序批准的，各地不得新批准建设用地和建设项目。以此为依据，各地的开发区通过开发区总体规划和详细规划的编制，对开发区土地利用的方向、强度进行控制，从而实现开发区土地的集约利用。

2. 指标控制方面

指标控制是推动开发区土地利用从粗放外延式开发转向集约内涵式开发，提高土地利用效率的重要手段。在经济发达地区，由于土地资源较为紧张，开发区往往通过投资强度、容积率和建筑密度中的指标限制来筛选入园项目，如表 3—1 所示。

表 3—1　　全国部分开发区土地集约利用指标

地区	投资强度	容积率	建筑密度
苏州	省级以上开发区一般每平方公里实际投入不低于 5 亿美元，乡镇工业小区一般每平方公里实际投入不低于 3 亿美元	/	/
广州	广州开发区每平方米投资强度为 670 万美元，投资总额达不到 500 万美元的不单独供地，引导其进入标准厂房	容积率不低于 0.6	建筑密度不低于 35%
上海	区级工业区达到每平方公里 52 亿元的推荐值，市级以上开发区达到每平方公里 68 亿元的推荐值；长远目标则是每平方公里 80 亿元的国际参考值	工业项目新建厂房容积率达到 0.8 以上，其中都市型工业园项目容积率达到 1.2 以上	/
山东	国家级开发区土地投资强度一般不得低于 240 万元/亩；山东省级开发区土地投资强度为：青岛、烟台、威海市辖区，一般不得低于 200 万元/亩；济南、淄博、潍坊、东营、泰安、莱芜、济宁、日照市辖区，一般不得低于 160 万元/亩	工业项目建筑容积率一般不得低于 0.6	建筑密度不低于 35%，绿地率不高于 15%，厂前区用地比例不高于 7%

资料来源：班茂盛、方创琳、宋吉涛：《国内外开发区土地利用集约利用的途径及其启示》，载《世界地理研究》，2007 (9)。

3. 政策控制方面

近年来，山东省出台的《山东省禁止、限制供地项目目录》和《山东省建设用地集约利用控制标准》，规定新增建设项目用地必须符合国家和省产业政策，凡《山东省禁止、限制供地项目目录》禁止的项目，各级政府和国土资源管理部门一律不得受理项目用地申请，不得办理用地审批手续；列入限制范围内的项目，以及允许或鼓励发展的项目，应当按照国家项目管理的有关规定，经投资主管部门审批、核准、备案后方可供地。宁波市政府为了提高本市各类开发区的土地利用效率，出台了《关于提高土地集约利用水平的意见》，提出要适当压缩开发区（园区）公共绿地面积，降低工厂企业等内部的绿化率，同时要求对适合于多层厂房的生产行业，必须推行多层标准厂房，严格控制单层厂房建设。其他省、市也有类似的政策措施。政府正是通过这种方式对园区的土地利用方式和利用强度进行调控。

三、耕地保护的经济机制

（一）问题产生背景

我国人多地少，是一个耕地资源相对匮乏的国家。新中国成立以来，特别是改革开放以来的30多年间，我国经济以较高速度发展，城镇规模迅速扩大，伴随而来的是耕地资源的大幅度减少。据有关方面统计，1997年我国的耕地总量为19.51亿亩，到2006年下降到18.27亿亩，10年间我国耕地面积减少了1.24亿亩。2006年全国人均耕地面积已下降到1.39亩。这些减少的耕地大部分是优质粮田。耕地资源大幅减少，对国家粮食安全造成重大威胁。

耕地保护是关系我国国民经济和社会可持续发展的全局性战略问题，完善耕地保护机制对于耕地保护具有重要作用。现行的耕地保护措施多是注重从行政、法律的角度对耕地进行保护，缺乏有效的经济制约机制。行政、法律措施是耕地保护的外在动因，而经济措施才是耕地保护的内在动因。因此，从分析耕地保护的经济行为入手，探讨我国耕地保护的经济机制，并制定相应的政策和措施，对保护耕地具有十分重要的现实意义。

（二）观点阐述和分析

1. 征地成本低和比较利益的驱使导致耕地保护不利

在我国目前耕地保护制度体系中，经济措施主要有税（耕地占用税、土地使用税等）、费（耕地开垦费、农户承包土地荒芜闲置费等）、投资和补贴（为解决“三农”问题而实行的粮食补贴政策）等等。陆国庆（1997）、李彦芳等（2005）

研究认为，经济措施在耕地保护中的作用微不足道，按现行补偿标准取得的征地补偿费远低于市场上同类土地的价格。征地费偏低使耕地被大量占用，并导致建设用地低效利用等现象。征地成本与市场地价的巨大差额，使地方政府及许多用地单位为降低建设成本而转到城市周边发展建设，大量占用耕地，使城市用地规模急剧扩张，同时旧城区土地利用率较低，土地闲置现象严重。另外，土地征收补偿标准过低，使城市政府片面追求地方财政收入，通过“低价征收，高价出让”或“低价征收，低价出让”来吸收投资，大量占用城郊优质高产耕地。邵建英（2008）认为，农业的比较利益低，耕地保护的机会成本高，在缺乏经济利益诱导机制的情况下，极易导致耕地的流失。正是比较利益的驱使，导致20世纪90年代初出现了“开发区热”、“房地产热”，占用了大量的耕地，甚至存在许多开发区开而不发、占而不用等现象，严重浪费了土地，流失了耕地。

2. 耕地产权不明晰，缺乏耕地保护动力

耕地产权不明，不仅导致我国耕地资源大量损失和耕地质量下降，影响到国家的粮食安全、生态安全和社会安全，而且也是我国耕地保护制度不能真正落到实处的重要原因。陆国庆（1997）认为，耕地产权不明，使土地的所有权及各项权能无法有效地行使，对承包给农户的土地使用权缺乏经济约束力，必然导致滥用土地，使耕地无法从根本上得到保护。邓丽（2006）认为，现行的土地征用和收购制度过多地注重公共利益，相应地造成土地征用的价格缺失，从而难免会损害到农民集体的土地产权利益，使耕地产权的安全性得不到保障。耕地产权存在的一些问题，也必将导致其产权转移的低效率、高成本。市场经济要求产权在法律上是可以自由转移的，产权不明也给市场机制在耕地保护中发挥良好的作用造成了极大的障碍。张效军等（2008）认为，耕地的质量保护最终也还是一种经济行为（投资），其投资的目的是获取更大的利益。耕地保护的投资往往固定于土地之上形成土地资本（如土地改良后形成较高的土壤肥力，修建的梯田、防护林、田间灌溉设施等改善了耕地的生态环境），而且属于长期投资，其收益只能在未来若干年内不断产生。因此，只有依赖良好的经济机制，主要是合理的耕地产权制度，才能对耕地保护的投入有所保障。但现时耕地产权不明晰，耕地使用者缺乏对耕地保护投入的动力。

3. 完善耕地保护的经济机制

邵建英（2008）认为，耕地的占用成本比存量建设用地的占用成本低，这使得许多用地部门首先考虑占用的是耕地，而非存量建设用地。因此，为防止这种用地倾向，必须提高耕地占用成本，降低存量土地的使用成本，促进内部挖潜。张效军等（2008）从我国耕地保护主要问题的辨析入手，认为以耕地保护产权不

明为特征的基本制度缺陷和地方政府的制度扭曲是耕地保护制度失灵的主要原因，并提出构建耕地保护区域补偿机制，而且对这一机制构建提出基本思路。吴晓芳等（2008）在探讨完善耕地保护机制时提出，应完善财政制度，推进政府管理体制改革。改革现行的财政制度，保证县、乡（镇）地方政府必要的财政开支，特别是乡镇政府，应做到财权与事权的统一；按照“小政府、大服务”的目标和“政企分开、政事分开”的原则，转变政府职能，精简政府机构，减少政府开支，从根源上切断地方政府为生存而侵占耕地的行为。李彦芳等（2005）研究认为，建立利益引导型耕地保护机制有利于体现财政政策的公平，有利于调动基层抓农业、抓粮食生产的积极性，有利于农村乃至整个社会的和谐发展和长治久安。在市场机制逐渐占据主导地位的时代，利益引导型耕地保护制度终将成为必然。郑丽（2006）认为，可通过税收这一经济手段进行调控管理，以税收限制各种耕地占用行为，以税收反哺农村，以税收刺激土地整理和复垦。为此，应对我国土地税收制度进行变革，以对耕地起到有效的保护作用。

（三）中央政府的政策及效果

从 1987 年 1 月 1 日施行的《土地管理法》重视耕地保护到 1999 年 1 月 1 日修订施行的《土地管理法》明确将耕地保护列为一项国策，再到 2003 年末国土资源部部长孙文盛在全国国土资源厅局长会议上明确表示要实行最严格的耕地保护制度，加强对国土资源的宏观调控，对省以下的土地资源实行垂直管理，将地方土地部门官员纳入上一级土地管理部门进行统一管理，我国的耕地保护体系已经建立。其中，主要法律包括《基本农田保护条例》、《土地管理法实施条例》、《农业法》、《耕地占用税暂行条例》、《土地承包法》等。在一整套耕地保护政策法规的管制下，我国耕地面积减少的趋势得到一定程度的控制。

当前，国家实施了最严格的耕地保护制度，为了进一步通过税收手段调节占地、加大保护耕地的力度，2006 年中央 1 号文件明确提出了“提高耕地占用税税率”的要求。同年 8 月，国务院下发的《国务院关于加强土地调控有关问题的通知》（国发［2006］31 号文件）中提出，要提高耕地占用税征收标准，加强征管，严格控制减免税。2007 年对《耕地占用税暂行条例》的重新修订，是贯彻落实党的十七大关于“建立有利于科学发展的财税制度”的重要部署，也是运用税收政策严格保护耕地、促进资源节约和环境保护的重要举措。作为加强耕地保护，缓解我国耕地资源紧缺问题和土地供需矛盾的政策“组合拳”的一部分，国务院于 2007 年 12 月 1 日批准了《中华人民共和国耕地占用税暂行条例》（修订案），并以国务院令的形式发布，该条例的施行对耕地保护将起到一定的促进作用。

第二节　土地市场

一、土地使用权出让金与地方财政

（一）问题产生背景

土地出让金被称为地方政府的“第二财政”，属预算外收入。1994 年分税制改革后，中央把土地出让金全部划归地方政府，这给地方政府的财政收入留下了巨大的操作空间。

根据国土资源部公报，早在 2004 年，全国土地出让价款就已高达5 894.14 亿元，2006 年第一季度全国土地出让金估计达到3 000 亿元。但上海市社科院一位房地产研究权威专家认为，由于中央对土地出让金处于“零分享”和失控状态，全国土地出让金额缺乏权威统计数据，地方上报的数据“大多瞒报了不少”。按照上海市社科院所做的调查，在长三角地区，农地征用价格为 37.5 万～45 万元/公顷，农地一级市场出让价格为 210 万～525 万元/公顷，二级市场价格为 1 125万～2 250 万元/公顷。在城市化的进程中，土地价值几十倍甚至上百倍地升值，地方政府因此获益颇丰。

根据国务院发展研究中心的一份调研报告，在一些地方政府，土地直接税收及城市扩张带来的间接税收占地方预算内收入的 40%，而土地出让金净收入占政府预算外收入的 60%以上。2005 年，中国财政收入首次突破 3 万亿元，而同年，作为地方政府预算外收入的土地出让金收入就高达 5 500 亿元。预算内资金解决地方政府的吃饭问题，而预算外资金则是地方政府进行城市扩张和城市建设的主要来源，土地违规案件也因此层出不穷。2006 年 6 月 27 日，国家审计署审计长李金华，在向全国人大常委会作的《关于 2005 年度中央预算执行的审计工作报告》中披露，2003 年至 2005 年 6 月，上海、天津、江苏、浙江、江西和四川 6 个省（市）所属 87 个开发区中，有 60 个违规低价出让土地共 7 873 万平方米，少收土地出让金 55.65 亿元。

盖因如此，中央此前的土地调控政策很多时候都被消弭于无形，收效甚微，土地出让金因此也成了政令不通的“罪魁祸首”。加强国有土地出让金管理，保全国有土地资产，抑制地方政府土地犯罪，促进土地资源的可持续利用，真正发挥国有土地出让金在调节土地市场供求、建立土地储备制度、充实政府财政收入、增强国家对土地市场调控能力等方面的积极作用，是国土管理部门和财政部门亟须解决的重大课题。

（二）问题阐述和分析

1. 土地使用权出让金制度存在的问题

《宪法》和《土地管理法》规定，城市土地属于国家所有，我国实行城市土地有偿使用制度，国家依法授权市、县人民政府作为国有土地所有权的代表，将本行政区内指定地块的使用权按一定条件让与土地使用者占有、使用、经营、管理。因此，各级地方政府代表国家行使土地所有权，是事实上的土地所有者。同时，地方政府又是土地出让活动的审批者和管理者，对执政期间出让土地的数量、用途等拥有决策权。这种出让形式使土地出让收益构成地方政府重要的财政来源，土地成为地方政府手中最大、最容易变现和最为依赖的资产。在土地国家所有、土地出让金收支纳入地方政府公共预算的前提下，地方政府从土地上大量谋利，以地生财，将土地作为第二财政的现象大量存在，发达地区的地方财政成为名副其实的“土地财政”。正是由于地方财政将土地作为“小金库”，过分依赖土地出让金收入，导致一系列问题的出现。童伟（2008）认为，土地出让金刺激了地方政府的“赌徒行为”，使地方财政收支增长速度较 GDP 发展速度更快，财政收支弹性系数过高，加剧了地方财政的脆弱性，成为地方经济持续稳定发展的安全隐患。

“征地”与“卖地”之间的巨额利润诱使地方政府“寻租”行为盛行，同时由于土地出让金收益分配不合理，严重损害了农民利益。吴瑞华（2004），岳晓武（2004），王敏（2004），丛明、侯万军（2005），王美涵（2005），俞解平（2006），王晓阳（2007）等认为，用土地牟取暴利，已经成为一些单位和个人“寻租”的手段。一些地方政府违法违规出让土地，使应该有偿出让的违规行政划拨，应该招标拍卖的违规协议出让，甚至擅自减免地价、给开发商返还土地出让金招商引资、不依法追缴国有土地出让金等，不规范的土地交易行为引发了土地收益的大量流失。另外，巨额的土地出让收入长期游离于预算外，国有土地出让金于是变成一些地方盲目扩大城市建设规模和搞“政绩工程”、“形象工程”的主要资金来源。而无论是为了招商引资擅自减免国有土地出让金、低价出让或“零地价”出让、以实物等抵收，还是出于个人私利搞领导干预、个人审批、暗箱操作等，靠的无非是对这笔预算外资金的自由裁量权。在高额土地使用权出让金的刺激下，地方政府征地越来越频繁，违规征地现象时有发生，农民与地方政府围绕征地的矛盾也越来越突出，上访、投诉者络绎不绝。这种土地收益分配模式不仅剥夺了被征地农民的长远利益，还剥夺了农民及其后代享受该项土地增值收益的权利。在征地中，农民本就处于弱势地位，拿为数不多的补偿金换取农民及其后代赖以为生的基础资源，在失地农民不能获得稳定收入的情形下，势必造成更大的社会群体之间的收入差距和社会安定问题，从长远看，甚至会威胁到国家粮食供给安全。

土地使用权出让金的收取和使用造成了严重的代际不公。陈春（2001），张鸣明、朱道林（2005），王美涵（2005），王晓阳（2007）等认为，土地使用权出让金的收取和使用虽然短时间内增加了财政收入，实则是一种杀鸡取卵、竭泽而渔的做法。由于我国一届政府的任期是五年，而各用途土地的出让年限远大于五年，因此一届政府在任时出让的土地已经提前提取了本属于以后几届政府辖区内土地的地租。一定区域的土地资源是有限的，如果某一届政府过度出让，必然会导致后届政府无地可卖，这种"寅吃卯粮"的做法，有悖于"代际公平性"，更给后届政府留下许多需要解决的问题。

2. 土地使用权出让金制度的改革争论

土地出让金在收取与使用过程中存在一系列问题，针对土地使用权出让金制度的改革，目前主要有以下三种观点：

（1）以土地年租制取代土地批租制。

詹蕾（2003）、吕康娟（2004）、张洪力（2006）、李国敏（2006）等主张按年收取租金，即土地年租制，以取代一次性收取土地出让金的制度。"土地年租制"是土地的另一种流转方式，即国家将城市土地使用权租赁给开发商或土地使用者，开发商或土地使用者按规定每年向国家缴纳一定数量的土地租金。无论是采用土地出让金制度还是土地年租制，其实质都是相同的，不同之处仅在于土地出让金是对应于土地出让期的一次性交换代价的地价，而土地年租金则是对应于使用和收益代价的地租。实行土地年租制对于国家来讲，土地收益并没有变化，但对于一届政府来说，多出让土地也只能收取任期内的那笔收入，从而在经济机制上大大抑制了地方政府将土地当做第二财政、多出让土地的冲动，能够有效防止地方政府"寅吃卯粮"，符合资源利用的代际公平原则。

尚聪敏（2001）、於海滨（2006）等则对土地年租制持反对态度，认为实施土地年租制有相当大的难度。首先，必须使国有土地使用权价格缴纳对象由开发商和建设单位转换为巨大数量的使用土地的业主，并且变为按年缴纳。在当前的社会环境下，收缴难度极大。其次，由于城市区位级差地租和不同用途地租的差别明显，实施土地年租制需要科学地、动态地测定城市市区不同位置、不同用途土地的地租，这也不是一件易事。因此，土地年租制在实践中尚有很多问题有待解决，以此途径来解决土地使用权出让金制度中存在的问题显然是不现实的。

（2）以征收物业税取代征收土地使用权出让金。

“物业税”是我国香港特别行政区和东南亚一些国家对“财产税”的另一种称谓。物业税就是以不动产为征税对象的一种财产税。安体富、王海勇（2005），杨志勇（2006）等提出以物业税替代土地出让金即开征不动产税，同时取消土地出让制度和土地出让金。持该论者认为这样改革有如下好处：一是避免政府“寅吃卯粮”；二是可降低购房消费者负担，变一次性交付为长期小额交付；三是对发展商来说，可以进一步降低房地产开发的门槛。

然而，何振一（2004）、白彦锋（2007）等持反对观点的人认为，将土地出让金并入物业税征收是不可行的。主要原因在于，物业税和土地出让金性质截然不同，土地出让金作为配置土地资源的重要调控手段几乎不可替代。同时，将土地出让金并入物业税征收面临实践难题。由于脱离了土地出让市场，物业税只能通过评估来确定每年的税基，这就对我国土地价值评估提出了较高的要求。如果将土地出让金并入物业税征收，将意味着土地市场重新回到行政划拨的老路上去，是对土地有偿出让制度改革的一种否定和倒退，而且容易滋生腐败和寻租行为，不利于土地资源的有效配置。

（3）保留现有体制框架，加强对土地出让与土地出让金使用的监督和管理。

针对土地使用权出让金制度改革、解决地方财政土地使用权出让金收支混乱的现象，大多数观点赞成保留现有的体制框架，通过加强对土地使用权出让金收取、使用各个环节的监督管理来解决现有制度中存在的问题。岳晓武（2004），干玲、段修峰（2007）认为，对土地使用权出让金制度的改革，应该集中在以下几个方面：第一，中央政府必须加大对地方政府出让土地的监管力度，严惩违法出让行为，建立制约机制，使土地出让朝着利于土地可持续利用的方向发展，同时加快土地审批制度改革，严格把好土地审批过程中的各个关节，对新增建设用地进行全方位卡位。第二，应当以政府收支科目改革为基础，将土地出让金的收支活动纳入统一的政府预算中来，实现土地出让金收支公开化、透明化，有效控制各个地区的土地出让审批额度，规范地方政府在土地出让金收支上的短期行为。第三，强化土地出让收支监督管理，防止国有土地资产收益流失。

（三）中央和地方政府的政策及效果

2006年7月25日，国务院总理温家宝主持召开国务院常务会议，部署进一步加强土地市场宏观调控工作。会议强调调整利益机制，将国有土地使用权出让总价款全额纳入地方预算，实行“收支两条线”管理。至此，一度引发市场极大猜想的土地使用权出让金制度改革大幕拉开，在财政预算“体外循环”了多年的土地出让金重归规范管理。

2006年底，国务院办公厅发布了《关于规范国有土地使用权出让收支管理的通知》（国办发［2006］100号文件），对土地出让金的收入、分配、解缴和划拨等工作给予了详细的规范管理，其中国有土地出让收益的分配和管理机制是核心问题。《通知》决定将国有土地使用权出让收支纳入地方预算，收入全部缴入地方国库，支出一律通过地方基金预算从土地出让收入中予以安排，实行彻底的“收支两条线”。

2007年12月11日，建设部政策研究中心主任陈淮曾透露，建设部将出台政策规定，将土地出让金的70%用于限价房、经适房及廉租房等保障性住房的建设。2008年2月25日上海市人大常委会表决通过的《2008年工作要点》在国内首次将土地出让金纳入市人大监督范围。庞大的住房保障计划需要上海市政府投入巨额资金，而加强土地出让金的收支监管正是为了保证充足的资金能够落实到位，只有资金落实，住房保障计划才能变成现实。

政府出台的一系列政策、措施，对于规范土地出让金的运作、纠正地方政府在土地开发上的短期行为、保护相关群体的合法权益收到了良好的效果。同时，能够促进土地资源的可持续利用，真正发挥国有土地出让金在调节土地市场供求、增强国家对土地市场调控能力等方面的积极作用。

二、土地出让方式与土地利用效率

（一）问题产生背景

在计划经济体制下，我国实行的是无偿、无限期、无流动的行政划拨土地供应制度，20世纪80年代后期，我国开始对城镇国有土地使用制度进行改革，实行土地有偿、有限期、可以依法进行土地使用权交易的有偿使用制度。二十多年来，国家出台了一系列的政策，以推行招标、拍卖、挂牌的土地出让方式。2007年9月，国土资源部颁布了《招标拍卖挂牌出让国有建设用地使用权规定》，规定工业、商业、旅游、娱乐和商品住宅等经营性用地以及同一宗地有两个以上意向用地者的，应当以招标、拍卖或者挂牌方式出让，工业用地也被纳入招标、拍卖、挂牌的范围，招拍挂制度全面推行。

土地招拍挂政策是我国经济体制改革、土地制度变迁、城市经营探讨等因素综合作用的产物。[①] 当前，我国城市建设新增财力增长缓慢，地方经济的发展主要利用其自身资源，因此以招标拍卖为基础产生的土地收益对国民经济运行的影响愈来愈明显、愈来愈重要，地产收益已成为财政的一大重要来源，进而又转化

① 参见彭德福：《土地资源利用管理实现两个根本转变的思考》，载《中国土地科学》，1996（3）。

为土地开发和城市建设资金，有力地促进了产业和城市经济的发展。从表3—2中可以看出，市场在配置土地资源中的基础性作用正逐步确立。

表3—2　　　　我国2001—2005年土地招拍挂比例

项目 年份	招拍挂出让面积（百平方米）	占总出让面积比例（%）	招拍挂出让金额（亿元）	占总出让金额比例（%）
2001	6 609	5.00	492.00	37.30
2002	18 095	15.00	969.00	40.04
2003	51 900	27.78	2 937.76	52.50
2004	52 400	29.20	3 253.68	55.35
2005	57 200	35.06	3 920.09	71.20

资料来源：刘爱林、吕霁：《对工业用地招拍挂的探析》，载《国土资源科技管理》，2007（4）。

土地招拍挂在很大程度上避免了暗箱操作和腐败的发生，但竞价方式容易造成人为哄抬地价，导致价格虚高、地王频现。同时，政府部门从经济利益出发，通常遵循“价高者得”的唯一标准，忽略对开发商信用、土地开发利用方案等其他重要因素的考虑，不能使土地资源得到合理有效配置。因此，如何通过选择土地出让方式来提高土地利用效率成为目前理论界讨论的热点之一。

（二）问题阐述和分析

1. 根据土地用途采取合理的出让方式，提高土地配置效率

由于各种土地利用方式均存在自身的优缺点，并形成不同的价格，因此，部分学者认为，在土地出让过程中，应根据土地用途采取合理出让方式，以提高土地配置效率。

谢经荣（1994）、平辉（2005）等对不同土地出让方式下的土地价格进行了分析，结果表明，协议出让方式因其操作的人为性、非规范因素较多，产生的地价普遍较低；而通过招拍挂出让方式取得的土地，通常价格较高。鉴于此，谢经荣等（1994）认为，在实际土地市场的交易中，由于不同土地出让方式会导致不同的土地价格水平，因此，需要从调整土地出让方式入手，根据不同的用地性质和规模，对土地出让方式进行选择，使有限的土地资源得到最合理的分配和利用，从而提高土地利用效率。另外，为了使同行业土地受让人进行公平竞争，同一类型的土地利用方式应采用统一的出让方式。李鹰（2003）认为，以盈利为目的的商业用地、娱乐用地，以及针对中高收入人群的别墅、高级公寓用地采用土地拍卖出让方式最为适宜，这不仅有助于实现该类土地的经济价值，同时也能给予政府较好的经济效益。而面向中低收入者的普通住宅用地、一般工业性用地则比较适合采用土地招标、挂牌出让方式。对于这些用地实行土地招标，不仅可以考虑土地投标价，还可以引进诸如投标规划设计方案定位、房产销售的限价范围、开发商资信及其售后服务情况考察等综合指标，使土地资源得到更为合理的配置。

2. 土地出让方式的公平与效率

马国强（2003）、王静（2007）认为，土地出让制度中出让方式的选择使政府面临着公平与效率的两难选择。协议出让方式形成的地价、房价较低，但却明显缺乏效率，其实质是政府过多地将土地收益流失到开发企业与购房者手中，其后果是严重阻碍城市经济发展；招拍挂土地出让方式较协议方式效率十分明显的，但若政府采用招拍挂方式出让过多的土地和过长的年限，则是本届政府对百姓和下几届政府的不公平，其后果也会影响城市的长远发展。因此，具体到某一城市，往往不是低效率、高公平，就是高效率、低公平。地方政府的目标函数决定其行为取向，行为取向决定其在经营城市中的公平与效率的定位，即采取何种土地出让方式。

3. 以土地年租制取代土地出让制度，提高土地配置效率

吕康娟（2004）、孙永正（2004）、李国敏（2006）、张洪力（2006）等认为，拍卖居住用地的做法是房价上涨的主要原因，年租制将地价从房价中剥离，使政府直接管制本属于垄断市场的土地价格（土地租金），更易于对房产市场的结构进行调整和对房屋价格进行调控，从而合理抑制房价。汪霄、周美娟（2000），王海玲（2002），詹蕾（2003）等认为，对政府来说，推行土地年租制能有效抑制地方政府“寅吃卯粮”的现象，并通过国家与地方的利益调节，在一定程度上抑制地方政府对土地收益的过分追求，实现土地资源的合理开发与可持续利用。同时，国家可以保证国有土地的收益，并对土地收入调剂使用，有利于促进经济落后地区城市的发展。

（三）中央和地方政府的政策及效果

2002年7月1日颁布的《招标拍卖挂牌出让国有土地使用权规定》实施以来，全国招标、拍卖、挂牌出让土地的面积和价款大幅度提升。伴随《物权法》的出台以及《招标拍卖挂牌出让国有建设用地使用权规定》的实施，土地招标、拍卖、挂牌的出让方式已经在全国全面推行，各地方政府也出台了相应的政策，以规范土地招标、拍卖、挂牌的实施。

2004年末，上海市政府为了控制过快上涨的地价，在土地现场竞价的过程中执行了“有效价格区间内价高者得”的政策，同时，还为土地溢价设置20%的上限。这一政策最终导致部分有实力的房地产企业因“价高”而出局。江苏省已经改变过去传统的一味以“价高者得”的招拍挂方式，开始尝试“价优者得”

的土地拍卖方式，即对解决中低收入家庭的保障性住房用地，实行限房价、竞地价。南京、苏州等地已进行实践，房价限定下来之后再定地价，这就挤压了房地产开发的利润空间，能更好地体现土地利用价值。①

现行的土地招标、拍卖、挂牌的出让方式相对于划拨、协议出让，大大提高了土地利用效率和政府的土地收益。然而，由于在土地出让市场上出现的寻租、窜谋等行为，政府在不断完善现有土地出让制度的同时，还应该出台一些法规政策，以打击土地腐败，使土地招标、拍卖、挂牌在优化土地配置方面发挥更大的作用。

三、土地储备与房地产市场

（一）问题产生背景

1996 年，我国第一家土地储备机构在上海市成立，至 2004 年初，全国共建立土地收购储备机构 1 700 余家，累计收购土地总面积超过 230 万亩，收购土地总费用 1 965 亿元，投入开发整理的总费用 741 亿元，累计供应储备土地 71 万亩，收取总价款 2 063 亿元。

作为一项牵涉多方利益的制度，土地储备制度诞生至今，一直为社会各界所关注。自实施土地储备制度以来，在新增土地供应的数量和速度都集中于各地土地储备中心这样一种垄断供应方式下，地价和房价节节攀高。以浙江省杭州市为例，作为土地储备制度的鼻祖之一，杭州市于 1997 年率先在全国实行土地储备制度。1999 年以前，杭州市的房价一直稳定在 2 000 元左右，可是，自从 1999 年杭州市土地储备中心实行第一次土地招标拍卖以后，杭州市的房价非但是只涨不跌，且涨升迅速：1999 年每平方米均价 3 000 多元，2000 年达到 4 000 元左右，2002 年以后每平方米均价已经稳稳站在 4 000 元以上。2006 年，杭州市 6 城区（不含萧山、余杭）的商品房价格平均为 7 759.2 元/平方米。时至今日，杭州市仍然是地方省会城市中房价最高的城市之一。而这种现象，在全国各大城市普遍存在。

不可否认，土地储备制度在我国一些城市的运作取得了巨大成效，在完善土地市场、控制土地供应、促进城市产业结构调整和基础设施建设等方面的优越性已逐步表现出来。但是，伴随近年来地价、房价不断攀高，人们对该制度之于房地产市场的影响存在着许多疑虑。

① 参见姚妍艳、李铁峰：《土地招拍挂制度寻求变革》，见国研网，2007-08-29。

（二）土地储备制度与房地产市场的关系

研究普遍认为，城市土地储备制度对于促进房地产市场的健康发展、城市规划的落实乃至城市社会经济的发展都有积极作用。但是，由于该制度在设计与执行中存在缺陷，专家学者对土地储备制度持有不同观点。

1. 土地储备制度对房地产市场发挥蓄水分洪的调节作用

宋扬、李东（2003），张淑娟、刘艳芳（2006），余星涤（2007），田春华（2008）等认为，土地储备制度对房地产市场主要发挥蓄水分洪的调节作用，通过有计划的土地收购、储备和出让，调节土地市场供求、抑制投机、平抑价格。而我国最近两年出台的加大普通商品房、保障性住房用地的供应力度，平抑房价涨幅的政策，也是以有计划的土地储备与投放为基础的。

各地的土地储备机构也在土地市场的发展过程中发挥着重要的调节作用。目前广州最主要的一些新城区，几乎都是由土地储备中心通过土地储备开发逐步建设起来的。近两年，南京市土地储备中心为中低价商品房建设提供土地累计达230万平方米，可提供房屋3万多套，对调控房地产市场、平抑房价起到了关键性作用。全市通过市场化方式出让的土地面积从2000年的13.63万平方米增加到2006年的670万平方米，成交金额从3.7亿元增加到133亿元。北京市日前出台了《2007年至2010年土地供应中期计划》，要求完善土地储备开发运作模式，加强政府储备力度，提高对房地产市场的调控能力，逐步实现年度保障性住房用地全部通过政府储备开发实现供应，年度经营性用地按不低于60%的比例通过政府储备开发实现供应。杭州市土地储备中心专门编制了《杭州市、区属搬迁工业企业原址土地储备专项规划》，查清市区在近5年内可供盘活的企业存量地块105宗，土地面积约7 233亩；武汉市硚口工业区借助土地储备之力，在昔日那片满目萧条的老工业基地上成功演绎了新旧工业的历史变迁，被赞为“三赢”之策：盘活了存量，保护了耕地，一度沉寂的老工业基地获得新生。截止到2004年，武汉市累计投入42亿元，腾退280余家企业单位10 300亩土地，安置职工4.5万人。①

2. 土地储备制度对地价、房价的影响

对土地储备制度的争议，主要集于土地储备制度是否导致了地价、房价的上涨，并且至今没有定论。部分专家学者认为，土地储备制度是高地价、高房价的诱因之一；但大部分专家学者则认为地价、房价的上涨与土地储备制度无关。

---

① 参见田春华：《我国土地储备制度建设系列述评之一：储备时代的来临》，见国土资源部网站，2008-02-19。

张金华（2003），陈士银、周飞（2007），宋东梅（2007）等认为，建立城市土地储备制度的目的在于通过垄断城市土地一级市场，控制土地的供应量，抑制土地投机，防止地价非理性上涨。然而，从一些城市土地储备制度实施前后的对比来看，城市土地储备制度实施的结果偏离了这一基本目标，许多城市在实施土地储备制度后地价大幅上涨。诸如上海、南京、武汉、杭州等城市都存在地价、房价大幅上涨的问题。

宋扬、李东（2003），张淑娟、刘艳芳（2006），李建建、戴双兴（2007）等则认为，应该辩证地看待土地储备制度对土地价格上涨所带来的影响，地价上涨既有其合理的成分，又有不合理的成分，不能笼统地将地价上涨归咎于土地储备制度的实施。土地储备机构对储备土地进行开发整理，增加了土地资产价值，增值部分必须体现在土地价格中，这是城市地价上涨的合理成分。而土地价格的不合理上涨主要是由地方政府“以地生财”的逐利行为以及房地产开发商囤积土地的行为造成的，与土地储备制度本身无关。

3. 土地储备制度导致的金融风险

陈江龙、曲福田（2002），邓振春（2006），陈士银、周飞（2007），何芳（2007）等均认为，我国土地储备制度资金主要来源于银行贷款，单一的融资渠道使土地储备制度面临较大资金风险。据中国人民银行2005年初的一份报告显示，2005年第一季度末政府土地储备机构贷款余额达到950亿元，几乎占到地产开发贷款的一半。央行在报告中提示，银行土地开发贷款面临四方面风险：一是土地储备中心资产负债率较高；二是银行难以对土地储备中心进行有效监管；三是银行向土地储备中心发放的贷款没有有效的担保措施；四是土地储备中心存在运营风险。而银监会主席刘明康向主要商业银行负责人表示，当前银行业金融机构要高度关注七大风险，其中之一就是要关注土地储备贷款风险。对此，国土资源部有关人士表示，一些城市依靠土地储备抵押贷款，通过贷款发展城市，又通过发展抬升楼市，循环往复，在繁荣中潜藏着隐忧，如果房地产市场一旦出现停滞迹象，各个环节都将受到冲击。现在各大相关主管部门已经形成共识，土地储备抵押贷款应该纳入合理的轨道之中。[①]

（三）中央和地方政府的政策及效果

国土资源部、财政部、中国人民银行于2007年11月19日颁布了《土地储备管理办法》。《土地储备管理办法》将土地储备机构明确定位为事业单位，表明了政府对实施土地储备制度的肯定与坚持。与此同时，将土地储备制度的功能定

① 参见肖宾：《国土资源部：土地储备制度改革拉开大幕》，见国研网，2006-07-17。

位紧扣"调控"二字，非常明确地提出，要对纳入储备的土地进行前期开发，产权关系复杂的宗地要变成产权清晰的"净地"后，再进入房地产市场，从而缩短土地形成房地产有效供应的建设周期，有效防止闲置、囤积土地等行为发生，其对于房地产市场的积极影响是显而易见的。在防范土地贷款风险方面，《土地储备管理办法》明确提出，土地储备资金收支管理应严格执行《土地储备资金财务管理暂行办法》，对土地储备资金实行专款专用、分账核算及预决算管理。

2008 年 6 月，由北京市国土资源局、北京市发展和改革委员会、北京市规划委员会、北京市财政局联合编制的《北京市 2008 年度土地储备开发计划》由北京市政府第 7 次常务会审议通过。除对土地储备工作定下明确目标，通过土地储备计划保证土地供应计划实施以外，《计划》明确提出，在 2008 年度新增土地储备开发中，土地储备机构和区县国有专业公司为主体的开发比例不低于 70%。该条款将进一步杜绝开发商通过先期介入土地以及开发，以增加后期在招拍挂市场上拿地成功率的行为，使土地储备制度和土地招拍挂制度都能更公平、有效地运作。

从长期来看，土地储备制度的实施有利于规范我国的城市土地市场，有利于促进地价合理形成与房地产市场的有序发展。然而，需要警惕的是，考虑到规划调整、资金运营等方面存在的巨大风险，土地储备机构不能盲目储备土地，应当根据城市实际发展需求合理确定土地储备规模。在这方面，杭州市提出的"适度储备、深度储备、梯度储备"的工作理念很值得思考与借鉴。

四、土地投机与土地闲置

（一）问题产生背景

国土资源部提供的数据表明，目前我国建设用地中闲置土地、空闲土地、批而未供土地大约有 400 万亩，各种人为因素造成的废弃地 2 亿亩，未利用地 39 亿亩。土地的大量闲置，造成了诸多不良影响，直接导致土地低效利用和资源的浪费，影响了城市空间结构的优化和城市功能的全面提升，不利于房地产市场的健康发展。

土地闲置是当前土地资源利用和管理中一个值得关注的问题，它加剧了土地市场的混乱无序和耕地非农化趋势，严重威胁子孙后代和社会经济可持续发展。土地闲置现象是一种由体制性弊端诱发的权利调整、利益博弈的必然结果，也是土地投机的必然结果。特别是出于投机动机囤积土地，会导致土地在供应后不能直接进入市场，使政府宏观调控政策因为土地供应后发生"漏损"而部分失灵；

同时，土地囤积和投机会累积房地产市场风险和金融风险，使一部分人通过价格高涨牟取暴利、依靠土地垄断掠夺社会财富，人为地拉大社会贫富差距，影响经济社会的和谐健康发展。

（二）问题阐述和分析

1. 土地投机与土地闲置

朱林兴（2006）等人认为，“土地闲置”本身是一种“虚假”需求，它的存在扭曲了土地市场需求真相，使土地市场发出错误信号。其结果一方面是耕地锐减，另一方面是闲置土地剧增。近10年来，每年因建设需要减少的100多万亩耕地中的40%是属于虚假需求。2007年6月，国税总局解读《中华人民共和国城镇土地使用税暂行条例》时认为，全国已出让的土地有2/3仍处于闲置状态，尤以房地产开发领域土地闲置问题为突出。胡娟（1998）、朱林兴（2006）等人认为，以囤积居奇、牟取暴利为目的而形成的“闲置土地”，其后果严重。地产商囤地一方面助推了土地竞拍环节的先期赎买成本，导致各地的“新地王现象”层出不穷；另一方面则造成“土地供应不足导致房价上涨”的假象，影响了地产市场的正常、健康运行，影响了房地产的正常交易，人为地推动地价、房价攀高，滋生房地产泡沫，进而诱发经济危机甚至金融危机，给国民经济运行带来不安全因素。朱林兴（2006）还研究发现，部分企业为等待开发时机，延缓建设而形成土地囤积，使本来正常情况下项目建成后理应产生的社会经济效益，包括提供就业机会、税收增加等推迟兑现。据粗略估算，全国每年因土地闲置而减少GDP约1万亿元，利税1千多亿元。

2. 土地增值与土地投机和土地闲置

徐红起（2006）认为，形成闲置土地的原因是多种多样的，但土地闲置与土地投机如影随形。由于历史原因，土地供应方式一直延续“双轨制”，绝大多数国有企业土地使用权通过行政划拨方式无偿取得，企业出自利益动机，在未依法履行有关手续的前提下，擅自将土地进行转让、出租，获取土地收益。席良民等（2004）认为，土地投资具有外溢性，某地块投资的增加，会带动周边土地价值的增值。杨受林等（1995）认为，市场体系不健全和政府行为不规范是导致土地投机的两个主要方面。由于前几年土地以协议出让方式为主，包括地产商在内的各类单位及个人，通过各种途径获得土地，囤积多年。因此，土地投机不可避免，进而导致了土地的闲置。朱林兴（2006）研究认为，土地闲置是土地投机的必然结果。目前，我国的土地价格仍远低于世界其他发达国家和地区，故为国内外投机商所看好，投机因素很活跃。诸种因素决定了我国土地市场价格必然相应地呈刚性上扬趋势，未来升值空间凸显。在今后相当长时期内，土地价格和商品房价格上升是必然趋势，而土地价格上升幅度远高于商品房价格。谁掌握了土地，就等于谁取得了财富的增值权。土地得手时间越早，成本就越低，营利的机会就越多，财富增值的空间就越大。囤积和炒卖土地远比正常的开发房地产成本低、风险小、见效快、利润高。由此可见，因土地增值带来的好处而进行的土地投机是导致土地大量闲置的直接原因。

3. 抑制土地投机与土地闲置的对策

杨受林等（1995）认为，应根据我国国情，通过经济手段、行政手段和法律手段三方面来抑制土地投机。刘维新等（1999）提出用财税机制消化闲置土地，运用财政投资政策和税收政策解决闲置土地问题。朱林兴（2006）认为，强化闲置土地处置，本质上涉及利益格局的调整，涉及制度的改革和重构，是一个复杂的问题，可以考虑转变建设用地需求配置方式，立足于对存量的挖潜、节约和集约，当前重点应放在对现有闲置土地的回收、利用上。而且，要强化法规、区别情况、分类处置。楼江等（2007）运用博弈论的方法分析政府在促进闲置土地的市场化配置过程中与闲置土地使用权者（开发商）之间的博弈均衡问题，结合上海市实际，通过建立一个一般意义上的完全信息动态博弈模型，对模型进行扩展分析，探讨闲置土地市场化配置的最优路径，同时提出“参与约束”、“激励相容约束”等制度创新建议。席良民（2004）、朱林兴（2006）等众多学者研究认为，抑制土地投机，应该强化土地出让全过程管理，继续深化城市土地使用制度改革，加强对土地市场的宏观调控，完善土地市场管理配套体系的建设。

（三）中央和地方政府的政策及效果

2007年《土地储备管理办法》的出台，以规范政府土地储备为切入口，完善土地调控，约束地方政府“土地投机”，推动土地和房地产市场健康发展。面对囤地严重的事实，2008年1月，国务院办公厅下发了《国务院关于促进节约集约用地的通知》，文中核心要旨是：土地闲置满两年，依法应当无偿收回的，坚决无偿收回，重新安排使用；土地闲置满一年不满两年的，按出让或划拨土地价款的20%征收土地闲置费。此次国务院闲置费用征收标准的出台，对狠刹土地市场中的投机行为必将起到很大作用，也迫使开发商加快开发进度，从而加大市场住宅供应量，对抑制房价上涨过快作用明显。

然而，要想依托土地闲置费征收来打击开发商囤地，从而达到打击土地投机行为，达到抑制房价暴涨的目的，光出台一个征收标准还远不够，各地必须出台更加详细的具体实施办法及相关规范，如把打击囤地行为和地方政府的考核结合在一起等，只有这样，土地闲置费征收才会起到应有的作用。

第四篇

案例分析

第一节　土地利用相关案例

案例一：江苏“铁本”事件
——耕地保护中的政府行为

（一）案例背景

耕地是粮食生产的载体，是粮食安全的根本保障。虽然我国实行世界上最严格的耕地保护制度，但耕地锐减的势头并没有得到根本遏制。据调查，1996—2006年10年间，我国人均耕地面积由1.59亩（2003年数据）骤降为1.39亩；而耕地总量从19.5亿亩缩减为18.27亿亩，已逼近18亿亩红线关口，其中因非农业建设占用而减少的耕地大约占耕地减少面积的40%，耕地保护形势严峻。

在经济快速发展的大背景下，地方政府为加快本地区的经济建设，滥用征地职权，是造成我国耕地锐减的一个重要原因。据统计，截至2007年10月，各地累计的违规占用土地已经超过 380 万亩。违法用地屡禁不止，且往往是地方政府主导的结果。轰动全国的江苏“铁本”事件就是一个典型案例。

（二）案例描述①

江苏铁本钢铁有限公司违规建设钢铁项目问题被国务院查处后，在全国引起了强烈震动。“铁本”项目的出笼就像一个“吹泡泡”的过程。2002 年，短短几个月的规划中，铁本项目从最初 200 万吨的宽厚板项目，逐步扩大到 400 万吨、600 万吨，最后成为年产 840 万吨的大型钢铁联合项目，规划占地也从 2 000 亩一路攀升到 9 397 亩。

为上“铁本”项目，铁本公司从 2002 年 5 月到 2003 年底通过虚假手段注册了 7 家合资（独资）公司，并把项目化整为零，拆分为 22 个项目向有关部门报批。然而，就是这样一个设计生产能力与投资严重不匹配的项目，在审批过程中却是一路“绿灯”。“铁本”项目除在项目投资、环保等方面存在严重问题外，在征地方面也存在一系列问题：

首先，在未依法办理农用地转用报批手续的情况下，常州市国土资源局新北分局就发出“铁本”项目拆迁征地的通告；当地镇政府发布了关于“铁本”项目拆迁安置的有关规定，并越权与村民小组签订土地征用协议；土地管理部门对涉及基本农田的土地未按照《土地管理法》报国务院审批；同时，铁本公司与镇政府签订投资协议，并自行进场施工，违法占地，造成大量耕地被毁，直接导致魏村镇、西来桥镇 2 000 多户、6 000 多名农民被迫拆迁，流离失所。

其次，2003 年 8 月，常州市国土资源局对西来桥镇政府擅自占地 230 亩用于“铁本”项目安置房建设工程罚款 76 万元，但是对“铁本”项目其他大量非法占地未作出处罚。常州市国土资源局更是迟至 2004 年 2 月 17 日才发出对“铁本”项目非法占地的停工通知。

更为严重的是，相关国土管理部门还为“铁本”项目非法占地补办相关手续。通过调查，在常州市国土资源局关于“铁本”项目用地申报、审批情况明细表上反映，“铁本”项目所涉及的常州的 5 988 亩用地中，常州市新北区分三批共 14 个批次申报至常州市国土资源局；常州市国土资源局随后分三批上报给江苏省国土资源厅。2003 年 12 月 20 日，省国土资源厅在一天内违规批准了铁本公司由整块土地拆分成的这 14 个土地项目，使“铁本”项目部分非法占地合法化。

---

① 参见陈芳、牛纪伟、姜涛：《江苏“铁本”事件：违规上马偏离科学发展观》，见新华网，2004-05-09；陈芳：《江苏“铁本事件”暴露土地管理体制弊端》，见人民网，2004-06-03。

(三) 案例分析

这个案例在我国各地方的建设用地非法侵吞耕地的案件中具有代表性，不仅暴露出实践中企业未批先建、地方政府违规越权批地操作等问题，更暴露出我国现行土地管理体制的重大缺陷。

在"铁本"事件中，用地本是企业行为，但为什么"铁本"项目从用地审批到征地拆迁，地方政府不仅一路"绿灯"，而且一路"保驾护航"，企业行为几乎成了地方政府行为。其实，地方政府之所以这么做，利益驱动是最根本的原因：一为政绩；二为利益。"铁本"项目征地过程中，企业交给政府的钱是每亩10多万元，其中给农民集体和被征地农民的征地补偿只有每亩一两万元，政府所获收益最大。政府对农民的耕地补偿分三部分：青苗补偿费（每亩800元）、征地补偿费（每年每亩补偿750元）和附着物。而失地农民购买拆迁安置房，每平方米还须支付500元，若按此标准计算，一家四口人得交8万元才能得到安置房，微不足道的补偿费用显然是杯水车薪。巨大的利益驱动必然造成企业想用多少地，政府就为其征多少地，并且可以修改土地利用总体规划，可以补办手续使其合法化，可以在补偿上讨价还价等结果。而最终的受害者则是那2 000多户、6 000多名无"家"归、无地种，甚至住进窝棚、桥洞、废弃渔船的失地农民。

耕地资源具有公共产品的特性，提供公共产品和服务是政府尤其是地方政府应承担的责任。作为土地的基层管理者，地方政府实际上掌握着土地的征收权、收益权和处置权，因此，地方政府的决策对耕地保护效果具有直接影响。同时，除了管理者的角色外，地方政府作为一个独立的实体也有其自身的利益，在经济利益和地方保护主义的驱动下，它们追求的目标往往并不完全与中央政府、公众的社会目标一致。通过手中的权力，地方政府可以较低的补偿征收农民的土地，之后以较高的价格将土地出让给企业或者个人使用，从中可以得到每亩十几万元甚至几十万、上百万元的增值收益。据国土资源部调查，一些城市土地收益成为财政收入的主要来源，甚至达到当地财政收入的60％。[①] 除了取得丰厚的财政收入外，地方政府还可通过耕地非农化获得增加GDP、改善城市面貌、吸引投资、增加税收等间接收益。地方政府从土地转手中获得的收益可以说是"一本万利"，这些极大地刺激了地方政府耕地非农化的积极性。地方政府这种带有寻租性质的土地征收行为是我国耕地资源减少的重要原因。

再严格的制度如果不能得到良好的落实，那就只是一纸空文。要使"最严格

① 参见国土资源部征地制度改革研究课题组：《征地制度改革研究报告》，载《国土资源通讯》，2003 (11)。

的耕地保护制度”落到实处，就必须改革现行的土地征收制度，明确各级政府的耕地保护职责，并通过激励和约束机制引导和规范地方政府行为，促使地方政府成为保护耕地的重要主体。

案例二：北京崔各庄占用基本农田建造别墅——基本农田保护

（一）案例背景

近几年来，一方面，因人口大量增加造成我国耕地明显减少；另一方面，各项建设和事业发展导致耕地净减少问题十分突出，基本农田保护受到严重威胁。基本农田保护的结果直接关系国计民生，关系国家的粮食安全和社会稳定，因此，我国实行最严格的耕地保护制度。这一制度虽然取得了一定成效，但是仍然遏制不了耕地面积的锐减，基本农田保护也受到了严重的挑战，粮食安全受到威胁，经济建设和粮食安全的矛盾更加尖锐。

（二）案例描述[①]

自1999年7月起，国土资源部开始利用高分辨率卫星遥感技术，对北京等66个城市的新增用地开展土地执法检查。在此过程中，国土资源部发现，43栋位于北京市朝阳区崔各庄乡的别墅非法占用了约84 652平方米（126.98亩）的基本农田。开发建设这一别墅群的4家公司随即被司法机关立案调查。2001年9—11月，4位涉案老总先后被公安机关逮捕，并于同年12月相继被取保候审。

公安机关在侦查过程中发现，别墅开发商之一——北京昊源投资公司的总经理陈道林还是中建一局（集团）有限公司的副总经理和建通投资公司的董事长。经过进一步的调查，陈道林挪用2 000万元公款及资金的事实败露。2002年7月，陈道林因涉嫌挪用公款再次被逮捕，当事人当场认罪。2004年4月，检察机关以非法占用耕地罪将涉案的4位老总公诉至朝阳区法院。

1999年12月，朝阳区崔各庄乡为发展乡村经济，决定开发都市观光旅游农业。陈道林的投资公司刚刚成立，便参与了崔各庄乡的开发，他以“收回成本”为由要求兴建别墅，并在项目审批手续未获批准时便要求动工，崔各庄乡党委会研究后同意其要求。2000年5—11月，陈道林的公司在崔各庄乡何各庄村盖起9栋二层别墅，另3家参与开发的公司则在奶东村建设了34栋二层别墅。

① 参见孙思娅：《挪用2 000余万元建别墅群，检方借卫星挖出大案》，载《京华时报》，2005-10-22。

公诉机关还指控：4家公司未经国家土地管理部门审批，擅自占用耕地进行非农业项目开发，造成大量耕地被毁，陈道林等4人作为单位直接负责的主管人员，构成非法占用农用地罪。

（三）案例分析

在本案例中，基本农田被非法用于非农建设，造成耕地资源的损失，违反了国家保护基本农田的相关法律法规。

我国的基本农田保护制度很早就得到中央政府的重视。早在20世纪80年代末，原国家土地管理局就在湖北荆州试行基本农田保护区划定工作，进行了基本农田保护的政策试点。此后经过近20年的发展，基本农田保护逐渐形成了以《土地管理法》、《基本农田保护条例》为主干的外在制度体系与以《划定基本农田保护区技术规程》、《基本农田保护区环境保护规程》为主的内在操作规程。但目前，一些地方政府对基本农田保护力度不够和违法占地现象较为突出，为规避占用基本农田须报国务院审批的法律规定，频繁进行土地利用总体规划调整和修改，影响了基本农田保护的稳定性和严肃性。同时，各地普遍存在立案查处率不高、重处理事轻处理人和以罚代法等现象；一些违法违规占用基本农田的，通过调整规划、补办手续等方式规避法律责任。

随着我国城市化进程的加快和经济的快速增长，土地的供需矛盾日益加剧，城市对建设用地的需求逐渐伸向了农村。在房地产开发利益的驱动下，农村集体土地违法违规建设比比皆是。

对于任何一个社会而言，产权制度的基础总是一组关于产权的正式或非正式的规定①，产权制度不但提供了影响经济绩效行为的激励，而且决定谁是经济活动的主角并因此决定着社会财富的分配②。土地产权是指存在于土地之上的排他性完全权利。土地产权也像其他财产权一样，必须有法律的认可并得到法律的保护才能成立。③ 由于《土地承包法》和《物权法》仅仅规定了农村土地归集体所有，并没有界定“集体”和“集体成员”的具体含义和范围，因而在法律上，集体土地所有权的主体是模糊不清的。但是在经济理论上可以明确的是，土地集体所有权是共有产权。而现有的农村集体组织作为“代理人”并无动力去保护集体土地，这为集体土地的违法违规建设提供了机会。因此，合理并明确地界定农村集体土地产权，并以法律的形式加以保障，是保护农村集体土地的重要措施。

---

① 参见［美］道格拉斯·诺恩：《制度、制度变迁与经济绩效》，上海，上海三联书店，1994。

② 参见张五常：《经济解释》，北京，商务印书馆，2000。

③ 参见毕宝德主编：《土地经济学》，5版，北京，中国人民大学出版社，2006。

案例三：江西省赣州市“空心村”整治——土地集约利用

（一）案例背景

随着城市化的发展，农村居民进城就业和举家迁城的现象日益增多，农村宅基地及房产长期闲置现象也日益加重，许多农村变成了“空心村”。目前，对于“空心村”国内还没有统一的定义，但大致可以认为，空心村是指由于农村人口流动、迁移以及农村村落无序扩张造成大量宅基地闲置的现象。它的存在极大地浪费了农村的土地资源，也为农村公共基础设施的建设带来了很大的困难。正确治理农村宅基地问题，不仅关系到中国城市化战略的实现，而且影响到“耕地总量的动态平衡”和粮食安全问题。

（二）案例描述①

江西省赣州市作为一个经济欠发达的地级市，1994 年在全国率先开展了社会主义新农村建设试点。

赣州人均耕地 0.72 亩，低于全省、全国人均水平。自 2004 年 9 月开始，全市掀起了一轮新农村建设的高潮。面对新农村建设急需大量用地和耕地保护的难题，市国土资源部门适时提出向“空心村”要土地、保障新农村建设的措施，全市新农村建设走上了节地挖潜、集约用地的道路。

该市按照土地利用总体规划严控村镇建设用地规模，坚持有未利用地的不占耕地，有存量土地的不新增建设用地，严禁占用基本农田建房，把占耕地总面积 85.13%的 496.95 万亩基本农田列为全市人民的“饭碗田”，视为不可逾越的“高压线”，进行严加保护，并在全市采取“冻结”措施，停止了新农村建设规划点以外所有零星建房用地的审批。同时，全面推行统一规划、统一用地、统一设计、统一施工、统一管理“五统一”的做法，集中审批农民建房用地。据统计，全市目前已改造大小“空心村”870 个，占已建和在建 1 190 个新农村的 73%，集中安排了 4.2 万户农民建新房，农民建房占用耕地量下降了 85%。同时，通过整理复垦旧宅基地，全市净增耕地 2.1 万亩，确保了全市耕地数量稳中有升、质量不断提高。

（三）案例分析

人们在谈到土地集约利用时，往往只谈农业用地，言及非农用地的很少，其

① 参见《赣州改造 870 个“空心村”》，见中国房地产网，2005－08－01。

实，非农用地也同样需要实行集约利用。① 这一点在城市土地稀缺而农村存在大量闲置土地的今天更具有重要意义。“空心村”导致的土地浪费可归结为三个方面：一是由于缺乏村庄规划和严格、完善的宅基地管理制度约束，农民乱占、超占宅基地；二是农村人口外迁造成宅基地闲置；三是农村劳动力季节性的外出打工导致季节性的“空心村”。

我国“空心村”的形成具有深刻的社会历史原因。城乡分割的政策阻碍了农村人口的有序迁移；落后的村庄规划思路使农村住宅建设多呈无序状况；农村宅基地使用权不能变现，农民迁移就意味着无偿失去既有的福利保障；房屋和宅基地具有不可分性，不放弃房产就意味着无偿占有宅基地的使用权。因此，即使农民已经迁移进城也不会轻易放弃自己在农村的房屋所有权，农村宅基地使用权的固化使农村村庄建设无序扩张，这是“空心村”形成的重要原因。

对农村宅基地的土地整理日益受到各界的关注。国家提倡对农村“空心村”进行土地整理，主要是从节约耕地资源、保证粮食安全、促进社会稳定角度出发；而农村居民或作为农村居民集合的村集体进行土地整理则是从土地整理可能带来的经济收益出发，二者追求的目标并不一致。目前，农村地区对宅基地的土地整理仅仅限于村内宅基地超标部分，主要采取对超标宅基地收费或变相收费的方式，通过对超标户实施一定的经济处罚，迫使超标户把超标的宅基地退还集体。对于由于迁移而形成的宅基地闲置情况，由于大多数村集体缺乏足够的经济实力，无法对迁出户进行经济补偿，强行拆除则侵害了迁出居民的财产权，对此目前并没有一个很好的解决方法。赣州市的做法至少提供了一个好的模式。

第二节　土地经济与市场相关案例

案例一：浙江龙泉土地纠纷——集体土地征收与补偿分配

（一）案例背景

在过去的20年里，土地征收制度为我国经济和各项事业的发展提供了强有力的用地支持。然而，随着市场经济的深入发展，土地的资产价值日益彰显，征地制度逐渐暴露出内在的缺陷，围绕征地的纠纷数量居高不下。据国土资源部的一份资料显示，2002年上半年进京上访的人群有90%是农民。其中，因征地纠

① 参见毕宝德主编：《土地经济学》，5版。

纷、违法占地问题上访的，占70%以上。其中，有40%的上访反映的是征地纠纷问题，而其中又有87%是征地补偿安置问题。目前，全国失地农民总数估计为4 000万～5 000万人，每年还要新增200多万人。“无节制地征地会助长城市的蔓延，会造成土地的低效利用，也会促成农地的加速转化；无序征地，损害农民集体的利益，不利于城乡的协调发展，并影响整个社会和经济的发展。”[①] 征地问题已成为影响我国经济发展和社会稳定的重大现实问题。

（二）案例描述[②]

2000年，龙泉市政府为实施城市总体规划，进行城区东拓，拟征收农村集体所有土地19.803 6公顷，其中包括龙渊街道一村农村集体所有土地15.422 8公顷，土地补偿费和安置补偿为65元/平方米，同时给予征地总面积10%作为“回地”留地安置。然而，征地工作从2003年开始就阻力重重。市政府一次又一次地张贴征地公告，村民却置之不理。2004年3月11日，龙泉市政府开始了一次强制征地的行动，数百名政府工作人员和雇用人员开上铲车、带着器具对征用土地上农民的种植物和大棚开始了强制行动，而农民则以身体阻挡、抗争，最后政府的强制行动不得不以失败告终。

村民们指出，在1995年第二轮承包时，政府是以集体所有土地的名义把这块地承包给农民的，并且发了白纸黑字的土地承包证。而征地公告中政府将这块土地认定为滩地，属于“未利用地”的范畴，并宣布这次征地叫做“收回国有土地”。农民们以当地政府对土地属性的不准确定义及政府征用土地程序不合法为由，开始上访。在申诉被市政府、省政府一次次驳回后，2005年11月，浙江省龙泉市龙渊街道一村83户共836名农民最终联名向国务院提出行政裁决申请。

2007年2月国务院行政复议后，否定了从县级龙泉市、地级丽水市到浙江省三级政府对龙泉市龙渊街道一村所辖15.422 8公顷土地所下的“未利用地”的属性定义，将其定义为耕地。同时指出龙泉市政府补偿安置措施合法，但征地程序上有瑕疵，责令其完善批准征收耕地的相关手续。

引发龙渊街道一村农民起而抗争的，除了上述问题以外，基层政府过低的征地价格也是主要的因素。村民张丽锋说道：“65元一平方米，这是1991年的征收价格，政府和开发商要拿去盖商品房，出售的价格大概是3 000元一平方米。”“出售一亩土地价格在一百万元以上，可是由政府征收，农民获得的补偿大约只

① 吕萍、胡毅：《也谈征地制度的改革》，见《中国大陆及港澳台地区土地可持续利用学术研讨会论文集》，131～134页，大连，2002。

② 参见肖一：《浙江农民告赢省政府　打赢与政府间的土地官司》，载《南风窗》，2007（13）。

有 4 万元，这中间的利润空间太巨大了。”据了解，龙渊街道一村这块地供应着龙泉市大部分的蔬菜，一亩地就有一万元左右的年收入，这是子子孙孙的财富，可是政府征地只给几万块，按村民们的说法：花完了这些钱，就只有要饭了。

（三）案例分析

对于政府来说，利用手中的权力征地、卖地，再把农民更加经济地集中安置，这原本是一项无本万利的买卖。然而随着土地价格的日益上涨，再加上农民权利意识的觉醒，征地变得不再那么容易和轻松。类似的事件屡见不鲜，甚至会升级为暴力事件，最典型的如 2005 年河北省发生的定州血案。难怪有官员形容，“征用大块的土地，真比登天还难”。其实，征地过程中的土地增值利益分配问题才是矛盾和问题的根源所在。

20 世纪 80 年代中后期，我国进行城镇土地使用制度改革，与征地制度密切相关的供地制度率先引入市场机制，城市土地的有偿出让，使征地和供地之间产生了巨大的利益落差。① 利益空间的形成，使得急求经济发展、苦于没有资金的地方政府找到了生财之道，地方政府一方面多征地，一方面压低对农民的补偿；同时，也是因为利益差距，农民看到了土地的潜在价值，农民或自发抵抗不合理的征地行为，或进行集体土地的隐性交易，以此来维护和实现自己的土地利益。“现在的征地制度还存在不完善之处，这是征地中存在问题的根本症结，要从根本上解决目前征地工作中存在的问题，就必须针对存在的症结，积极推进征地制度改革”②。

土地征收制度，美国称其为“最高土地权”的行使，英国称其为“强制收买”，日本称其为“土地收买”。根据我国《宪法》第十条和《土地管理法》第二条的规定，国家为了公共利益的需要，可以依法对土地实行征收或者征用并给予补偿。可见，征收是国家强制取得公民和法人财产权的行为，目的是增加社会公共利益。而对财产权利人而言，该行为意味着权利人要承受“特别牺牲”，国家作为公众利益的合法代表，必须对权利人予以公正补偿。

我国现行的土地征收补偿方式是计划经济的产物，是计划经济时期为了保证国家建设用地需求所采取的一种带有倾向性的制度安排。根据我国《土地管理法》的规定，征地按土地原用途进行补偿，具体测算按被征土地前三年平均年产值的倍数确定补偿费用，土地补偿费和安置补助费的总和不得超过土地被征收前

① 参见国土资源部征地制度改革研究课题组：《征地制度改革研究报告》，载《国土资源通讯》，2003 (11)。

② 鹿心社：《研究征地问题，探索改革之路（一）》，4～6 页，北京，大地出版社，2002。

三年平均年产值的三十倍。2004 年，《国务院关于深化改革严格土地管理的决定》（国发［2004］28 号文件）和国土资源部《关于完善征地补偿安置制度的指导意见》（国土资发［2004］238 号文件）进一步指出，土地补偿费和安置补助费的总和达到法定上限，尚不足以使被征地农民保持原有生活水平的，当地人民政府可以用国有土地有偿使用收入予以补贴。文件中还提出了要逐步建立和推广征地区片综合地价制度的要求。

我国的征地补偿改革依然任重道远。适应市场经济发展的要求，建立以农民为主体的征地补偿机制，以土地的市场价格给予被征地农民公正的补偿，改善农民就业，鼓励创业，建立面向被征地农民的健全的社会保障体系，才是我国征地制度改革的核心和取得改革成功的关键。

案例二：高校卖地潮暗流涌动——划拨土地入市

（一）案例背景

自 1998 年开始，高等教育实现了跨越式发展，全日制高校招生规模扩大了整整 5 倍，达到了 540 万人。高等教育跨越式发展的过程中，高等学校的基本建设大大加强，固定资产大量增加，高校账面的固定资产大约为 5 000 亿元。但是与此同时，高等学校也形成了高达 2 000 亿元的债务。怎样解决高校巨额债务问题？在谈及这个问题时，教育部部长周济提出三种解决方案：前两个方案着眼于政府和银行的努力；第三个方案直接鼓励高校卖地还债。但是高校土地为国家直接划拨用地，国土资源部相关人士对此表示：“土地是国家的，高校没有权力卖国家的土地。”高校还贷问题引发了两部门关于高校卖地问题的争执。高校债台高筑，采取卖地作为权宜之计，而国土部门对于卖地行为明令禁止。两部之争，引发巨大争议。

（二）案例描述①

2007 年“两会”期间，高校巨额债务问题引起了各方面的广泛关注。以吉林大学为代表的全国多所高校，均拖欠银行大量的贷款，吉林大学更是表示每年需支付银行利息高达 1.5 亿～1.7 亿元，资金入不敷出的情况十分严峻。

高校的大规模负债始于 1999 年的全面扩招。当时，高校因大幅度扩招面临教育教学资源严重不足的问题，而国有商业银行则积极寻找借贷人。两方各取所需，高校要利用银行贷款加大校园改造和建设力度。同时，地方政府默许甚至鼓

① 参见杨仕省：《高校卖地潮暗流涌动》，载《华夏时报》，2007－09－27。

励高校贷款。为此，地方政府出台了一系列“利好”措施。以站在风口浪尖的吉林大学为例，吉林大学在长春市有6个校区、8个校园、6个体育场、5个医院，占地面积600多万平方米，分布在长春市的不同区域。此外，在珠海市，吉林大学还新建了珠海校区，占地面积330多万平方米，一期建筑面积12.5万平方米。吉林大学每年仅偿还银行利息，就高达1.6亿元。2000年9月，工商银行吉林省分行与刚刚组建两个月的新吉林大学签署合作协议，工商银行将为吉林大学提供15亿元贷款；2001年11月，农业银行与吉林大学签订合作协议，在5年内向吉林大学提供20亿元信贷综合授信；2003年5月，吉林大学与开发银行吉林省分行签订了15年期的19亿元贷款合同，贷款年利率6.12%。三年内，三家银行与吉林大学签订了总额为54亿元的贷款协议。有了资金的支持，吉林大学迅速“长大”，几经扩充，吉林大学有教师6 000多人，在校学生也达到63 000多名，成为我国办学规模最大的大学。到了2005年，随着“贷款链”断裂，吉林大学的债务危机开始逐渐浮出水面。

天下没有免费的午餐，当银行意识到高等学校的贷款有可能成为不良资产时，催贷之声日紧。高校面对银行的催债，财务情况也到了破产的边缘。高校不同于企业，不属于营利性机构，只能通过收学费、国家财政拨款以及小部分自营项目来筹资。这些资金来源都相对固定，难以开源。在这种情况下，高校想到了自己在圈地过程中最大的战利品——土地资源。随着城市化的推进，土地的价值已今非昔比。浙江大学房地产投资研究所所长赵杭生介绍，2002年杭州的高校在政府的主导下掀起了外迁潮。“当时，杭州在郊区规划了三个高校园区，将城区内的高校迁往高校园区，置换出主城区内的土地来换钱。”“浙江大学老校区地块不断升值，其中湖滨校区因临近西湖土地升值的空间最大。”赵杭生说，当时湖滨校区以15亿元的底价挂牌出让，被香港嘉里建设集团以24.6亿元拍得，浙江大学获得17.6亿元，政府获得7亿元。事实上，“卖地还债”行为已存在多年，早在2005年江苏省属13所高校共置换土地1 821.88亩，置换金额24.7亿元。

（三）案例分析

高校因欠债卖地换钱，究竟违规与否？高校在利益的驱动之下，在地方政府的默许下，通过大学城的方式占用了大量土地。“土地＋教育”的模式迅速在国内铺开。同时，校长作为高校的法人，事实上并不承担高校债务责任，这更使得高校当初在扩展的过程中没有任何限制。据调查，这些大学城容积率普遍很低，土地没有得到集约节约利用。而对于高校土地权属，根据《土地管理法》和2001年《划拨用地目录》的规定，高校教育设施用地可以划拨方式提供，不得私自转让。划拨土地转让或改变用途，必须依法报有批准权的人民政府批准。如果划拨土地需要转让，按照法律规定，必须符合所在地土地利用总体规划和城市总体规划的要求。规划确定可以改变用途用于经营性开发的土地，也应严格按照国家有关法律法规，采取招标、拍卖、挂牌的方式处置，此外所得收益必须按比例上缴地方政府。根据国务院《关于规范国有土地使用权出让收支管理的通知》及财政部等三部门关于《国有土地使用权出让收支管理办法》等文件精神：土地出让收支全额纳入地方基金管理，收入全部缴入地方国库，支出一律通过地方基金预算从土地出让收入中安排，实行“收支两条线”。因此，高校既没有土地的处置权，也没有土地出让金的使用权。根据我国现行法律规定，高校卖地还贷的行为并不合法。

从土地权属角度分析，我国土地所有权分国有和农村集体所有两类。其中国有土地包括有偿出让部分以及无偿划拨部分。教育部门属于享受国家划拨土地之列。划拨土地属于国家所有，高校只拥有土地的使用权。土地权利并不是单一的整体，而是一个权利束。国家享有完整的土地所有权，即土地的占有、使用、收益、处置的权利。按照规定，划拨土地不用缴纳土地出让金等地租。这意味着国家只将土地使用权的部分转移给了高校，即占有、使用的权利，高校并不享有收益和处置的权利。因此，高校通过圈地占用的土地，并不完全任由其处置，高校没有权利通过变卖土地的使用权来偿还相应的债务。现在高校卖地还债的行为，类似于用国家的财产来偿还欠国家的债务。这样的行为既不合法，也不符合土地产权的基本常识。因此，高校解决债务问题应该从体制入手，以变卖土地作为解决问题的办法并不可行。与此同时，此次争论也引申出了另一个问题，大学城现象同之前的地方政府大量建设开发区的情况很类似，都是对土地资源的浪费。土地管理部门在管理过程中应该关注对大学城的管理。

案例三：北京四环内地块首次流标
——土地出让动向

（一）案例背景

近年来，国民经济持续景气，全国固定资产投资增幅逐年增加，这就使得资金密集的土地市场交易价格频频上升。尤其是“8·31大限”实行招拍挂后，地价越叫越高。对于北京这种需求刚性的城市尤为明显，特别是2006年和2007年房地产市场大放异彩的两年里，地方政府一般只要推出一块土地，往往就会有众多开发商云集于现场，对于很多好的地块，更是拍出了天价。但是2008年，随着政府抑制经济过快增长政策的出台，对于房地产市场而言，先是深圳等南方城市的房价开始回跌，土地流拍开始在个别城市发生，然后这一现象在全国范围内普遍出现。

本案例就是在这一大背景下发生的。2008 年 1 月 16 日上午，位于北京四环以内的 7 块土地招标、挂牌出让。原以为 2008 年首场土地盛宴，竞争将格外激烈。然而让人意外的是，如此有诱惑力的地块并没有迎来满堂客，而且有着“四环内唯一地王”称号、规划建筑面积近 42 万平方米的广渠路 15 号地的招标活动以流标告终。这是自 2002 年北京土地实行公开招拍挂以来，四环以内地块首次出现流标。

（二）案例描述

广渠路 15 号地位于东四环大郊亭桥西北角，与大成国际中心隔四环相望，它的北边是二手房价格早已过万的后现代城。该地块规划建筑面积近 42 万平方米，被北京房地产业内人士公认为四环以内的“地王”。①

2008 年 1 月 16 日上午，按照来广营乡清河营村 1 号地、朝阳区南沙滩东路 3 号地、朝阳区广渠路 15 号地的招标公告，将于 9 点到 10 点在北京市土地中心进行投标。然而直到 9 点半，才有开发商上前到等候多时的公证处台前开始投标登记。截止到 10 点，三块地投标结束，只有六家开发商参与投标。

10 点开始唱标。然而，此次参与报价的开发商报价都很理性，最高报价仅高出底价两亿元。更令人惊奇的是，广渠路 15 号地因为只有两家开发商参与投标预登记，没有达到招标规定的三家开发商数量，因此出现招标流标。

（三）案例分析

本案例中土地的供给是建立在之前对土地市场的良好预期，2007 年底之前的土地产品价格节节攀升，以及对社会需求的预期很高的基础之上的。就土地需求而言，2007 年底房地产市场开始趋于理性，二手房市场大量萎缩，中天置业的崩盘更是对深圳等南方城市的房地产二级市场的一记重创。二手房市场的萧条连带影响了很多地区的新房市场，深圳、广州、北京等一线城市开始以打折、送家电等名义变相降价，从而直接和间接地影响了房地产开发商的决策，这也就影响了土地市场的需求。此外，市场浓重的观望气氛以及奥运会的举办，使得这一不确定性倍增。

综上所述，由于种种原因，使得土地市场需求不足，尤其对于北京市这类一

① 参见余美英：《开发商拿地现“观望现象”　京四环内地块首次流标》，载《北京青年报》，2008-01-17。

线城市土地市场的影响更为明显。很多开发商拿地日渐趋于谨慎，所以才会导致本案例所述的流拍现象的出现。

然而，政府自2003年以来不断出台各种各样的政策来调控房地产市场，目的是为了能够规范房地产市场，让房地产价格涨幅保持在一个理性的范围内，因为作为国民经济的晴雨表，房地产行业的兴衰势必会带来国民经济的大起大落，这不是政府希望看到的。因此，相信这种状况只是一时的现象，随着相关政策规定的明朗，以及房地产市场行情的转好，开发商的行为将日渐趋于理性和规范化，土地市场将会回暖。这也正好符合政府调控的初衷。

案例四：7年内20亿平方米入市土地未被开发
——囤积土地

（一）案例背景

在房价高涨的时候，不少房地产开发商捂盘惜售，想趁机多赚一笔。且开发商还有另一条敛财捷径，就是低价大规模囤积土地，待价而沽，人为哄抬地价，地少了，商品房也就少了，房价自然持续疯涨。

建设银行研究部发布的《2007年下半年经济金融形势分析与预测》报告显示：2001年初至2007年5月，房地产开发商累计购置土地21.62亿平方米，但实际仅开发完成12.96亿平方米，约有8.66亿平方米土地被囤积和倒卖。

2007年底，由北京师范大学金融研究中心撰写并发布的《中国房地产土地囤积及资金沉淀评估报告》披露了全国房地产开发商闲置土地的情况。到2007年年底，全国开发商手中的闲置土地规模已经达到10亿平方米。这些土地量足够开发商进行4年的开发。根据公开资料的统计，实际土地储备规模在1 000万平方米以上的开发商包括碧桂园、万科、保利和招商地产，其他土地储备较多的开发商还包括金地、北京城建、中宝、华侨城和河南建业。而从省份来统计，2003—2007年闲置土地量最多的四个省分别是山东、江苏、浙江和四川，四省占全国闲置土地总量的1/3。截至2006年底，沉淀在囤积土地上的资金高达2.4万亿元。在全国闲置土地所占用的2.4万亿元资金当中，有1.08万亿元来自银行信贷，房地产行业的健康与否，已经严重影响到整个金融系统的稳定性。

依靠囤地搞增发，搞增发拿来钱继续囤地，然后继续增发，然后接着囤地，这是房地产上市公司特有的一条奇怪的资金链条。对于更多非上市房地产公司来说，囤地同样是它们提高所谓“业绩”的手段，它们觉得只要捂住土地，把地价搞上去，房价就下不来，它们的好日子就不会结束[①]，为此，它们愿冒被政府收回的风险，而大肆囤地。

（二）案例描述

在广州市黄金地段，一块面积达 37 118 平方米的闲置土地，是广州市溢晟房地产开发有限公司用来开发建设商住楼的。目前这里 1/3 的面积被做成了一个停车场，而剩下的部分则荒草丛生，有人竟然在这个广州市的闹事区放起了羊。这块土地的对面也有一块面积为 27 579 平方米的土地被闲置，其开发商是同属合生创展集团下的广州市溢晖房地产开发有限公司。[②]

从开发商 2003 年 12 月取得土地至 2007 年，该地区的房价已经发生了翻天覆地的变化，二手房的均价都已经在 1 万元左右。中介公司经理分析，这两个地块建好之后由于地段优势好，房价肯定不低。为此，该开发公司按照囤积居奇、待价而沽的原则，冒着违法的风险肆意囤积土地。

（三）案例分析

为避免如上现象继续出现，政府已经加大对闲置土地的处置和监管力度，使开发商待价而沽的情况得到一定的抑制。

早在 1994 年，我国就颁布了《城市房地产管理法》，1999 年国土资源部门又发布了《闲置土地处置办法》，这两部法规明确规定，对超过出让合同约定的动工开发日期满 1 年而尚未开发的，征收土地闲置费；满 2 年未动工开发的，可以无偿收回土地使用权。对荒地和空地征收土地税，会驱使土地占有者充分利用这些土地。[③] 但是，很多情况下，由于种种原因，地方政府执行力度不够，致使土地囤积现象屡禁不止，甚至出现了很多房地产企业以囤积的土地作为资产上市融资来获取资金。为此，2007 年 12 月 3 日，国土资源部、财政部和中国人民银行三部门联合出台了《土地储备管理办法》，来遏制土地被囤积的现象。

但是，一味的出台在内容上相互重复的政策，未必能够真正解决土地囤积问题。应制定更为可取的综合配套政策，且严格执行已出台的政策，加大调控力度。同时，应当进一步明确政府的职能，并处理好政府利益和企业利益之间的关系。适当时候，可将监察、披露、处理相关事例作为地方政府政绩考核的一部

① 参见《7 年 10 多亿平方米土地闲置　开发商大肆囤地刺激房价疯涨》，载《大河报》，2007－12－10。

② 参见《开发商囤地调查：7 年内近半入市土地未被开发》，见央视《经济半小时》，2007－12－09。

③ 参见毕宝德主编：《土地经济学》，5 版，161 页。

分，并加强对“死灰复燃”和“瞒天过海”等现象的惩处力度。此外，地方政府应当逐步提高参与土地竞买企业的准入门槛，也应该放宽视野，加强监管力度，不能放任开发商的囤地行为，更不能为利益集团所左右。即如果有某个公司拖欠地价或者名下有闲置土地，或者履行出让合同有不良记录的，都会限制其参与竞买资格。这就会促使一些开发商为了能够获得参与竞拍的资格，主动与有关部门协商并履行相关规定。

只有这样，才能有效地平抑房价，进而建立健康完善的土地收购储备市场，从而实现十七大报告提出的“着力保障和改善民生”的目标。

案例五：顺驰扩张神话的破灭
——房地产企业非常规的经营方式

（一）案例背景

2003年6月，中国人民银行发布的《中国人民银行关于进一步加强房地产信贷业务管理的通知》规定：房地产开发企业申请银行贷款，其自有资金应不低于开发项目总投资的30%；商业银行对房地产开发企业申请的贷款严禁以房地产开发流动资金贷款及其他形式贷款科目发放；商业银行发放的房地产贷款，只能用于本地区的房地产项目，严禁跨地区使用。而在2003年之前，由于缺少明确的规定，许多房地产企业抓住了这一政策的空白，大行其道，在当时铸就了盛极一时的辉煌。正如从天津起家的顺驰集团。

（二）案例描述

1994年顺驰集团从天津起步，开始介入房地产代理销售，主持策划了几个大型房地产项目的销售。在获得成功之后，1997年顺驰集团开始进入房地产开发领域。从2002年开始，顺驰在全国范围内大举扩张，前后购买土地1 200多万平方米。①

顺驰采用的运作模式是，在还没有拍卖土地之前对项目进行详细的规划，在土地招标时不惜以异乎寻常的高价竞得，通过游说政府和银行，在预付小额定金之后，半年内开工、半年内建成并快速销售，以偿还抵押所欠土地款和银行款。② 有人形象地将其称为“现金流—土地—现金流”模式。③ 其运作的资金链如图4—1所示。

① 参见常玉生：《顺驰集团案例与分析》，清华大学硕士学位论文，2005。

② 参见冀勇庆：《顺驰谢幕》，CEOCIO，2007-02-05。

③ 参见杨文生、陈华：《“顺驰”为何不顺》，载《企业改革与管理》，2007（1）。

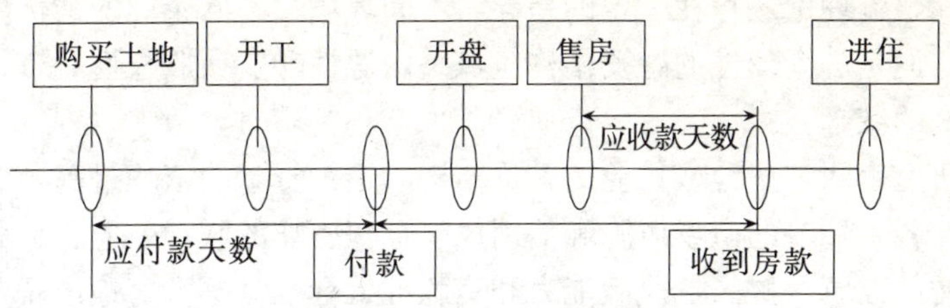

图 4—1 顺驰运作的资金链

2003年，《中国人民银行关于进一步加强房地产信贷业务管理的通知》的出台，使得融资结构脆弱的顺驰"造血"能力大大降低。进入2005年，顺驰高层的人事变动可大致显露出在压力下公司的行动方向。顺驰在全国范围内扩张导致人才紧张，再加上顺驰的员工离职率一直居高不下，导致顺驰项目的运作水平逐渐下降，有一期不如一期的趋势。①

2006年7月，顺驰主管将自己创立12年之久的顺驰（中国）55%的控股权，以12.8亿元的"超低价"转手香港路劲基建。12年累积起来的"黑马神话"瞬间化为乌有。

顺驰在发展中无视企业发展的基本法则，无视自身资金和管理能力，导致高土地成本、高财务成本、高人力成本。同时，顺驰在保证速度时并未能保证质量，部分购房者被迫为顺驰追求激情的管理方式和用人制度引发的"后果"埋单。延期交房成家常便饭，房屋质量严重不过关，墙体甚至出现大量的裂缝等等。《中国人民银行关于进一步加强房地产信贷业务管理的通知》的出台，对于"抗震系数"很低的顺驰模式来说，有如灭顶之灾。②

（三）案例分析

融资结构可以理解为企业的各种资金来源的比例关系，一般将其简化为股权与债权之间的比例关系，可划分为内源性融资和外源性融资两种。内源性融资是指企业依靠自身的盈利能力，运用自留资金进行融资；外源性融资指企业依靠外部的资金渠道进行融资。资本结构的研究主要关注是否存在最优融资结构以使得股东财富最大化。1958年，MM理论（Miller and Modigliani）及其推论认为：除非存在理想的环境，否则资本结构确实会对企业的价值产生影响。其后，优序融资理论（Myers and Majluf）认为：考虑资本成本因素，企业的理性融资顺序应该是"内源性—外部无风险负债—外部风险负债—发行新股"。虽然，实证研

① 参见常玉生：《顺驰集团案例与分析》，清华大学硕士学位论文，2005。

② 参见杨文生、陈华：《"顺驰"为何不顺》，载《企业改革与管理》，2007（1）。

究的结果和融资理论还存在一定的差异，不同环境、不同企业的最优融资结构还存在争论，但是一个理性的融资结构应该是内源性融资、股权性融资、债权性融资合理比例的结合。①

实证研究表明，房地产行业的融资结构对银行贷款的依赖过高，这就会使银行与房地产各个环节的市场风险和信用风险存在密切的联动效应。为此，应当加紧金融机构的改革，提高抗风险能力和贷款准入标准，拓宽房地产企业的融资渠道。②企业一定要尊重市场、尊重规律，那些基于离奇商业模式获得暂时成功、无视自身资金和管理能力盲目扩张的“神话”，最终都将破灭。无论是三株、巨人、德隆，还是顺驰，都概莫能外。

第三节　土地制度相关案例

案例一：“小产权房”现象与规范、——集体土地产权流转与产权安排

（一）案例背景

随着城市化进程的加快和市场经济改革的深化，土地资产价值日益彰显，一种被称作“小产权房”的商品房受到人们的追捧。所谓“小产权房”，就是由村集体经济组织或者乡镇政府单独开发或联合房地产开发商在集体土地上自行组织建设的“商品房”，这些房屋除了安置本村居民外，还对外公开出售。我国现行法律规定，集体土地只能用于农业生产或者作为农民的宅基地，不得出让、转让或者出租用于非农业建设。因此，这类房屋没有合法的审批手续，没有国家主管部门颁发的土地使用权和房屋预售许可证，只有乡镇政府或者村集体承认的产权证明。

至今，“小产权房”的出现以及蔓延已有10多年时间，但是一直没有得到重视。然而近年我国大中城市的商品房价格快速攀升并高位游走，“小产权房”由于价格低廉，手续简单，受到购房者的青睐，也引起社会各界的普遍关注。对此，国土资源部明确表示“小产权房不合法”，建设部已发布了购房“风险提示”，北京市政府已经拆除并没收了一些“小产权房”以儆效尤。一面是热卖，

①② 参见朱永祥、胡茜茜：《中国房地产企业非理性融资结构的成因分析》，载《科协论坛》，2007(3)。

一面是政府叫停，“小产权房”被推到了社会舆论的风口浪尖上。

（二）案例描述[①]

以北京市某村为例，据介绍，村子里房地产生意变得红火，应该是1998年以后。一时间，北京各界的知名人士都拥进了村子，谈生意的人络绎不绝。有时一天就能卖出十几套房，一个月就卖了100多套。10多年间该村共开发“小产权房”小区10个，住宅多为联排及独栋别墅。

在销售火热的同时，“小产权房”价格自然也在水涨船高。在“1994年是5万元一套，以后上升到每套6万元、8万元、10.5万元、13万元、18万元、20万元、25万元，2003年是27万元……”目前，该村别墅价格已升至85万元/套，若按每套200余平方米的建筑面积折算，每平方米价格应在3 300元左右。即便如此，相比较而言，这里的“小产权房”价格仍比周边普通商品房低1/3左右。在公开市场上，即使所谓的“经济型别墅”总价至少也在100万元以上，因此，在北京楼价一路飙升的今天，小产权房的价格依然颇具诱惑力。

“小产权房”所占的土地，没有缴纳土地出让金和配套税费，绕过了层层审批关口，并且销售时也不缴纳相关税费，由开发商与村委会私下谈妥地价后即进行开发。在转让房屋时，只要到村委会签字盖章，修改一下原买房人与村委会的合同，再缴纳售房款1%的费用就可以了。村委会实际上承担了房屋交易管理者的职能。

在村中成熟的别墅区里，可以看到各种错落不一、风格迥异的私人别墅，令人眼花缭乱。由于价格低廉，周边自然环境优良，来这里落户的城里人趋之若鹜。虽然政府颁布了叫停令，然而在这个拥有10个“小产权房”小区的村子里，却察觉不到一丝对未来小区前途的担忧。对于这个风险，前来订房的买主说出了自己的理由：这个小区建筑面积超过10万平方米，法不责众，房屋被强行拆除的风险就会小得多。

建设系统一名官员说，“小产权房”的清理主要难在两点：一是不符合土地利用、建设规划的“小产权房”项目应该拆除，但是现在这些房屋内几乎都住满了人，强行拆除会影响社会稳定；二是符合规划的项目应该缴纳一定的费用，但这个钱收不上来。“小产权房”牵涉众多群众的利益，政府不能轻易处理。尽管如此，对违规“小产权房”该拆的要拆，该罚的要罚，绝不能再出现新的“小产

① 参见陈芳、华宁、胡梅娟：《政策悬空——小产权房清理处置工作陷入僵局》，载《市场报》，2007－10－24。

权房”，否则会助长顶风违法之风。

（三）案例分析

“小产权房”缘何屡禁不止？“小产权房”交易的风险是有目共睹的，而交易双方为何铤而走险？对“小产权房”的管理又为何陷入“两难”？

近年来，一方面，大中城市的商品房价格居高不下，而保障性住房又杯水车薪，在巨大的住房需求压力下，人们将目光转向了价格较低的“小产权房”。另一方面，工业化和城市化进程的加快，使得广大城乡接合部地区的农村集体土地的区位优势凸显。在巨大的土地收益和房产开发利润诱惑下，既有购房需求又有强烈的供给意愿，“小产权房”开发和热销的势头愈演愈烈。

究其原因，除了我国相关法律法规不健全的原因外，集体土地自身产权制度的不完善是问题产生的根源所在。对于任何一个社会而言，产权制度的基础总是一组关于产权的正式或非正式的规定①，产权制度不但提供了影响经济绩效行为的激励，而且决定谁是经济活动的主角并因此决定着社会财富的分配②。离开了清除界定并得到良好执行的产权制度，人们必定争相攫取稀缺的经济资源和机会。③ 土地产权是指存在于土地之上的排他性完全权利。土地产权也像其他财产权一样，必须有法律的认可并得到法律的保护才能成立。④

急速的经济变化带来了要求改变现存法律关于集体土地产权重新界定的压力。在我国目前的法律没有明晰集体土地产权主体的情况下，土地使用者追逐经济效益而无保护责任，给土地流转留有很大的空间。产权不明晰以及法律规定模糊，也使得自发流转转化为正式流转存在困难。在需要的法律改变完成之前，违法行为可能大量发生。这时，如果不制止违法行为，经济秩序就会受到冲击。但是同时，依靠执行原有的产权制度来消除混乱则不得不以限制资源转让作为代价。⑤

认真分析京城火爆的“小产权房”，不难发现这种明显违背现行法律的现象，其实是法律对农村集体用地产权改革迟疑不决所必然要付出的代价。“小产权房”问题产生的根源是我国当前集体土地产权制度存在缺陷。因此，从制约流转的产权根源上着手，重新审视和界定集体土地的产权权利、体系和结构，加强集体土地的产权建设才是当前我国农村集体土地使用制度改革的必然趋势。

---

① 参见［美］道格拉斯·诺思：《制度、制度变迁与经济绩效》。

② 参见张五常：《经济解释》。

③ 参见［美］巴泽尔：《产权的经济分析》，上海，上海人民出版社，2006。

④ 参见毕宝德主编：《土地经济学》，5版。

⑤ 参见周其仁：《农地产权与征地制度》，载《经济学季刊》，2004。

案例二：河南省郑州市“五洲市场”违法建设
——城市建设违法行为的查处

（一）案例背景

近年来，在土地供应日益紧张的形势下，一些房地产开发商为了追求巨额利润，置国家法律和政策于不顾，顶风上马项目。违法建设屡禁不止，且有愈演愈烈之势，给我国的城市土地管理和城市规划工作带来很大阻力，也造成了社会资源的巨大浪费。

郑州五洲国际水产市场（简称“五洲市场”）项目从2006年5月动工，在政府执法部门的多次禁令下仍然违法建设，到2007年8月被强制拆除时，已完成36栋违法建筑的主体工程，投资1.8亿元。因其建筑面积之大、性质之恶劣，“五洲市场”被媒体称为违法建筑“巨无霸”，一时轰动全国。

（二）案例描述①

2005年5月，河南五洲国际水产有限公司与惠济区长兴路街道办事处老鸦陈村委会签订土地使用合同，将这块老鸦陈村委会所有的集体土地用于建设郑州水产副食品市场，即建设集农产品、副食品加工和物流为一体的综合深加工区。

规模宏大的“五洲市场”在郑州市远近闻名，市场占地174.8亩，共有36栋楼，建筑面积达9.96万平方米，总投资3亿元。开发商在没有取得建设施工所必需的“五证”（选址意见书、土地使用权证、建设用地规划许可证、建设工程规划许可证、建设工程施工许可证）的情况下，就擅自动工建设。该市场占压了规划中的两条城市主干道和高压走廊以及城市防护绿地，将连接高新区、主城区和郑东新区的交通要道拦腰截断，而长兴路被3处两层框架结构楼房、2处钢架结构大棚占压，成了一条断头路。对此，执法局多次责令河南五洲国际水产有限公司立即停工；惠济区国土部门先后4次下达《责令停止土地违法行为通知书》，两次下达《土地行政处罚决定书》；惠济区建设局、惠济区行政执法局等单位先后下达了《责令停止违法行为通知书》等。2007年3月11日，郑州市行政执法局向河南五洲国际水产有限公司下达了“限15日内自行拆除违法建设”的《行政处罚决定书》，之后又于2007年4月30日下发了《关于拆除河南五洲国际水产有限公司违法建设的通知》。2007年8月14日，郑州市执法局再次下“最后通牒”，限其7日内自行拆除严重违法的楼房。但五洲国际水产有限公司对此

① 参见吴纪攀、曹树林：《禁令，对河南“五洲市场”何以无效》，载《人民日报》，2007-04-24。

一直置若罔闻，项目仍在断断续续地建设。

2007 年 8 月 3 日，郑州市政府责令市执法局对“五洲市场”强制拆除，在执法部门的督促下，“五洲市场”最终不得不自行对“严重违法”部分的楼房予以拆除。拆除的 19 栋建筑预计给开发商、商户、占地村（老鸦陈村）村民等多个合作方造成至少6 000余万元的损失。

（三）案例分析

未经土地、规划、建设等相关部门审批许可，在国有土地使用权证、建设用地规划许可证、建设工程规划许可证、建设工程施工许可证都不具备的情况下，“五洲市场”就擅自开工建设。在因严重破坏郑州城市规划而屡被叫停之后，河南五洲国际水产公司却仍然铤而走险、一意孤行。造成城市建设违法屡禁不止的原因何在？

房地产开发商对暴利的追逐和我国城市建设违法查处力度不够是其根本原因。近几年，我国的房地产开发利润很高，同时土地供应也日趋紧张，在利润的驱动下，一些开发商持侥幸心理，寄希望于通过走关系、找门路摆平“政策”。抱着“边建边报批”的心理，大规模的楼盘建成后形成既成事实，倒逼政府最终只好通过完善手续、改变规划并处以罚款的方式事后默认，而其违法成本可以通过形势大为看好的市场化解。

违法建筑的风险是显而易见的，但开发商频频明知故犯，从另一个侧面也暴露出我国城市建设违法查处和执行制度方面存在一定的缺陷。

许多违法建筑都位于闹市，建设规模庞大，违法行为昭然若揭，但是都未能防止于未然，最后或拆除或爆破，都产生了巨大的损失。行政执法部门在执法过程存在着从轻处罚、执法不严、以罚代管的思想，是问题产生的一个重要原因。另外，在各级政府的相关部门之间尚未形成严格土地管理的合力，从而大大降低了土地管理的权威性和有效性。因此，加强行政执法队伍建设，加大执法力度，在项目审批、执法监察和强制执行中探索各部门联合执法的有效方式，做到“预先控制、事中监控、事后验收”，也是杜绝违法行为发生、维护法律权威的治本之策。

案例三：郑州市违法建设龙子湖高校园区
——违反规划、非法批地、顶风作案、有禁不止典型案例

（一）案例背景

近年来，利用大学城圈地现象愈演愈烈，某些地方政府以兴办大学

城之名，行房地产开发之实。郑州市龙子湖高校园区就是这样一个典型。

在当地村民不断上访举报下，2006年7月，监察部和国土资源部联合调查了龙子湖高校园区。同年9月27日，国务院召开常务会议并严肃处理龙子湖高校非法占地案。这是国土资源部成立以来就土地违法问题处理官员级别最高的一起案件。①

（二）案例描述

1. 龙子湖高校园区的建设起因

河南省高等教育较为落后，当地政府建设龙子湖大学城的初衷是一心发展教育。此外，作为全国人口第一大省和GDP第五大省的河南，其省会郑州的人口和面积在全国省会城市中皆排在20名以外。郑东新区建设以来，“人气”问题一直未能解决。为了增加郑东新区的“人气”，当地政府将龙子湖高校园区作为郑东新区规划的6个功能区之一，并以此推动河南高等教育事业的发展和升级，进而期望达到一举两得的完美效果。

2. 龙子湖高校园区的建设过程

（1）建立初期。

2002年12月，河南省省长办公会议原则确定在龙子湖地区建设高校园区。在省、市两级批准有关院校进驻的过程中，郑州市郑东新区管委会在未依法办理建设用地审批手续的情况下，根据省政府有关会议精神并经郑东新区建设领导小组批准，从2003年3月起先后与郑州市金水区政府签订征地协议24份，委托金水区对龙子湖园区涉及的祭城镇、姚桥乡13个行政村的集体所有土地进行征地拆迁，共征收土地14 877亩。根据土地利用现状图，所征农用地包括一般耕地3 118亩、基本农田6 417亩。在金水区按协议进行征地拆迁后，经郑州市政府和新区领导小组批准，有关高校相继入场平整土地或开工建设，配套基础设施陆续开工。经现场勘测，在征收土地范围内，已圈建围墙、平整土地、建筑物及设施占地11 339亩，其中一般耕地2 999亩，基本农田4 222亩，其余仍为原状。②

龙子湖高校园区因占地约2.26平方公里的龙子湖而得名，规划面积11.21平方公里，约1平方公里的湖心岛位于中央。按照郑州市郑东新区管委会的整体规划，入驻高校沿龙子湖外环路呈扇形布置，园区科研学术交流中心、大型图书

① 参见《郑州龙子湖高校园区违法占地案始末》，载《南方周末》，2006-10-19。

② 参见《龙子湖高校园区非法占地案评论》，见 http://info.winfang.com/news10907.html。

馆、体育馆和公益性设施等将布置在湖心岛上。①

（2）建立中的违法现象。

该园区原计划建设13所高校。2005年2月，国土资源部执法监察局局长张新宝调查发现已有6所院校进驻龙子湖。由于是既成事实，且已无法更改，在河南省政府上报核查报告后，国务院同意在占地规模不扩大的条件下，依法办理这6所院校的用地手续。对已开工建设的6所院校所占的2 700多亩土地，在下次修编土地利用总体规划时进行调整，不再扩大建设占地规模。

但是，郑州市竟然置中央决策于不顾，在调查期间及国务院批示下达后，不但不停止、不查处，反而继续实施非法征收占用土地行为，并且征占势头比以前更凶、更猛，想进一步将“生米煮成熟饭”，造成既成事实。未入驻的7所院校在各自圈占的土地上填土打桩也很快跟进。

（三）案例分析

1. 本案例集违反规划、非法批地、顶风作案、有禁不止等典型特征于一身

依照《土地管理法》，农用地转为建设用地，要办理农用地转用审批手续，其前提是符合土地利用总体规划和年度土地利用计划。在土地利用总体规划中要划定基本农田，使用该类农地，需直接申报国务院。但由于我国土地利用规划管理存在着基础薄弱、体系不完善、理论研究相对滞后、管理手段不足等问题②，导致很多情况下现实效果比预期要差很多。

郑州市非法批准征收占用土地行为严重违反土地利用总体规划，非法批准征收占用土地数量巨大，并且是在土地市场治理整顿期间、国务院下发《关于深化改革严格土地管理的决定》对乱占滥用耕地大声喝停的情况下发生的。

自2003年2月起，全国开展土地市场秩序治理整顿，大力整治乱占滥用土地、严重破坏耕地等违法现象。然而，就在一个月后的3月份，龙子湖园区开始实施非法征地拆迁。随后的一年多时间，中央对土地市场治理整顿的力度逐步加大，但郑州市对此置若罔闻，继续其违法行为。2004年下半年，国土资源部、农业部等部委组织全国基本农田大检查，检查组到郑州后，要求去龙子湖高校园区，但被河南省和郑州市有关部门以种种借口阻挠。当年10月，国务院《关于深化改革严格土地管理的决定》正式下发，该省、市政府仍不为所动。③

---

① 参见张向东:《郑州龙子湖高校园区违法占地案调查》,载《经济观察报》,http://news.cnfol.com/061002/101,1277,2308332,00.shtml。

② 参见毕宝德主编：《土地经济学》，5版，301页。

③ 参见《龙子湖高校园区非法占地案评论》，见http：//info.winfang.com/news10907.html。

占用大量耕地并未到国土资源部报批。所有高校的占地，均是经过河南和郑州两级地方政府批准的——尽管它们并没有这个权力。当地政府及河南省政府没有报批的原因是：即使是报上去，也肯定批不下来，如果没有农民上访和国土资源部先进的卫星遥感系统，这个高校园区很可能会顺利建成。此外，值得一提的是，在这片土地中，尚有 6 417 余亩属于基本农田。按国家有关法规，凡因建设动用基本农田——哪怕是一亩一分——也要报请国务院批准。

2. 城市规划与土地利用规划严重脱节，导致城市发展非法占地难以遏制

在规划初期，龙子湖大学城占地问题便已埋下隐患。由于需要占用大量建设用地，郑东新区规划一直面临一个束缚，即用地指标。这就出现了在明知违法的情况下，大量占用耕地甚至基本农田的现象。

3. 国家政策在根据各省的实际情况区别对待方面有改进的余地

国家对东部沿海地区投入了大量的财力物力，在用地政策上也采取了很多优惠措施。在中部崛起的口号下，中央更应当从实际上多扶持中部地区，这样整个中部地区在心理上也可以有所平衡。

4. 就案例本身而言，地方政府操之过急也是重要原因

国家对于教育用地向来是支持的，而且教育用地都应该是无偿划拨，而郑州市也并不缺少建设用地，不知为何非在规划用地之外建高校园区——即使在规划用地之外建，也可以申请调整用地规划，报请国家批准，但所有这些郑州市都没有做。更严重的是，在国务院《关于深化改革严格土地管理的决定》发布之后，郑州仍毫不收敛。其中，资金链条的绷紧、开发商的开工压力、地方经济的发展等各方合力的共同作用，导致地方政府无暇顾及这些而公然违法行事可能是将该违法行为推向极致的一个重要原因。

通过这起案件，国土资源部门及其工作人员也要从中吸取教训，引以为戒。各级部门要严格执行国家土地管理的法律法规和方针政策，依法行政，对土地利用情况的真实性和合法性负责。凡玩忽职守、滥用职权、徇私舞弊、不执行和不遵守土地管理法律法规的，终将难逃法律的制裁。

案例四：广东顺德土地股份合作制——土地承包经营和流转

（一）案例背景

自安徽凤阳小岗村拉开了家庭联产承包的序幕以来，全国农村土地使用模式转变为集体所有、家庭承包经营的二元模式。这种经营模式使生产力较人民公社时期有了跨越式的发展，充分调动了村民的生产积极性。但是随着时间的推移，

家庭联产承包制也显现出了一些局限，譬如，小农式的耕作不能达到农业生产规模化的效益；土地按家庭承包制约了集体内部的土地流转。针对这些情况，在经济发达的广东，农民根据当地的实际情况开始了土地股份合作制的尝试。以广东顺德、南海为代表，农村股份制土地即村集体将农户土地承包权或经营权量化入股，土地由村集体统一经营或发包给其他公司经营，按土地股份，村集体将土地经营及发包所得在年终进行分配。广东顺德模式主要在纯农业领域进行，仅以土地经营权折价入股，参与入股产出的利润分红。土地股份制是中国土地制度改革的新的里程碑，引起了诸多学者广泛深入的研究。

（二）案例描述①

广东省佛山市顺德区是一个经济较为发达的地区和外贸出口基地，从事非农业生产的人数占该地区人数相当大的比例。从20世纪90年代开始，随着南海率先推出土地股份制合作模式，顺德也逐渐开创了顺德模式的土地股份合作制。2000年，顺德实行体制改革，撤销生产队体制，建立股份社合作制。村民将自己所拥有的集体土地承包经营权入股，由集体组织生产经营，村民根据股权享受分红。农村土地产权模式从集体拥有所有权、家庭拥有承包经营权转变为村民通过股权体现集体成员对于村集体土地所拥有的所有权，村集体享有对于集体土地的经营权。2001年，顺德区委区政府出台了《关于进一步深化农村体制改革决定》，要求固化农村股份社股权，量化股份社资产，进一步深化农村体制的改革。此次改革首次实现农村基层政权的政经分离，使村级“两委”不再直接从事经济活动。《决定》要求农村股份社由村委会聘请管理公司或管理人员负责运营，以确保资产增值。这种做法不仅在广东顺德存在，也推广到了浙江德清、福建惠安。如浙江德清市钟管镇沈家墩村，村里300名青壮年劳动力常年务工经商，全村40%的土地荒芜。1999年10月，村委员会与本村118户农民签订合同，将210亩土地入股，再以640元的价格反租给本村7个养殖大户，租赁期为3年。原承包农民按账册上的“股份”，每年每亩获得红利550元。该模式赢得了农民的普遍称赞。

土地股份制模式已成为目前土地使用权流转的重要形式之一。其实际意义在于：一是促进了农村生产要素的合理流动和优化组合，推动了土地适度规模经营。该模式实现了土地所有权、承包权和使用权的彻底分离，把农民承包的土地从实物形态变为价值形态，突破了原来一家一户承包土地的凝固格局，使一部分

① 参见刘学侠：《土地股份制：中国农村地土地制度改革的方向》，见中国经济信息网，2007-08-14。

不愿意种田的农民在获得股权后可以安心从事二、三产业，为土地在更大范围内流动创造了条件，促使土地向种田能手集中。二是明确了集体资产权属。实施股份合作制以后，把土地及其他集体资产和积累折股到人，明确了每个农民所占集体资产的份额，理顺了集体与农民之间的分配关系。三是对土地进行企业化管理和市场化经营，促使农村集体经济组织向专业化土地经营公司职能转变，壮大了集体经济实力。

从各地实践看，推行土地股份合作制的基本条件是：一是当地二、三产业比较发达，占经济比重比较高，一般在70%以上；二是从农业转移出来的劳动力较多，达到50%以上；三是农民已有较稳定的收入来源，其中来自非农业产业的收入占70%；四是当地农民多数愿意放弃承包土地；五是干部素质好，有较高的经营管理水平、较强的市场经济意识和民主管理意识。

（三）案例分析

根据我国《宪法》以及《土地管理法》等相关法律规定，土地所有权分为国有和农村集体所有。《宪法》第十条规定："农村和城市郊区的土地，除由法律规定属于国家所有的以外，属于集体所有"。《土地管理法》也规定农村土地属于三级所有，即"乡集体、村集体、村民小组"。这些规定虽然明确了农村土地集体所有权的代表，但"农民集体"在法律上的具体内涵很模糊。集体土地所有制改革经历了新中国成立初期农民私有，20世纪50年代开始的人民公社集体所有，80年代开始的集体所有，以及家庭承包几个主要阶段。实践证明，集体土地产权制度的安排直接影响农村生产力的发展。马克思主义政治经济学强调，生产力决定生产关系。随着生产力的进一步发展，很多地区的农业采取了规模化、机械化经营模式，家庭土地承包的模式不利于这种机械化的操作和规模化的经营。相关研究调查表明，目前农村劳动力数量已经远超过农业生产所需要的人数。解放劳动力从事第二、第三产业，既有利于促进生产要素的合理分配，也符合城市化的要求。内在的经济动力促使了土地制度的创新。

除此以外，顺德土地股份制度解决了农村集体土地产权主体缺位的问题。集体土地所有权属于农村集体所有成员所有。将农村集体产权这种虚拟的产权模式通过股份化的形式明确到集体的每一个成员，使得集体成员拥有对于农地的收益权、支配权。这种对于产权的重新调整，解决了土地保障以及土地经营的矛盾。农村集体成员是土地保障的受惠者，但并不是必然的生产者，即农民对于土地的权利不再通过占有这种初级形式来实现，而是通过收益、表决、监督等来表现，从手工作坊形式向现代公司制靠拢。这种制度改革有效地促进了集体土地的流转，优化了资源的配置，体现了农村工业化以及土地资本化的历史发展进程。

案例五：政府收回划拨土地使用权，79人状告区政府——划拨土地使用权

（一）案例背景

随着市场经济制度在土地上的体现，我国国有土地使用制度已由原来单一的行政划拨转化为行政划拨和有偿转让两种形式。而行政划拨用地在因公共利益收回时，对于被占地者而言，由于缺乏约束机制，致使政府补偿严重不足，这就产生很多补偿不合理的情况。

本案例就是在这样一个大背景下发生的。

（二）案例描述

2003年6月9日，四川省泸州市中级人民法院公开听证审理了原泸州市纳溪区安富农场职工王代金、舒建国等79人状告泸州市纳溪区人民政府收回原泸州市纳溪区安福农场国有土地使用权上诉一案，而这次的“民”告“官”案以79名职工两审均败诉而告终。

安富农场原为城镇个体所有制企业，其所使用土地均为国家划拨使用的国有土地，1997年和2000年，其分别办理了国有土地使用权证。然而因为修建公益事业的需要，2001年9月4日，泸州市人民政府批准了泸州市规划建设局《关于泸州市纳溪区河西大道上坝小区修建性详细规划》，安富农场所使用国有土地均属该详细规划之内，因此，2001年11月28日，泸州市纳溪区国土局代表泸州市纳溪区人民政府同安富农场签订了《收回泸州市纳溪区安富农场国有土地使用权协议书》，区国土局按政策规定对安富农场共计88人统一安置，包括养老保险、医疗保险、再就业安置费等一切费用共计452万元包干给安富农场，由安富农场妥善安置，2001年12月3日前安富农场的债权债务由其自行负责，2001年12月3日后安富农场全体集体资产全部归区国土局所有并办理移交手续，2001年12月22日前由区国土局支付收购安富农场总价款452万元。协议签订后，安富农场和区国土局均按约履行了权利和义务，对农场职工进行了一次性安置。2002年10月16日，泸州市人民政府发出文件，同意纳溪区2001年第三批乡镇建设所涉及的安富农场6.472 7公顷农用地转为建设用地。

2002年12月16日，王代金、舒建国等79人以“未按法律规定补偿，未按土地法及实施细则程序操作，具体行政行为违法”为由将泸州市纳溪区人民政府告上法院。泸州市纳溪区人民法院于2003年3月开庭审理了此案，纳溪区人民法院审理结果认为区人民政府因修建公益事业的需要，在经过有关部门批准后收

回划拨给安富农场使用的国有土地使用权，符合相关的土地管理法律、法规的规定，并无不当。而被告与原告签订的协议中已对农场的在职和退休职工的安置以及原安富农场的全部资产、债权债务作了明确的约定且已全部履行。据此，法院判决驳回原告的诉讼请求。随即，79 民职工又上诉到泸州市中级人民法院。而泸州中院审理认为，一审判决合理，驳回上诉。[①]

（三）案例分析

目前，在我国的土地使用权制度中，取得土地使用权的方式主要有两类：一是通过划拨方式；二是通过出让方式。与此相对应，失去土地使用权的方式也有两种：一是通过国家收回方式；二是通过转让方式。而在此案例中，泸州市人民政府因公共利益需要而收回土地使用权应属失去土地使用权的第一种方式。《土地管理法》中规定，为公共利益需要使用土地的，由有关人民政府土地行政主管部门报经原批准用地的人民政府或者有批准权的人民政府批准，可以收回国有土地使用权。而本案例中，泸州市人民政府是基于"公共利益"的需要而收回安富农场的土地使用权的，在收回过程中给予了适当的补偿且经费已得到落实，因此在法律根据上并无非议。

然而上述案例反映出我国划拨土地使用权收回时存在的三个问题：

第一，收回划拨土地使用权要基于一定的法定事由。在此案例中，泸州市人民政府是基于"公共利益"的需要收回土地使用权的，然而法律中对于公共利益的界定并没有一个确切的概念，因此，在市场发展过程中，城市中都或多或少地出现滥用"公共利益"之名而大行开发之实的事件，这样的事件的实质，是公民权利的被损害。因此，在法律不断完善的过程中，应当进一步细化"公共利益"，以使其真正起到造福百姓的功效。

第二，收回划拨土地使用权过程中一定要遵循法定的程序。收回划拨土地使用权须经过法定部门的审批，在此案例中经过泸州市人民政府审批即可。

第三，收回划拨土地使用权时要给付合理的补偿。对于此问题，《土地管理法》只是规定给予适当补偿，但对于适当补偿并无明确的标准。笔者认为，在此案例中，因为划拨土地使用权的取得是无偿的，对于划拨土地使用权的收回，应当着重于对地上附着的建筑物现值及工作人员安置费用的考虑。

在对此案例的讨论中，我们发现现行的土地使用制度还存在着各种各样的问题，对于问题的认识及改正成为国民经济发展过程中政府必须面对的问题。在土

---

① 参见肖坤琼：《区政府收回土地使用权七十九人把政府告上法庭》，见 http://gsj918.tougao.com/UserWork/AllUser/574680/index/Article.asp? ArticleID=64522。

地制度改革的过程中，只有不断地发展、完善土地法，才能保证改革的顺利进行。

案例六：耕地抵押登记被撤销　村委会状告土地部门被驳回——土地使用权非法抵押

（一）案例背景

当今的中国农村，承包经营权是农民对其土地拥有的最重要的权利之一，但法律对其界定不甚明朗。很多农民，虽然知道有些行为是法律法规明令禁止的，但由于地方政府监管不力等原因，仍然大量地出现对其所拥有的耕地处置混乱的现象，如有的将土地抵押给银行获取贷款，有的将土地卖与乡镇企业等。本案例就是在这种背景下发生的。2007 年 8 月，河南省南召县人民法院驳回了南召县城郊信用社对当地土地管理部门的起诉。

（二）案例描述

1996 年 12 月 11 日，南召县城郊信用社与某村签订抵押贷款协议一份，用该村 26 亩土地三十年的使用权作抵押，向该村贷款 35.54 万元。双方对此协议进行了公证，并经南召县国土资源局颁发集体土地抵押许可证。

2006 年 9 月 26 日，南召县国土资源局向南召县城郊信用社发出告知书，以双方抵押物不符合设立抵押条件为由，拟撤销该集体土地抵押许可证。而南召县城郊信用社并未对此申请听证，南召县国土资源局遂于 2007 年 1 月 29 日向南召县城郊信用社送达了撤销原抵押许可证决定书。南召县城郊信用社不服，并以撤证行为违法为由，诉至法院。

南召法院审理后认为，原告与某村签订的抵押贷款合同中的抵押物是集体耕地，属于我国担保法第三十七条第二项规定的不得抵押的财产。被告依据《担保法》和《行政许可法》的规定，对原错误行政许可行为予以撤销，并不违反法律规定，故判决驳回了原告的诉讼请求。①

（三）案例分析

本案例最大的症结是，承包经营权在法律规定上没有一个明晰而精准的界定。

就中国现行农村的土地使用制度，从产权理论的角度而言，这种使用制度作

① 参见丁亮、王亚标：《耕地抵押登记被撤销村委会状告土地部门被驳回》，见 http：//www.chinacourt.org/public/detail.php? id=262164&k_title=南召县 &k_content=南召县 &k_author。

为一项产权制度是残缺的、不完整的；从目前农村市场经济发展的需要来看，这种使用制度有待发展和完善。事实上，中国农地的承包经营权仅是土地的耕种权，刘守英1997年的一项研究表明，仅有1.8%的农户认为享有土地抵押权。①虽然国家法规规定了农民承包的土地可以在发包方同意的情况下依法有偿转让，但这种权利在实践中却受到了严格的限制，经营权从其本质上来说应该属于使用权。即使是使用权，也可以衍生出转让、转租、入股、抵押、收益等项权利，而作为具有使用权性质的承包经营权却只有耕种权、部分收益权以及极小的处分权。显然，这与承包经营权的理论内涵相比，其实际权利所包含的内容是不充分的，权能的残缺使得承包经营者无法行使自己的权利。②

在一个法制的国度里，土地产权只有上升到土地法权的形态，才能得到国家强制力的保护，才能维持正常的产权交易秩序。为此，对于已有的法律要做到"有法必依"，对于内容笼统的法律法规，应当增加其可操作性。③

本案例显示出南召县国土资源局对法律法规的研读不足，没有做到有法必依。1995年6月30日，第八届全国人民代表大会常务委员会第十四次会议通过并于当日公布的《中华人民共和国担保法》第三十七条中明确规定，耕地、宅基地、自留地、自留山等集体所有的土地使用权不得抵押。而该局办理的集体土地使用权抵押证是在1996年办理的，这个明显不合法的举动，在那时那地、那种特殊场合下就变成"合法"的了。

案例七：北京市昌平区北七家镇郑各庄村集体建设用地流转及管理模式——集体建设用地流转

（一）案例背景

随着经济的发展，人地矛盾日益加剧。在城乡接合部这类未来城市延伸方向的地区，问题显得更加突出。我国《土地管理法》中至今并没有明确指出农村集体土地使用权可以流转，但是在《土地管理法》和《物权法》给土地使用权流转留有后路的大前提下，早从1992年开始就有很多试点地区开始试验集体建设用地流转，有些地区取得了丰硕的成果。

我们所要介绍的北京市昌平区北七家镇郑各庄村就是一个典型的成功案例。该村已经从一个封闭型农村社区转变为开放型城镇社区，郑各庄村通过旧村改造

---

① 参见迟福林主编：《中国农民的期盼——长期而有保障的土地使用权》，109页，北京，外文出版社，1999。

②③ 参见毕宝德主编：《土地经济学》，5版。

和产业园区建设，从改造前 1998 年的人均纯收入不足 3 000 元，到改造后 2005 年的人均纯收入 17 500 元，并且一跃成为北京郊区经济十强村之一。

它是如何做到的呢?

(二) 案例描述

1. 郑各庄村的区位条件

郑各庄村隶属于北京市昌平区北七家镇，距北京市中心约 35 公里。该村共有 679 户家庭，人口 1 382 人，其中农业人口 1 085 人，村域面积 4 332 亩。长期以来，该村主要依靠传统种植业，1998 年人均纯收入不足 3 000 元。2005 年，全村完成经济总收入 7.6 亿元，纯收入 6 500 万元，上缴税金 3 100 万元，农民人均纯收入 17 500 元。目前，郑各庄村的常住人口已经从 1 300 多人增加到 8 500多人，其中有 3 500 多人在本社区就业。

2. 郑各庄村集体建设用地的流转全程

20 世纪 80 年代，人民公社取消后，郑各庄村与全国绝大多数农村一样，把 3 000 余亩耕地分给了村民耕种，平均每人不到一亩半。然而，从 90 年代开始，农民种地的积极性开始消退。大部分人开始出去打工或做生意，他们有的把地包给别人，有的主动把地交给了村里，有的干脆撂荒。

1998 年是郑各庄村发展史上关键的一年。这一年国家实施农村土地的续包工作，将原来的土地承包期再延长 30 年。郑各庄村并没有把土地重新分给农民耕种，而是引导农民自愿把土地交回集体，之后郑各庄村进行了大规模的旧村改造。同年，该村一边规划，一边按照农民自愿的原则，筹集 500 多万元启动资金建设村民公寓楼，这一以旧房折抵房款的政策，使得多数村民不需要增加额外负担就能住进新居；对少数确有困难的村民，村集体给予一定的补贴，保证所有村民都能够住得上、住得起新房，这项政策得到了绝大多数村民的支持。截止到 2005 年 8 月，郑各庄村已经建成住宅面积 38 万平方米，全村 98%的人已经住进了公寓楼。旧村改造使郑各庄村的宅基地由之前的 1 050 亩缩小为 250 亩，节约了 76%的土地。此时，全村剩余的土地达到4 000余亩。到 2006 年，除了 70 多亩的少量耕地外，其余全部调整为集体建设用地。①

在旧村改造时，新村建设同步启动，郑各庄村对原有的基础设施和整体环境进行了整治和改造，道路、水、热、气、通信、有线电视等配套设施一应俱全。村集体按照“确权、确利、保收益”的原则，先把土地量化到每个村民，人均约合一亩。然后，把土地的使用权和经营权委托给村里的企业宏福集团全权运作。

① 参见张卫华：《北京农地直接入市个案》，载《产权市场》，2006 (6)。

为了加快流转进程，宏福集团建立了占地 800 亩的创业园来吸引企业入驻。此外，还引进了银行、邮局，建立了超市、商店、餐厅、集贸市场，成立了社区文化站和社区医务室，兴建了社区幼儿园、高中和宏福成人教育学校，引进了贯通京城南北的 839、803 两条公交线路，大大改善了全村居民的居住和生活条件。

对入区企业用地，采取集体建设用地使用权流转的方式，即保留集体建设用地的所有权不变，通过土地出租使引入企业获得 20～30 年的土地使用权。出租土地的价格为每亩每年 5 000～13 000 元，尚未流转的土地由宏福集团公司缴纳每亩每年 500 元的租金。至 2007 年，创业园已引进了北京金万众空调制冷设备有限公司、健之素医药科技有限公司等 26 家高科技企业，企业总投资 4.2 亿元，不仅吸纳了本村 700 多名劳动力就业，而且为周边村和社会提供了就业岗位。

在创业园建设发展的基础上，郑各庄村进一步把旧村改造节约的土地和全村其他土地进行统一规划，按照现代社区的理念制定了村域发展规划，把全村 4 332亩土地规划成普通住宅区、高档住宅区、科技工业区、旅游观光区、文化教育区、商业服务区等六大功能板块，这个规划已经得到市规委的批复。按照规划，郑各庄村在继续办好工业创业园的同时，也在积极发展房地产、旅游、教育等第三产业，如引进中央戏剧学院、北京邮电大学软件学院到郑各庄村合作办学，并提供配套服务。通过对平西王府历史文化和温榆河生态走廊进行整合，依托当地丰富的地热资源开发了以“温都水城”冠名的大型旅游休闲项目，发展旅游业等，促进了村域经济社会的全面发展。

为有效整合资源，带动农民增收致富，1999 年，郑各庄村最大的经济实体宏福集团公司实行改制，完成了由原来村办集体所有制企业向股份合作制公司的转变，新组建了北京宏福建工开发有限公司。在集体企业的改制中，郑各庄村坚持维护集体利益与保护村民利益的原则。为保证集体经济的持续发展，企业总股本的 66.67%作为企业法人股，红利直接用于资本积累和企业扩大再生产。村委会成为企业的第二大股东，不仅直接监督企业的决策与管理，而且保证其把所得红利全部用于集体的公共服务和公益事业，农民也通过股份分红增加了收入。这种股权配置方式兼顾了企业、村集体组织和农民各方面的利益，农民群众对此很满意。①

① 参见《增强发展内涵　转变增长方式　加快社会主义新农村建设》，见 http://www.bjnw.gov.cn/xncjs/sdqk/sdcjs/200705/t20070530_77942.html，2007-05-30。

3. 流转全程中存在的问题

第一，村民从平房搬到楼房后，从严格的法律意义上来讲，该套房是不完全的产权房，也就是我们经常说的“小产权房”。村民只有房屋所有权和使用权，但是没有土地所有权和合法的土地使用权。因为土地的所有权是村集体的，而针对商品住房而言，只有国有建设用地上的土地使用权才是合法的。故这类房产不能转让和抵押，只能使用。

第二，很多村民反映，宅基地回收时，村集体有收益补偿的允诺，但是迟迟没有兑现。

第三，该村的行为同法律法规打擦边球。郑各庄村集体建设用地流转改革的许多做法与现行的法规政策存在冲突。尽管该村的村域规划已经得到市规划委的批准，但其许多建设项目因使用集体建设用地仍未能取得合法地位，未能补办有关批准手续。特别是租地双方签订的协议并没有法律依据，因此在今后的执行过程中蕴藏着很大的法律风险。此外，因为没有完全的产权证，银行一直不愿向该村企业提供抵押贷款。

（三）案例分析

郑各庄村实行“保权分利”的集体土地使用权流转方式，具体而言，即该村采用土地折价入股的方式同企业联营，使村集体、村民能够从企业分得红利。而集体土地的所有权性质不变，只是以年租制的形式将集体土地使用权转让给企业。总的来说，郑各庄村的集体建设用地流转方式是可取的，也是成功的。因为该形式既保证了村民的集体利益，又促进了当地的经济发展。

在土地集约利用方面，郑各庄村也是其他地区学习的楷模。所谓土地集约利用，就是在土地上合理增加物质与劳动投入，以提高土地收益的经营方式。[①] 对于非农用土地要实行集约利用，就是指在单位土地面积上实现最大经济效益。其中非农用地的效益可分为两类：实物性指标，即用于住宅建设的单位土地面积上所建房屋的面积；价值性指标，即用于工业、商业和交通运输的单位土地面积上所获得的经营利润。[②]就住宅用地而言，郑各庄村在将全村土地资源整合后，同意修建公寓，进而可以腾退更多土地供其他产业使用，此外，通过建设银行、邮局、超市、商店、餐厅、集贸市场、社区文化站、社区医务室、社区幼儿园、高中和宏福成人教育学校，使社区各方面得到充分的完善；就工业而言，郑各庄村通过“七通一平”的基础设施建设，建立创业园，吸引了一大批优秀企业；就交通运输而言，郑各庄村引进 839、803 两条公交线路；就旅游业而言，对平西王

①② 参见毕宝德主编：《土地经济学》，5 版。

府历史文化和温榆河生态走廊进行整合，建立“温都水城”。由此可见，郑各庄村的典型做法是现今所提倡的集约节约型社会的一个真实写照。

此外，对于郑各庄村集体建设用地流转全程中存在的问题，可寄希望于“国有化”，即将整个村的土地变为国有土地，这样就解决产权问题了。当初进行旧村改造时并没有政策支持，一方面要争取政策，一方面也要运作。当地负责人希望北京能出台类似《广东省集体建设用地使用权流转管理办法》的正式地方法规，如果能规定农村集体建设用地可以抵押，那么就能解决企业的一部分资金问题。

第四节　不动产相关案例

案例一：重庆最牛钉子户——城市房屋拆迁补偿

（一）案例背景

20世纪90年代以来，许多城市为了打造城市形象，完善功能区划以及改善棚户区居民的住房条件，开始了大规模的旧城改造活动。旧城改造中最棘手的问题就是城市拆迁，这涉及群众、地产商、政府等多方利益的重新划分。在旧城改造之初，开发商往往为了压低拆迁成本，对于被拆迁群众的补偿不合理，引发了许多纠纷。同时，旧城改造还引发了关于“趋贫引富”的争论，将穷人赶到城市外围，城市中心的黄金地带由富人占据，穷人在拆迁过程中始终处于弱势地位。然而，2007年《物权法》的出台，使私人财产有了法律保护，并再次引发了对私有财产保护问题的讨论。

（二）案例描述①

鹤兴路17号，坐落在重庆杨家坪最繁华的商业街。1992年，房东杨武、吴苹夫妇新建起一栋219平方米的二层楼房。1993年春天，重庆南隆房地产开发有限公司与政府签订协议，拿下鹤兴路片区的开发项目，作为办公、商住用地开发。随后因资金问题，拆迁迟迟没有启动，共拖了11年。2004年8月，重庆南隆与智润公司签署联建协议，一起开发该项目。吴苹一家觉得评估价格太低，放弃了247万元的货币补偿。当时杨家坪临街店面售价是5万～10万元/平方米，

① 参见谷岳飞、冯海青：《重庆最牛钉子户户主搬回孤楼拉起横幅》，载《扬子晚报》，2007-03-22。

吴苹家楼房一楼的评估价是18 841元/平方米，二楼是3 785元/平方米，她认为差价悬殊，拒绝接受，提出要换房，但开发商不同意实物安置。2005年9月6日，鹤兴路片区281户拆迁户只剩下十几户居民没有搬迁。当天，他们收到区房管局的行政裁决，要求他们搬离房屋。但当天下午，这份裁决却被该局终止，理由是“拟作出裁决时，被申请人反映协商不够充分，为化解拆迁矛盾，促进协议搬迁”。但吴苹说，真正原因是开发商伪造的协商记录被居民发现。按吴苹的说法，杨家的房子是鹤兴路私有房产中最大的一家，也是唯一的两证（产权证和国土证）齐全的。2006年5月，开发商的挖土机开进鹤兴路，工地上还有4个“钉子户”。4个月后，只有杨家的老屋还孑然屹立，被挖成“孤岛”。随后，“孤岛”的照片和“索要2 000万元”的消息出现在互联网上，重庆“史上最牛钉子户”迅速轰动国内外。2007年1月11日，区房管局作出行政裁决，要求吴苹接受开发商的安置方案，并在收到裁决书15日内搬迁。但吴苹没有搬。3月19日，法庭限令她于3天内搬迁，否则将强制拆迁。23日零时，法院没有强拆。26日，重庆市市长王鸿举表态，绝不迁就“钉子户”漫天要价和毫无道理的要求。翌日，吴苹夫妇要求与市长对话，未果。《人民日报》在3月27日刊发了重庆市市长王鸿举的表态——《政府有能力依法妥善处理》一文。

（三）案例分析

重庆“钉子户”一案中，普遍争论的热点包括：商业开发究竟是不是公共利益？公民的私有财产究竟怎样补偿才是合理补偿？公民拥有财产产权是否可以拒绝国家的征收行为？随着《物权法》的出台，困扰全国的旧城改造拆迁工作究竟有什么新的变化？按照重庆“钉子户”杨武、吴苹夫妇的理解，公民私有财产如同西方对于私产的传统描述：“风能进，雨能进，国王不能进。”但是如果对私人的财产进行完全的保护，完全遵从公民的意愿，则旧城改造和城市开发势必无法进行下去。那么，政府应该维护大多数人的利益，改善广大居民的生活水平，还是严格地保护每个人的私有财产所有权呢？对于房屋拆迁，《物权法》强调，征收个人住宅的，应保障被征收人的居住条件。《物权法》第四十二条再次强调征收的公共利益目的。第一百二十一条规定，因征收而受影响的用益物权人有权获得相应补偿。这就为所有权人之外的用益物权人获得相应补偿提供了法律依据。第一百四十八条①还对提前收回建设用地使用权这类特殊征收行为的补偿问题作

① 《物权法》一百四十八条：建设用地使用权期间届满前，因公共利益需要提前收回该土地的，应当依照本法第四十二条的规定对该土地上的房屋及其他不动产给予补偿，并退还相应的出让金。

出了规定。《城市房屋拆迁管理条例》[①] 对于拆迁补偿更作了详细的规定。

依据征收补偿的法理，征收行为是在公共利益需要时动用国家公权力对民事主体财产权利进行强制剥夺，此时，少数人为公共利益的需要作出了特别牺牲，而大多数社会成员将从公共利益的实现中受益。补偿的目的旨在最大限度地弥补被征收人因征收造成的财产变动而引起的损失，使被征收人的财产利益和有关经营利益恢复到被征收前的状态，以维护其私人和商业生活的安宁。此外，法律还特别规定：只要是因公共利益而实施的强制拆迁，无论是商业机构还是政府机关为拆迁人，都属于财产征收行为。在鹤兴路改造过程中，大多数人因为改造而受益，并且开发商已经按照相关规定通过协商的手段对被拆迁户进行了合理的补偿，因此，改造并没有造成对居民私有权利的侵犯。

公民财产是神圣不可侵犯的，但是国家依据公共利益，仍然拥有对于完全产权的征收、征用权利。对于公民财产的保护体现在公平合理的补偿之上。根据我国法律规定，公平合理补偿表现为居民居住条件不下降。什么是公共利益？这个概念比较模糊，在《物权法》等有关法律中尚无定论。结合我国目前的实际，旧城改造开发提高了大多数棚户区居民的居住条件，对于群众而言是有益的。旧城改造中的主要矛盾表现在此前的补偿安置不合理，不给群众应有的话语权。

在重庆“钉子户”拆迁案中，最后结果是杨武、吴苹夫妇选择在沙坪坝区异地补偿安置。这个案件唤醒了大多数人对于私有财产的保护意识。而前后谈判的过程也表现出了政府在重视个人财产权利保护方面的进步。全国政协委员、著名法学家梁慧星有句妙论：“《物权法》将终结圈地运动和强制拆迁，使其成为历史名词。”

案例二：北京市保障性住房供给

（一）案例背景

我国的住房保障政策最早可追溯到1995年的“安居工程”建设，然而在保障性住房政策实施十多年的时间里，政策落实的效果一直不是很理想，保障性住房的覆盖面比较小。建设部的统计数据显示，截至2007年6月底，全国656个

① 《城市房屋拆迁管理条例》规定，拆迁补偿的方式可以是货币补偿，也可以是房屋产权调换。货币补偿的金额，根据被拆迁房屋的区位、用途、建筑面积等因素，以房地产市场评估价格确定。此外，还有搬迁补助费、临时安置补助费、非住宅房屋的停产停业损失补偿等。

城市中仍有70个城市未建立廉租住房制度。① 在已建廉租住房制度的586个城市中，只有十几个大中城市进行了探索性的尝试，相当多的城市仍在观望。针对目前房价高涨与中低收入家庭住房困难的突出矛盾，2007年8月7日，国务院下发了《国务院关于解决城市低收入家庭住房困难的若干意见》（国发［2007］24号文件），文件提出“2007年底前，所有设区的城市要对符合规定住房困难条件、申请廉租住房租赁补贴的城市低保家庭基本做到应保尽保；2008年底前，所有县城要基本做到应保尽保”的要求。24号文件出台后，保障性住房的建设问题再次成为社会各界关注的焦点。

（二）案例描述②

北京市是保障性住房政策执行相对较好的地区之一，自1998年住房制度改革以来，相继推行了经济适用房制度和廉租住房制度。2007年4月，北京首块“两限房”土地正式上市交易，自此，北京市初步建立了以廉租房、经济适用住房和“两限房”为内容的住房保障体系。

但从总体运行情况来看，供应不足仍是当前北京市住房保障体系的突出问题。近年来，随着住房市场化改革的推进和土地供应政策的调整，北京市的经济适用住房出现成本价格倒挂，其供应比重逐年下降。而廉租房覆盖面也非常小，覆盖人群只占北京市城镇家庭总数的2%，且实物配租比例较低，截至2007年底，只有一个实物配租项目（“京城仁合”廉租房小区）安排了345户家庭。而“两限房”推出时间较短，市场体现力不足。

根据国务院24号文件和《北京市“十一五”保障性住房及“两限”商品住房用地布局规划（2006—2010年）》的精神，2007年北京市政府安排了建设300万平方米两限房、200万平方米经济适用住房，建设收购30万平方米廉租房的任务。2007年12月5日，北京市朝阳区常营经济适用住房和“两限房”居住区正式开工，该项目是北京市政府推出的一个保障性大型居住区。至此，北京2007年度确定的530万平方米保障性住房和“两限房”已经全部实现开工。

北京市朝阳区常营经济适用住房和“两限房”居住区项目中，“两限房”建设总建设规模约101万平方米，建成后可提供两限房约12 000套，并配建廉租房约1 100套；经济适用住房建设总建设规模约74万平方米，建成后可提供经济适用住房约7 700套，配建廉租房约1 500套。在该居住区内，经济适用住房以

① 参见王炜：《九部门联手构筑廉租住房保障体系》，载《人民日报》，2007-11-27。

② 参见孙晓胜：《北京530万平方米保障性住房和两限房项目全部开工》，见新华网，2007-12-05。

60平方米左右的户型为主，“两限房”户型面积控制在90平方米以下，廉租房户型面积为35～50平方米。居住区配套建设有托幼、小学、中学、敬老院等福利设施。地铁6号线穿过该区域，有多条公交线路，居民出行便捷。项目采取统一规划、统一配套、统一组织开发建设的方式，通过公开招标分别确定了保利、富力、北辰、住总、金隅、首开6家开发企业作为实施主体，计划用三年的时间，将该项目建设成为北京市最具特色的政策性住房居住区。

根据北京市建委公布的《北京市2008年住房建设计划》的安排，北京市还将进一步加大土地供应量，加快推进经济适用住房、廉租房、两限房建设。2008年北京计划新建住房2 750万平方米。其中，保障性住房和两限房共800万平方米，包括新建廉租住房50万平方米，经济适用住房300万平方米，限价商品住房450万平方米。此外，北京还将建设其他政策类住房350万平方米。2008年新建的政策类住房将占新建住房总量的40%以上。

（三）案例分析

1995年2月，国务院办公厅转发了国务院住房制度改革领导小组制定的《国家安居工程实施方案》，提出了要加快经济适用房建设、建立廉租房供应体系以及现有公房提租减免等政策。1998年《国务院关于进一步深化城镇住房制度改革加快住房建设的通知》（国发〔1998〕23号文件）提出通过经济适用住房和廉租房两套制度解决低收入者住房问题，即“最低收入家庭租赁由政府或单位提供的廉租住房；中低收入家庭购买经济适用住房”。

但是，10多年来保障性住房建设并没有取得明显的进展，这可以从保障性住房的性质上找到缘由。不仅住房市场存在着外部性、不完全竞争性问题，而且保障性住房具有“准公共物品”的性质。对于公共物品和服务的提供，政府应该发挥主导作用。因此，建立住房社会保障制度，解决低收入家庭住房困难，是政府公共服务的重要职责。然而只要提到廉租房等公共职能和责任，一些地方政府就会打出资金欠缺等理由。事实上，问题的根源在于，廉租房和经济适用住房是政府贴钱或者无偿提供土地，廉租房建设得越多，地方政府的投入就越大，同时失去的土地也就越多，这就意味着地方政府要割舍很大一部分土地出让金收入，因触及其利益，地方政府积极性必然不高。

近年来，我国的商品房市场发展非常迅速，商品房价格也是一路上扬。一方面，地方政府从中获得了丰厚的税收收入；另一方面，实施土地招拍挂出让以来，土地出让金无疑已经成为地方第二财政。据估算，土地出让金相当于地方财政一般预算收入的40%以上。社科院发布的《2007年中国服务行业发展报告》指出，一些城市的GDP增长主要依靠房地产带动，财政收入主要依靠土地经营收入。[①] 随着征地拆迁难度的加大和城市土地供求矛盾的日益尖锐，保障性住房的土地供给更是无法保证。

国务院24号文件和国土资源部236号文件[②]的出台，对于住房和收入困难家庭来说无疑是个好消息。但是如果不从体制上改变地方政府热衷GDP增长的管理目的，遏制地方政府的卖地冲动，真正做到“应保尽保”仍将是无源之水、无本之木。

案例三：中国最大规模地产中介创辉租售集团濒临崩盘——解读资金监管漏洞巨大的交易中介

（一）案例背景

房地产中介是连接二手房买者和卖者的纽带。它是在信息不对称的背景下产生的，由于我国缺乏对房地产中介的监管，导致其发展参差不齐。在经济景气的时日里，由于资金链的流动性良好，促使房地产中介急速扩张，几年间在各大城市遍地开花；一旦经济不景气，其缺陷就将暴露无遗，如资金链持续绷紧甚至断裂，势必会导致大量中介崩盘倒闭。

在2007年11月中天置业崩盘的两个月后，总部在深圳的中介公司创辉也出现了同样的问题。2008年1月15日，一连串事件让地产中介巨人——创辉租售集团左支右挡、尴尬求存。先是上海280家门店被搬空，随后广州又关闭了300家门店，总部位于深圳的中介公司创辉租售大举扩张半年后，在两周之内迅速陷入即将崩盘的境地。

（二）案例描述

1. 创辉中介的创立和经营

创辉最初只是一家名叫“深圳市创辉实业发展有限公司”的实业公司，注册资本50万元，其中林凤辉出资45万元，在深圳数以千万元级注册资金的企业中，它充其量算一个刚刚上路的小个子。

创辉帝国最大的实体为“深圳市创辉租售房地产顾问有限公司”。这家注册资本为7 330万元的企业，由创辉董事长林凤辉出资3 602万元相对控股49.14%，第二大股东深圳市中昊宇投资发展有限公司出资3 400万元，占46.38%的股份。中昊宇是一家完全由一个人100%控股的企业，此人正是林凤

① 参见李松涛：《房改：保障性住房挺直腰板》，载《中国青年报》，2007-12-25。

② 《关于认真贯彻〈国务院关于解决城市低收入家庭住房困难的若干意见〉 进一步加强土地供应调控的通知》（国土资发［2007］236号文件）。

辉。这意味着，注册资本7 330万元的创辉，林凤辉直接和间接出资7 000万元，控制超过95.5%的股份。①

“拥有600多家分公司、20 000多名员工，中国规模最大、网点最多的中介公司”——这是创辉租售集团的网站上一连串的数字和形容词，它曾让无数员工和林凤辉为之骄傲并共同走过光辉的岁月。

2. 创辉危机出现的始末

公司在上海的业务是崩盘危机的导火索。2007年下半年，公司大举进军上海二手房市场，并一口气开了250多家分店。但是在此过程中公司发现，大城市的情况与二线城市有很大的差别，店铺转让费奇高，之前在二线城市惯用的强势入驻形式在上海遭遇了滑铁卢。创辉损失惨重，估计在进军上海中共损失了8 000多万元。

2007年11月，由于资金紧张，经营不善，创辉经股东层会议决定实施“瘦身”计划，即将1 800家门店“瘦身”到1 000家左右。上海自然成为“瘦身”的首站。原计划上海“瘦身”200多家，保留50家，但是上海的管理人员为了保留自身规模，不愿意“瘦身”，后来采取强制性“瘦身”措施，将员工辞退，将一些店的资产撤离。这样就出现了员工带头，和社会上的不法分子一起哄抢公司财物的状况，再加上媒体的报道也偏离了事实，声称上海地区负责人肖建生失踪，从而造成外界对整个公司失去了信心，这就发生了全国许多地区的创辉中介门面店前众人急着跑来要钱，其中不少人的钱款其实还没到要付的日期。

实际上，当时公司净欠款1 000万元，欠款对象主要包括三种人——楼房买卖客户、供应商以及欠薪员工。客户讨要诚意金和首期款，供应商讨要文具装修材料的货款，员工讨要自2006年11月以来的薪水。得不到答复的人们情急之下搬、砸创辉店中电脑、复印机等物品，部分地方的哄抢直到警方到场控制才停止。

（三）案例分析

2007年是宏观政策调控影响力放量显现的一年。二套房贷政策的出台、10次提高法定存款准备金率、6次提高存贷款基准利率、对固定资产投资规模和方向进一步严控和明晰等一系列重磅出击之后，2007年底房地产市场发展的步伐明显减缓。首当其冲的是二手房市场，因为政府的初衷是挤掉房地产行业非理性泡沫，打压房地产投资者和投机者，再加上房贷新政的影响以及首付款比例的提升，使得二手房市场过早地出现了有价无市的情况，尤其在房地产非理性繁荣的

① 参见《创辉租售的前世今生：5年一梦资本猛增155倍》，载《南方都市报》，2008-01-16。

深圳，这种现象更加明显。这样就大大地打击了房地产中介机构的发展势头。此外，另一个重要原因是房地产中介机构本身行业经营水平参差不齐，它们大多是拿顾客的钱作为流动资金来进行运作，这就使得中介机构的资金链条非常脆弱，而且国家也没有相应的法规对其进行约束，致使房地产中介行业重新洗牌现象凸显。

具体而言，创辉租售濒临崩盘的主要原因是不考虑自身的实际扩张能力而盲目扩张，最终导致在宏观调控下资金周转紧张。此外，融资渠道单一是其濒临崩盘的另一个重要原因，创辉在没有向银行贷款的前提下，大举扩张，本身就是在拿自身脆弱的资金链做赌注。但是创辉租售濒临崩盘的根本原因在于交易资金监管存在漏洞。为此，楼市亟待借鉴股市做法，引入第三方存管。事实上，中介公司根本不具有承担监管交易资金安全风险的能力。房地产中介公司的注册资金和固定资产一般都不大，其注册资金和固定资产总额与每月公司账户上进入的资金量相比，是小巫见大巫。对于绝大多数房地产中介而言，一旦公司内部员工卷走房款，或者房款被挪作投资后出现亏本，则中介公司自身无力偿还。这就要求在二手房市场建立交易资金第三方监管制度，即引入证券市场的第三方存管模式——股民资金不是存放在证券公司的账户上，而是存放在银行；银行作为无利害关系的独立第三方，存管客户资金。

为此，可建立二手房交易资金结算平台。根据规定，每笔交易都须在这个平台设立子账户，所有房款打入账户中。交易过户后，房地产中介书面通知结算平台划转房款至卖方账户。如交易不成功，则钱款悉数归还买房人。

另一种解决办法是对购房资金实行“强制监管”。对于市民购买房产的资金监管，可实行“购房资金强制监管”，即撇开房地产中介，强制将买房市民的全部购房款都交由房地产交易中心统一管理。如今的中介都是有限责任公司，几万元就可注册一个公司，所以一旦发生亏损甚至破产倒闭，买房者就会陷入被动局面。因为，按照我国法律规定，破产的房地产中介先要支付员工的工资等款项，只有剩余的财产才可支付买房者的购房损失。届时，剩余的财产对买房者而言很可能是杯水车薪。创辉的例子已经说明，将老百姓的钱由中介保管就是一种风险，而最保险的方法则是把这些钱交给房地产交易中心和银行保管。同时，政府要介入管理，建立对市民购房款的强制监管制度，不管是一手房还是二手房，都应该规定市民包括预付款在内的所有购房款都要存入房地产交易中心指定的银行账户。这样一来，通过强制监管形式，可以最大限度地保护客户资产的安全。①

---

① 参见《创辉租售集团董事长现身回应“崩盘说”》，载《东方早报》，2008－01－17。

第五篇

代表人物*

中国是农业历史悠久的文明古国，早在1万年以前，我们的祖先就已在中原大地上从事农业生产，人们对土地的认识逐步形成，并且随着农业的发展，这种认识也在逐步深化。统治阶级出现后，土地对统治阶级的重要意义成为亘古不变的话题，历朝历代更不乏思想先进之士，土地思想层出不穷，对现代土地理论的发展产生了深远的影响。

第一节　先秦时期的土地思想代表人物

春秋以前，虽无明确的代表人物，但是土地思想已有所显现。《诗经·小雅·北山》中“溥天之下、莫非王土”的土地王有论观念便形成于西周时期，它标志着中国古代社会形态进入了相当成熟的阶级社会阶段。在中国土地思想的发展史上，它是最初的有关土地占有关系的史料。到了春秋时期，奴隶制逐渐衰败，为了巩固既有社会制度，土地改革思想逐渐被提出。

---

* 本篇内容主要参考钟祥财：《中国土地思想史稿》，上海，上海社会科学院出版社，1995。

一、齐国管仲

管仲（？—前645年），名夷吾，又名敬仲，字仲，春秋时期齐国著名的政治家，颍上（今安徽颍上）人。经鲍叔牙力荐，为齐国上卿（即丞相），被称为“春秋第一相”，辅佐齐桓公成为春秋时期的第一霸主。管仲所在的春秋时期是奴隶制社会逐步走向衰败、各种社会矛盾日益加剧的时期，为了缓和政治危机，一些改革派试图通过某些政策的调整，巩固既有的奴隶制度和生产关系，管仲就是其中的代表之一。

主要贡献：管仲在辅佐齐桓公的四十年中，推行了一系列的改革，取得了显著效果，关于土地的思想在其经济政策中占据着首要的地位。其主要的土地思想包括国土规划论和相地衰征论两大内容。前者的前提是四民分业定居说，将社会职业分为士、农、工、商四大类，从事不同职业的人分别居住，认为这样有利于社会的稳定和人们职业技能的提高，这是中国历史上最早的宏观土地规划主张。后者涉及土地税征收的依据标准问题，鉴于春秋以来奴隶制土地关系的破裂，管仲希望通过地税的合理化改革消除人们的不满情绪，提出“相地而衰征，则民不移”的观点，即主张按土质的好坏把农田分成若干等级，据以确定各类土地的不同税额，类似于目前我国的土地分等定级估价工作思想。相地衰征政策较之以往只根据土地面积征收单一标准的税额，具有明显的进步性，既可以合理均衡平民的地税负担，又能对奴隶主阶级凭借土地所获得的利益进行内部调节，揭示了土地占有关系对维护社会政局稳定具有直接影响的道理，与当今提到的社会公平思想有不谋而合之处。

二、齐国商鞅

商鞅（约前390—前338年），卫国人，公孙氏，卫国国君的后裔，故也称为卫鞅。

主要贡献：商鞅在中国土地思想史上的重要地位取决于两个方面：其一是他在秦国推行的新法中包括了土地制度的变革，其间反映了重要的土地观念；其二是他的农战理论本身也具有直接的土地问题见解。

商鞅所在的社会是由奴隶制向封建制转变的重要阶段，其在秦国进行的两次变法，主要目的是革除奴隶制的一系列陈旧规则，建立起有利于新型封建地主阶级统治的政治体制和经济格局。商鞅主张运用政治权利摧毁奴隶制土地关系，

"开阡陌封疆"，从法律上取消井田制，准许土地自由买卖，这是商鞅在中国土地关系发展史上所作的重要贡献，表明他对土地私有制的大胆肯定。另外，他还在全国范围内推行县制，强化了封建行政体制，确保了国家对土地的宏观管辖，这也是与封建土地私有制的出现相配套的措施。

在所有制问题上，商鞅提出"定分"的主张，主要体现在其农战论中，要求用法律的形式确认财产的所有权，这也是他推行变法的指导思想，废井田、承认土地私有的根本目的是确认地主或平民对土地占有的"名分"。他还强调土地必须加以垦辟耕种，这样才会产生人类所需要的生存物质。这就区分了原始土地形态与作为生产资料的土地之间的不同内涵，在理论上是有深度的。针对战国时期的特定历史状况，商鞅提出了"算地"的主张，即对土地进行全面的调查核算，以此作为制定土地政策的客观依据。商鞅的另一个土地思想创见是人地比例论，提出"地狭而民众者，民胜其地；地广而民少者，地胜其民。民胜其地者，务开。地胜其民者，事徕"，揭示了人口和土地应保持正常比例的规律，并提出了遵循这种规律的对策措施。为吸引人们开垦土地，商鞅强调以土地作为赏赐手段。

三、鲁国孟轲

孟轲（约前 372—前 289 年），字子舆，战国时期邹（今山东邹县东南）人，早年受业于子思的门人，曾任齐宣王客卿，后退而著书。

主要贡献：作为儒家土地思想的最初提出者，孟轲的恒产论和井田制论具有重要的理论价值，对中国封建土地思想的发展有着深远的影响。其主张统治者实行仁政，而仁政核心是让人民有固定的财产，他认为："民之为道也，有恒产者有恒心，无恒产者无恒心"，其中恒产主要是指土地田产。孟轲认为古代井田制界地划分明确，实行九一而助、家私百亩、共养公田等规定，对"仁政"的推行起到了重要作用。他认为地界明确是实现公平分配的前提，为了消除界地不清、耕地不均等弊端而提出"经界不正，井地不均，各禄不平"、"经界既正，分田制禄可坐而定也"的看法，开始认识到应该通过制度的形式将新产生的生产关系稳定下来。这些理论标志着中国封建社会思想家已经认识到确立一套完整土地制度的必要性。

第二节　秦汉时期的土地思想代表人物

秦汉时期围绕土地问题而提出的思想主张大致有三大主题：其一是制定土地制度的政治意义；其二是调整土地占有状况的必要性和方案；其三是扩大土地垦殖面积的政策建议。

公元前216年，秦始皇颁行政令，"使黔首自实田"，让实际耕作的地主和平民呈报自己所有的土地，从法律上承认这些土地归他们私有，这是对奴隶制社会土地王有论的历史性否定，有利于封建经济的发展，同时也潜伏着封建社会土地关系的内在矛盾，这种矛盾的尖锐表现便是土地兼并的不断加剧。作为中国历史上第一个中央集权的封建王朝，先秦时期可谓是中国经济思想史发展的奠基阶段。而从土地思想史的演变深化来看，秦汉时期所出现的一系列土地观点、建议、方案和理论，其思想深度和理论深度都大大超出先秦，并对此后历代的土地思想及其政策导向具有直接的指导借鉴意义。可以说，秦汉时期是中国封建土地思想史的基础性阶段。

一、西汉贾谊

贾谊（前200—前168年），西汉洛阳（今河南洛阳东）人。

主要观点：重视农业，提出"割地定制"，主张在非嫡系的藩国中实施割地承袭政策，使藩国势力代代分割、日益零散，以确保中央政府的集权。贾谊认为这种做法主要有五个益处：第一，可以加强对诸侯藩国的指挥能力；第二，可以树立政府以制治国的正面形象；第三，可以稳定藩国诸侯的政治心理，"地制一定，宗室子孙虑莫不王，制定之后，下无背叛之心，上无诛伐之志，上下欢亲，诸侯顺附"；第四，可以强化国家法制力量；第五，可以维持全国政局的长治久安。

二、西汉晁错

晁错（前200—前154年），西汉颍州（今河南禹县南）人。

主要观点：强调重农贵粟的必要性，首次正式提出移民屯垦的建议。连续上呈《言兵事疏》、《守边劝农疏》和《复言募民徙塞下疏》，比较系统地阐述了戍边垦殖的主张；建议运用物质优惠政策，激励人民戍边垦殖的积极性。这一主张开创了中国历史上屯田的先声。

三、东汉荀悦

荀悦（148—209年），字仲豫，颍州颍阴（今河南许昌）人。

主要观点：把发展农业经济放在国家治理的首要位置，并揭露了地主通过土地占有权加重对农民的地租剥削的弊端。首次揭示了封建土地弊端的两大表现：一方面，伴随着土地兼并的发展，广大农民所受地租剥削相对繁重，封建土地私有化直接导致阶级矛盾的尖锐化；另一方面，明确认识到削减土地税不是改善农民困境的根本途径，由于地权的分化，获得减免地税利益的必然是那些拥有私有土地的豪强地主，从而使优惠的税收政策流于中饱。荀悦所论之处已经从初级土地思想发展到国家税收与土地私有的关系问题上。

第三节　三国至南北朝时期的土地思想代表人物

一、晋武帝

西晋，太康元年（公元280年），晋武帝颁布占田令，明确规定了对王公贵族和一般农户的土地限额。其决策动机主要有三点：其一是促进农业生产，为此需要鼓励农户垦辟荒地，扩大耕种面积；其二是限制王公贵族、官吏权势占田，抑制豪强兼并土地的肆无忌惮；其三是完善政治体制，从经济上加强了封建社会等级格局的稳定性，有利于国家政权的稳固。

占田制思想的意义：首先，它是对土地私有的一种承认和维护。占田制不是要把土地收归国有，只是对民户和官吏的占田进行数量上的限制，这是与以前的所谓望天、井田等空想倒退主张根本不同的。作为抑制土地兼并思想的制度体现，占田制无疑再一次对土地私有作了逻辑肯定。其次，从分配土地的条例上看，占田制将有差别地占有土地正式确定下来，集中反映了封建分配观念，这也是与当时的社会政治体制相一致的。晋武帝通过土地占有关系的优先调整，促进了社会经济状况的好转，进而实现了“太康之治”，促使人口增加、税负减轻、社会阶级矛盾相对缓和、农业生产有了较快的发展。

二、北魏李安世

李安世（443—493 年），赵郡（今河北赵县）人，北魏均田制主要设计者。在中国古代土地思想发展史上，其均田理论是唯一见诸政策实施的制度方案。

主要观点：其一，高度重视土地制度的建立和实施，把“量地画野”和“邑地相参”作为“经国大事”和“致治之本”，强调土地关系的重要性；其二，在分析当时的土地兼并和占有混乱等社会弊端时，不仅注意到贫富不均的问题，而且论及了充分发挥土地效益和劳动力作用的问题；其三，在观察社会土地争端现象时，较多地从法规程序上着眼，多次提到验、证、据、讼、判等语，体现了其土地思想的宏观制度化特点。

“力业相称”观点，即土地占有使用规模必须与人的劳动能力和经济实力相适应，不仅具有保持贫富均衡的社会功能，而且在经济理论上达到了较高的认知水平。“先贫后富”是“力业相称”思想的延伸，强调优先分配土地给最困苦的农户，体现了土地政策中重视解决无地贫民的安置问题的一贯精神，且这一原则一直沿用到唐代土地制度中。

第四节　唐宋时期的土地思想代表人物

一、唐代陆贽

陆贽（754—805 年），字敬舆，苏州嘉兴（今属浙江）人。

主要观点：主张抑制兼并，强调国家制定调节政策的必要性。“与民争利”是中国古代经济思想史上的一个命题，一般是指封建国家通过超经济的行政干预以攫取民间财富的行为，不利于社会经济发展。通过土地兼并，陆贽认识到了财富资源的有限性，但并未提出行之有效的解决方法。其提出的“损不失富”的治理原则是从唐代开始逐渐形成的维护富人经济利益思潮的先声，对封建社会后期土地思想的演变具有深远影响。

二、北宋李觏

李觏（1009—1059年），字泰伯，北宋建昌军南城（今属江西）人。撰有《平土书》、《富国策》，在中国历史上第一次提出“富国策”这一术语，土地问题是其中论及的最主要部分。

主要观点：从生产关系对生产力发展的反作用角度评述土地兼并造成的后果，提出除了通过限田政策以尽地力之外，还应重视对土地的垦辟，与西方经济学中土地集约利用和土地规模经济有着大致相同的思想根源。

三、北宋王安石

北宋王安石（1021—1086年），字介甫，北宋临川（今属江西）人。推行变法，其中直接关系到土地问题的是农田水利法和方田均税法，体现了其在土地经济问题上的独到见解。

主要观点：农田水利法的目的在于鼓励割地兴修水利和开垦荒田。由于认识到兴修水利对提高土地效益具有重要意义，因此其要求对全国水利设施进行调查并整修。在经费方面，提倡依靠国家、地方和民众多方面的力量进行筹集，对以后的土地工作方法具有一定的借鉴意义。

方田均税法是通过土地清丈以确定实际占有面积，以此作为征收合理税负的依据，并细化了具体的政策内容，1072年实施，并于次年进行了修改。该方法的价值主要有两点：其一，方田均税法是先秦时期管仲提出的相地衰征论的具体实施，均税的目的就是以国家对土地的准确了解和相应划分为基础，确保国家财政收入和人民负担的公平；其二，开创了国家土地管理政策的新局面。

四、南宋叶适

叶适（1150—1223），字正则，温州人。其社会观点具有明显的进步倾向，反对复古，这种思想对其土地理论有直接影响。

主要观点：一是明确提出反对抑兼并的论点；二是对许多人津津乐道的复井田论调进行了批判。反对抑兼并的理论依据是对富人社会作用的肯定，这与宋代以前思想家大都把富民看做社会稳定和经济发展的有害因素而进行抑制的思想相反，是全面赞同富人经济活动的主张，具有经济理论上的创新意义。叶适鼓励富人垦殖，他认为垦辟土地不仅有利于安顿民生，而且是增加国家财税的前提条件，即所谓“有民必使之辟地，辟地则增税”。叶适不仅从历史发展角度揭示了井田制的过时，而且对古代井田制本身的优越性也表示了怀疑。叶适认识到在官田和私田中劳动，农民的积极性是不同的，“为民田者，无所用劝；为官田者，徒劝而不从。”这实际上已经触及了土地所有权与劳动者工作效率的密切关系问题。他还认为，在土地的民间买卖中，官方的介入往往成为对民间的一种侵夺，是不合时宜的。

五、南宋朱熹

朱熹（1130—1200 年），字元晦后改仲晦，生于尤溪（今属福建）。朱熹是宋朝理学的集大成者，而在经济思想方面，经界论又是其土地思想的主要内容。

主要观点：南宋时期，由于土地兼并等原因造成了贫富悬殊的状况，朱熹认为两种阶级应互为依存，且矛盾是可以调和的。但其理论实际上是一种为富人辩护的理论。

第五节　元明时期的土地思想代表人物

一、元代马端临

马端临（约 1254—1323 年），字贵与，饶州乐平（今属江西）人。马端临用 20 年时间著有《文献通考》，明确反对复井田论。该书在回顾和评析历史上土地制度的演变时，明确肯定土地私有是一种历史发展的必然，从历史发展角度对土地私有化进行了有力的辩护，表现了马端临深邃的洞察力和难得的理论勇气。

二、明代徐光启

徐光启（1562—1633 年），字子先，上海人。徐光启十分重视农业，著有《农政全书》，为古代内容丰富、体系周详的农学巨著。

主要观点：认为土地兼并是导致社会两极分化的原因，主张实行垦田授爵的鼓励政策，以吸引富人集资开荒。在制定宏观屯田规划时，徐光启特别指出地区均衡的必要性，为此要实施徙民政策以促进地区发展的均衡。关注农田水利建设是徐光启土地开发思想的另一个特点，他认为，水利的兴建直接关系到国家的经济发展，并从生态保持、灾害消除等角度对水利工程的作用进行了分析。徐光启的土地思想涉及土地关系、土地规划、生态保护、水利工程等方面，虽然有着时代的思想局限性，但仍有着不同以往的先进、鲜明的特点。

三、明代张居正

张居正（1525—1582 年），字叔大，号太岳，湖广江陵（今属湖北）人。在土地思想方面，张居正除了提出抑制兼并的见解外，重点论述了土地丈量的问题，并付诸实施。

主要观点：主张“查刷宿弊，清理逋欠，严治侵渔揽纳之奸”，主要目的就是要核实田亩数，类似于现代的土地大调查行动。公元 1578 年，明政府正式下令“斜田”。到公元 1580 年时，“斜田”收效明显，民间土地占有混乱状况得到一定程度的清理。从土地思想的历史发展来看，张居正清丈田亩的决策动机是宋代方田法和经界法主张的延续。从内在思想目标来看，张居正的土地思想是以维持既有生产关系和确保国家财政赋税收入为目的的，在促进明朝中后期一度出现经济繁荣的同时，也深刻体现了封建社会土地思想的实质演变。

四、明代徐贞明

徐贞明（约 1530—1590 年），字孺东，江西贵溪人。明代水利专家，其著作《潞水客谈》中较全面地阐述了开垦农田、兴修水利的利益所在。

主要观点：从自然状况和军事、经济效益等方面分析了屯田水利的重要性和紧迫性，着重探讨了屯田水利的经济原因，认为，第一，在西北实施屯田水利政策可改变东南和西北耕作水平不平衡的局面；第二，屯田可安置大批贫民，使其生计得到改善；第三，屯田可使国家增加赋税收入，同时使民赋趋于平均。就兴修水利而言，认为其主要效益表现在改善生态环境和增加农产收成方面。强调西北屯田在稳定社会秩序、优化民俗风气方面具有重要作用。

徐贞明的土地思想是中国屯田垦殖思想的重要发展。农业经济收益逐渐成为屯田的首要考虑因素，从晁错、赵充国以边防为主要目的的屯田主张向以发展经济为中心内容的屯田理论转变，在屯田的组织经营形式上也有所改变，军事经营影响减弱。徐贞明的屯田思想不仅涉及国家军费运力的节省，而且首次从东南和西北经济平衡协调发展的角度强调这一政策的必要性，其土地开发利用理论也具有宏观调控的特点。另外，在屯田的管理体制和经营模式方面，徐贞明不主张军屯，而赞成富民参与屯垦，并授予其世袭官职。

第六节　明清之际至鸦片战争时期的土地思想代表人物或学派

明朝中叶以后，由于中国社会经济和社会思想方面受到了资本主义和思想启蒙运动的影响，明清之际的土地思想便具有不同于以往的独特历史特点。

一、王夫之

王夫之（1619—1692年），字而农，湖南衡阳人。其土地思想包括“土地民有论”、对井田制及各种限田主张的异议、对土地兼并的调节措施、屯田主张等内容。

主要观点：彻底否定土地王有，在中国历史上第一次明确肯定土地私有的历史合理性，并相信这种私有制将永远存在下去；对屯田的重要意义进行了论述，提出对屯田的管理要妥派职责、确保田产，并针对屯卒逃散的情况提出了具体的治理对策。

二、顾炎武

顾炎武（1613—1682年），原名绛，字忠清，后改名炎武，字宁人，号亭林，江苏昆山人。其土地理论以富国为基点，认为国富要靠农业的发展，正所谓“天下之大富有二：上曰耕，次曰牧。”

主要观点：关注田赋问题，主张按“土地肥瘠分三等定赋，上田两斗，中田一斗五升，下田一斗”，以均田赋。对地主所收地租，其认为应该减轻，主张“禁限私租”，具体标准是上等田的地租每亩不得超过八斗，即以收成量的1/3为限。其地租思想并非要完全剥夺地主的经济利益，而是要对此进行必要的调整，使封建国家、地主和佃农之间的经济关系和阶级矛盾得以缓解。鉴于当时战乱而荒废的土地较多，他还建议将原有田主无力耕种的土地分给他人耕种。

三、王源

王源（1648—1710年），字昆绳，直隶大兴（今属北京）人。重视土地问题，著有《平书》，其中专门列有分土、制田等节。

主要观点：在土地问题上提出了“有田者必自耕”的原则，旨在抑制土地兼并，缓解贫民困苦的生活处境；避开限田话题，从另一个角度对土地兼并进行了抑制，主张取消不耕者的土地占有，其对象不仅涉及豪强势力，还包括工、商、官等阶层，表明其在维护农民土地利益方面达到较彻底的程度。

为使全国土地达到足以分配给耕者的数量，王源考虑了六条获取土地的途径，分别是：“清官地，辟旷土，收闲田，没贼产，献田和买田”。《平书订》卷七《制田上》中的“没贼产”指的是没收豪强兼并所得之地，与“有田者必自耕”的原则一致，体现了王源思想的进步性。

对非农用土地的买卖，其态度比较宽松，表示“野外不令有私地，而城中不能尽公。不如听人私相买卖，建造收其房租为便。”（《平书订》卷十原注）这是中国封建社会中为数不多的论及城市土地政策的见解，具有某种近代的理论色彩。

四、颜李学派

颜元（1635—1704年），字易直，又字浑然，号习斋，清代直隶博野（今河北）人；李塨（1659—1733年），字钢主，号恕谷，清代直隶蠡县（今属河北）人。李塨是颜元的学生，二人被尊为颜李学派代表。颜元著有《王道论》一书，就土地问题撰写了《井田》等文章。颜李学派重视物质财富及其分配，主要从经济角度出发对土地问题进行分析。

主要观点：颜元反对对土地的过量侵占，主张限制地主的土地兼并，但不主张依靠国家的行政干预力量强行分配土地，而希望通过经济的、过渡的途径达到均田的目的。其思想的指导原则强调有田自耕、过限归佃，这既是对传统土地思想中“力业相称”原则的继承，又反映了农民对土地的正当要求。李塨认为限田措施应力求可卖不可买，买田者到限额为止，首先应视当地土地和人口情况而定，不必拘泥与某一限额。

第七节　两次鸦片战争期间的土地思想代表人物

一、龚自珍

龚自珍（1792—1841 年），字璱人，号定庵，清代思想家，浙江（今杭州）人，其土地理论主要针对鸦片战争前的中国社会矛盾，主张实行变革。不过其主张的变革是在维持封建社会制度的前提下，通过实施财富的调节政策来达到“平均”的目的。其在《农宗》一书中对土地关系的问题进行了深刻讨论。

主要观点：龚自珍十分重视土地的意义，认识到“食民者，土也”。他认为既然人们的生活离不开土地，国家统治者就必须解决好土地问题。龚自珍通过对土地占有关系的历史起源的回顾，强调宗法制度的正面作用，认为以长子财产继承权为基础的宗法关系是维持封建土地占有状况的最佳途径。龚自珍将农宗关系分为大宗、小宗、群宗、闲民四个等级，并在土地占有和继承方面有所区别，认为除长子继承田产之外，其他各子均必须向国家请田。龚自珍的农宗论中存在着无地而受雇的佃农阶层，并没有限田或抑制土地兼并之意，体现了封建思想家的局限性。

除了农宗方案外，龚自珍在土地开垦和屯田问题上也发表了自己的看法，他主张实施开垦荒地和提高地力的政策。为了解决流民问题和增加垦荒劳力，他建议募民西徙。在他看来，西北地区地域广阔，应请大量中原之民迁于此，开荒种地。

二、汤鹏

汤鹏（1800—1844 年），字海秋，湖南益阳人。

主要观点：为了恢复和发展社会经济，汤鹏要求在征收租税方面实施宽恤政策，以提高土地生产效益。对屯垦的议论是汤鹏土地思想的另一个主要内容，他认为屯田的目的是要加强国防，提高屯田生产效益只是达到“国无疲兵”目标的政策手段。他对垦田的看法则是以解决流民问题为目的，有发展生产力的观点倾向。不论屯田还是垦田，汤鹏都希望运用土地调节和扩展的方法来缓解国内的社会危机。

在开垦农用土地的宏观调控方面，汤鹏提出了宽东南实西北的战略，以使内地和沿海地区得到均衡发展。他以人体进行比喻，强调了全国土地整体开发的重要意义："西北实，则心膂足……东南实，则肢体足"，进一步说明了东西均衡发展的重要性，体现了汤鹏土地思想的宏观性。

为促进土地的综合开发，汤鹏十分重视兴修水利，同徐光启一样强调水利的巨大效益。在汤鹏看来，只要搞好水利建设，就可收到"能杀其流，则水苦盈者有以泄；能滋其利，则水苦竭者有以蓄"的效果，二者必将增加农田产量，使全国农民均受益。

三、胡培翚

胡培翚（1772—1849 年），字载屏，号竹村，安徽绩溪人。其土地思想集中体现于《井田论》中。

主要观点：对古代井田制的具体形式进行了详细分析，并从四个方面阐述了这一土地制度的优越性。首先，井田制具有养民作用；其次，井田制可发挥教民作用；再次，井田制具有卫民的功能；最后，井田制能收厚民俗之效。他断言井田制是国家治理的良政美法，对井田制给予了充分的肯定。总的来讲，胡培翚最为强调的是井田制在社会政治方面具有"聚民"的社会功能，具有较强的政治色彩。

胡培翚虽然肯定井田制，但并不主张全盘恢复，因为他注意到历史条件已经发生了根本变化。他不赞成将富民之田给贫民耕种，这既是地主阶级思想的本质反映，又具有一定的时代特征。胡培翚主张遵循古代井田制的精神，对当时的土地状况进行适当调整，要求对佃农实行宽恤政策，通过提高其生产积极性来改善土地效益，并深信这种方法可与井田制一样达到养民、教民、卫民、厚民的目的。但是可以看出，胡培翚的井田制思想具有一定的理想性，与当时的现实情况脱离，这既是其土地思想的显著弱点，也体现了其既想调节社会矛盾又要维护地主利益的思想矛盾。

四、谢阶树

谢阶树，生卒年不详，字子玉，江西宜黄人。著有《约书》一书，其中保富篇阐明了其对土地问题的见解。

主要观点：谢阶树的土地思想从维护富裕地主的既得利益出发，十分强调富民在治国中的作用。他认为"富国易，富民难"，并从土地分配角度分析了实现的富民政策。谢阶树不赞成改变既有的土地占有状况，提出了“田不均而食均”的新见解。从这一观点看，谢阶树的政策保持了既定的封建土地占有格局，维持了封建社会的阶级关系，并在此前提下力求获得社会矛盾的缓和。这种主张实质上是空洞而保守的。

此外，谢阶树还从生产管理的角度论述了土地规划和经营等问题。他强调人力在发挥地力方面的作用，并对全国土地进行了大致划分，指出“凡居民，居士于邑，居民于野，居工商于市。以百里之地什分之……”体现了商鞅曾提出的“制土分民之律”的思想。

五、曾国藩

曾国藩（1811—1872 年），号涤生，湖南湘乡人。曾参与镇压太平天国起义，因此其土地观点与这一经历密切相关。

主要观点：太平天国起义被镇压之后，曾国藩在统治区域开展土地倒算活动，提出“以查田亩为第一义”，就是要尽快收复被农民没收的田产。清算包括两方面：一是依据太平军攻占前的田单，“有契者验契给单，无契者取具田邻户族保结给单”；二是准予逃亡地主以索还旧产之权，丢失田契者“准其补契”。这些都是为了恢复太平天国运动以前的土地占有关系。

对于当时荒芜的土地，曾国藩主张无人耕种的土地，一边由政府招人租种，一边查找原土地所有者，何时找到，佃农何时将土地归还，充分体现了他维护地主阶级利益的思想本质。

为了促进农业土地的正常耕作，曾国藩也发表过薄敛减役、安定流民的言论。其所写的《劝诫州县》一文对农民生活之苦、土地之荒废进行了描述，强调一定要“以重农为第一要务”，并提出尽量减少农民开支，“病商之钱可取，病农之钱不可取”，以保证土地能被充分利用。这一思想对改善农民生活、增进土地效益具有一定的积极作用，但并未被实施。

六、冯桂芬

冯桂芬（1809—1874 年），字林一，号景亭，江苏吴县人。其土地思想集中体现于《校邠庐抗议》中。

主要观点：冯桂芬从发展农业生产的目的出发，认为富国之道在于增加农产，但二者必须以开垦土地为前提，为此提出开发西北的建议。根据西北的地形和自然条件，他主张在地域辽阔的西北种稻谷，因此十分重视兴修水利，根据地势特点制定水利计划。另外，冯桂芬还强调对内地荒土进行开发耕作，认为内地农民多有惰性，农不勤造成的旷土很多。为了改善这种状况，他要求有关地方官吏履行职责，"宜劝之董之"。

冯桂芬最具改革创新的土地思想就是提出了"机器垦耕论"，主张学习西方先进的生产方式和科学技术，"或用马，或用火轮机，一人可耕百亩"、"用力少而成功多"都是《校邠庐抗议》中提出的思想，以求提高土地生产效率。这标志着中国土地理论开始有了实质性演变。

在田赋方面，冯桂芬提出"均赋"思想，不仅针对已垦熟地，而且包括待垦荒地，为此必须杜绝豪强之家积欠拒付的行为，这也是冯桂芬土地思想的独特之处。这些主张对于平均土地负担、促进地区经济均衡发展、恢复和稳定农民对土地的劳动投入都有着积极作用。

第八节　第二次鸦片战争结束后的土地思想代表人物

一、陶煦

陶煦（1820—1891年），字子春，江苏元和（今吴县）人。著有《租核》一书，是论述经济问题的专著，其中所阐述的减租主张较为系统深刻，在中国近代土地思想史上占有一定地位。全书共分为三大部分，即重租论、重租申言、减租琐议，详尽叙述了地租苛重及重租之害，并提出了一些减轻农民租税的办法。此外，该书还论述了减租使农民收入增加，有利于城市工商业的发展的观点。①

陶煦认为清代出现的永佃制的进一步发展会导致土地所有权和使用权的重组，最终造成两种结果：一是佃户和地主的经济关系更趋复杂；二是由于地租的双重构成导致社会上形成专门出卖土地使用权的二地主阶层，而贫苦佃农的负担更加沉重。陶煦认为，权利重组不仅不能使佃农的合法权益得到保护，反而会成为地主进行重租盘剥的有利条件，这一看法十分深刻。

陶煦在探讨地租的历史根源和演变趋势时，得出的结论涉及中国近代经济发展的若干重要现象，例如投资流向、城市控制农村、地租构成的多重性等。在他看来这

① 参见陈跃：《试论陶煦的减租思想及现实意义》，载《常州工学院学报》（社会科学版），2005（4）。

些现象的无限蔓延导致了农村经济的严重凋敝，直接危及农业生产的正常进行。

二、孙中山

孙中山（1866—1925年），名文，广东香山（今中山）人。著有《上李鸿章万言书》、《三民主义》等。

主要观点：平均地权。1903年，孙中山亲自拟定"驱除鞑虏，恢复中华，创立民国，平均地权"的革命誓词，第一次提出平均地权的思想。他的平均地权思想是建立在土地国有基础之上的，认为土地是自然存在，实为社会所有，批判对土地的私人垄断和地主土地所有制，认为地主占有土地是对自然资源的垄断霸占，是对社会所有物的侵吞盗劫。孙中山特别反对从土地投机中获得暴利的行为，认为这种利益属不劳而获。他的平均地权纲领就是要在革命后消灭私人对土地的垄断，逐渐做到土地国有，以消除地主获得暴利的可能性。

平均地权思想的批判矛头是指向地主土地所有制的，反映了中国近代农民革命斗争坚持反封建的基本要求，有力地打击了顽固的保皇派，削弱了资产阶级改良派的影响，在一定程度上表现出反封建的民主精神，具有重大的历史意义。

但是孙中山的平均地权的实施方法却没有摆脱封建思想的束缚，不是无偿没收地主土地，而是在实行土地增价归公的同时把土地原有价格保留给地主，然后再通过收买将这一部分收归国有。这就注定了其土地纲领难以得到农民的支持，无法实施。

孙中山的另一个主要的土地思想是"耕者有其田"。新民主主义革命时期，孙中山对中国农民被剥削的状况有了更进一步的了解，不断指责封建土地占有制度和地租剥削的不公平性，而且开始认识到不改变这种状况，就不能调动广大农民的生产积极性，农业生产就不能得到发展。在这种认识的基础上，孙中山提出了"耕者有其田"的口号，为平均地权的土地纲领规定了新的内容。

三、毛泽东

毛泽东（1893—1976年），字润之，湖南湘潭人。伟大的马克思列宁主义者，创造性地将马克思主义原理和中国革命实际相结合，提出和实施了一系列政治经济方针政策，其中以土地革命理论占据突出重要地位。

主要观点：毛泽东土地革命论是以他对中国革命的性质、任务和基本依靠阶级的分析为出发点的，其土地革命目标并没有局限在资产阶级民主主义的范围内，而是将它作为奋斗的一个阶段。毛泽东明确指出“耕者有其田”不是“无产阶级社会主义性质的主张”，并认为其具有向更先进经济制度转变的可能性。

1927年的“八七”会议确定了土地革命的总方针。同年12月，毛泽东主持召开了中共湘赣苏区第二次党代会，制定了《井冈山土地法》，这是中国共产党历史上第一个土地法。他宣布“没收一切土地归苏维埃政府所有”，并规定了主要以乡为单位、以人口为标准分田的具体实施办法，把农民群众在土地斗争中创造的经验用法律形式固定下来，这是湘赣边区土地斗争实践的总结，具有重大的历史意义。

四、陈诚

陈诚（1898—1965年），字辞修，乳名德馨，别号石叟，浙江省青田人。1949年出任台湾省主席，主持了“三七五减租”。

陈诚出任台湾省主席时，台湾740万的总人口中，农业人口380万，其中佃农280万，占总人口的1/3强。农村土地关系极度不合理。地主掌握着56%的耕地，占农村人口88%的农民只拥有22%的耕地。广大佃农只能从地主手中租种土地以维持生计，租佃关系紧张，佃农的生活状况非常恶劣。如何解决农民问题，成为当时事关台湾经济发展和国民党生存的第一要务。“三七五减租”也叫“二五减租”，早在1927年广东政府的《佃农保护法》中就曾涉及。1930年，南京国民政府颁布的《土地法》将其更名为“三七五减租”，并明确规定：地租不超过正产物收获总额375‰；约定地租超过375‰者，应减为375‰；不及375‰者，依其约定。之所以定375‰这个比例是经过核实统计的，当时农田的普通收获量中，其他成本费用要耗25%。

为了全面推进“三七五减租”的进程，陈诚专门组织成立了各级工作和督导机构，并颁布了《台湾省三七五减租督导委员会组织规程》和《台湾省各县市推行三七五减租委员会组织规程》。这些组织主要担负关于减租的宣传及辅导工作；灾欠及地租减免情况的勘查与议定；议定耕地主要作物（正产物）全年收获总量标准；调解租佃争议；政府交办的有关减租的咨询或调查事项等任务。

“三七五减租”实行不久就见到了成效。由于地租负担减轻，农民的生产热情空前高涨。1949年减租前与减租后相比，农业生产增加了30%左右。1949年与1948年相比，地价平均跌落幅度达42.3%，佃农购地积极性大为提高。1949—1953年间，有26%的佃农购买了自己的土地。1950年冬，在陈诚的指令下，《三七五减租条例》草拟出台。1951年5月25日，《三七五减租条例》获国民党“立法院”通过，6月7日由蒋介石明令公布施行，以“立法”的形式将其固定下来。“三七五减租”的实施为维持台湾的社会稳定和发展奠定了十分重要的基础。

五、张五常

张五常，国际知名经济学家，新制度经济学和现代产权经济学的创始人之一。1935年生于香港，1982年至今任香港大学教授、经济金融学院院长。1959年到洛杉矶加州大学经济系学习，其后攻读硕士、博士学位，毕业于美国加州大学经济系，获博士学位。曾当选美国西部经济学会会长，是第一位获此职位的美国本土之外的学者。1969年以名为《佃农理论——引证于中国的农业及台湾的土地改革》的博士论文轰动西方经济学界。1991年作为唯一一位未获诺贝尔奖的经济学者而被邀请参加了当年的诺贝尔颁奖典礼。

主要观点：主张减少农业人口，政府应鼓励农民脱离农业，转到工商业；主张大量放开农产品进出口，放弃重农主义思想，以劳动密集的农产品出口交换地多人少国家生产的农产品，并由市场处理；主张对农民进行知识教育，由高校学生担当义务教员，既可提高农民素质，为其储备知识资产，又能锻炼在校学生吃苦耐劳、勇于担当的优良品质；认为出售土地既可增加政府的财政收入，又可减少与简化税收，而经济制度本身又会因为土地可作为“私产”而有一次大的、震动性的改进。①

① 参见张五常：《处理农民问题需要注意掌握的三项原则》，载《中国牧业通讯》，2004（13）；张五常：《出售土地一举三得》，载《中国土地》，2004（11）。

第六篇

思考题及答案提要

第一章　导　论

1. 土地自然特性和经济特性对土地合理利用有何启示？

答：(1) 土地的自然特性主要包括位置固定性、面积有限性、质量差异性和功能永久性等。它们对土地合理利用的启示如下：

位置固定性——充分发挥土地区位优势，扬长避短，优地优用。

面积有限性——珍惜每一寸土地，集约节约利用土地，保护土地以防止土地退化。

质量差异性——因地制宜，优化土地利用结构和布局。

功能永久性——用地和养地相结合，维持土地生态系统平衡。

(2) 土地的经济特性主要包括土地供给的稀缺性、土地利用方向变更的相对困难性、报酬递减的可能性、土地利用后果的社会性等。它们对土地合理利用的启示如下：

土地供给的稀缺性——集约节约利用土地，提高单位面积土地利用效益。

土地利用方向变更的相对困难性——结合实际，制定详细的土地利用规划，科学合理地确定土地利用方向。

报酬递减的可能性——研究适当的土地利用强度和投资结构，实现土地利用经济效益的最大化。

土地利用后果的社会性——对土地利用实行规划管理，政府部门以社会代表的身份行使征用权和监察权。

2. 举例说明土地在国民经济不同部门中发挥的功能和作用。

答：土地具有三个基本功能：承载功能、生产功能和资源（非生物）功能。

(1) 在工业、建筑业和交通运输业中，土地主要作为操作的场地和空间，发挥的是其承载功能。如，建设工厂需要选择合适的厂址，要求地基坚实稳固，并有一定面积，以满足生产要求。

(2) 在采矿、水力发电、地热利用、航运等部门中，土地主要作为资源和生产工具等，发挥的是其资源功能。如建筑材料、矿产资源和动力资源（石油、煤炭、水力、风力、天然气、地热）等。

(3) 在农业部门中，土地不仅是劳动对象，还是不可替代的劳动资料，发挥着其生产功能。如，在农业生产中，首先，需要面积广大的土地来生产农产品，以满足人类的需要；其次，狭义的农业（种植业）对土壤、气候、地形、地貌、水文等综合条件的要求也十分严格。

3. 为实现自然—社会—经济可持续发展的目标，应如何调整和优化土地、人口、环境和经济发展的关系？

答：(1) 实行绿色 GPD 政策。

(2) 将土地资源利用的外部效应内部化。

(3) 积极控制人口增长，减少供求矛盾。

第二章　土地资源利用概论

1. 土地利用的含义是什么？如何衡量土地利用的合理性？

答：土地利用是土地的利用方式、利用程度和利用效果的总称，包括：确定土地的用途；在国民经济各部门和各行业间合理分配土地资源；采取各种措施开发、经营、整治、保护土地资源，提高土地利用效益。

衡量土地利用是否合理的标准是：

(1) 土地利用是否最大限度地满足了人们日益增长的物质、文化生活需要。

(2) 土地利用是否因地制宜、地尽其力。

(3) 土地利用是否从环境资源利用中取得了最大的经济效益。

(4) 土地利用是否为人类创造了美好的环境，并有利于建立和维护生态平衡，防灾减灾，减少人类活动对自然的不利影响，促进人口、资源、环境和社会经济可持续发展。

2. 试述我国土地资源利用现状及存在的问题，并提出对策。

答：我国土地资源利用现状及存在的问题如下：

(1) 土地资源绝对数量大，但人均土地资源相对数量较少。

(2) 地形错综复杂，地貌类型多种多样，开发利用难度大。

(3) 林地面积少，森林覆盖率较低。

(4) 农业用地质量退化，土地资源利用率低下。

(5) 建设用地不断增加，耕地面积持续减少。

我国土地资源利用的对策如下：

(1) 控制人口增长，缓解人地矛盾。

(2) 优化土地利用结构和布局。

(3) 保护林地，增加森林覆盖率，改善生态环境。

(4) 开展土地整治，提高土地利用效益。

(5) 转变用地方式，走新型城市化道路。

3. 如何实现土地利用综合效益最优的目标?

答：土地利用效益是指单位面积土地投入与消耗在区域发展的社会、经济、生态与环境等方面所实现的物质产出或有效成果。土地利用综合效益最优应该是包括社会、经济和生态环境效益在内的综合效益的最优。在中国，要实现该目标应当遵循以下五个方面的原则来开展具体的实践工作：

(1) 在保证国家粮食安全的前提下统筹安排用地结构，使农地和非农地相得益彰。

(2) 集约利用为主与保留适量耕地相结合。

(3) 专业化利用与综合利用相结合。

(4) 经济效益与生态效益及社会效益相统一。

(5) 开发利用与合理利用相结合，协调人地关系，改善生态环境，实现土地可持续利用。

总之，通过先进技术和土地可持续利用理念的结合，提高土地利用水平，促进土地利用经济、生态和社会效益的提高，改善生态环境，实现土地综合效益最大化。

第三章 土地集约利用

1. 试述土地集约利用的意义。

答：(1) 土地集约利用有利于耕地保护。

(2) 土地集约利用有利于节省城市建设投资。

(3) 城市土地集约利用研究有利于加强土地管理。我国城市土地集约利用研究对于加强各层次的城市土地管理具有重要意义；同时也能指导土地管理部门盘活城市存量土地，开展存量土地置换，充分提高城市土地的利用效率。

2. 简述农业集约经营的类型以及我国农业集约经营的特征。

答：农业集约经营分为三种类型：一是资本集约。投入较多的资本和较少的劳动，如使用农业机械、现代化设备、自动化装置等，用以大量节约劳动的消耗。同时充分使用良种、化肥、农药，以提高单位面积产量。二是劳动集约。主要依靠人力和畜力操作，资金投放量所占比重小，靠精耕细作提高单位面积产量。三是技术集约。采用生物技术、电子技术、系统工程等科学技术，更多地利用植物吸收太阳能的优势和自然界能量、物质转化的客观规律，在农、林、牧、渔各业原来的有机联系中插入多种中间环节，以提供多种产品，增加效益，因此也被称作“知识密集型集约”。

目前，我国的农业大都是以精耕细作为特点的劳动集约型。其特征是：(1) 农业劳动者的平均固定资产低。(2) 农业劳动者人均生产量低，单位产品所包含的物资成本低。(3) 单位土地面积对劳动力的吸收能力强。

3. 简述土地报酬递减规律的内涵和有效性条件。

答：报酬递减规律是指当两种或两种以上的生产要素（资源）配合生产某种产品时，若其中某些生产要素的数量固定不变（如土地面积一定），而其他要素不断增加投入，起初每增加一单位变动要素所增加的报酬（即边际报酬）大于它前一单位要素所增加的报酬；至某一点后，再增加单位要素投入所增加的报酬总是小于它前一单位要素所增加的报酬。

报酬递减规律必须假设在历史生产过程中，除生产要素配合比例变化外，其他条件不变，主要包括：(1) 生产技术在某生产阶段相对稳定或者固定不变，即报酬递减或者报酬递增仅仅与生产要素的配合比例有关，而不是技术进步或者生产方法的改变所致。(2) 自然条件不变。特别是在农业生产过程中，农产品产量受自然环境影响较大，光照、降雨、干旱等自然条件的改变都会引起产量的增减变化。(3) 生产规模的大小对生产量递增与递减不产生影响。

4. 简述报酬变化三阶段的主要特征，并说明为什么在生产中应当将变动因素的投入量维持在第二阶段。

答：在第一阶段，平均报酬处于递增状态，从而增加劳动投入能带来总报酬更大比例的增长，因此在这个阶段停止投入是不合理的，继续劳动投入将使劳动—土地—资本等生产要素组合的生产效率得到进一步提高。边际报酬介于平均报酬和零之间为第二阶段。通常情况下，选择在第二阶段组织生产是合理的，但具体选择多少变动要素（如劳动），还要取决于农产品价格和投入要素价格。边际报酬为零、总报酬达到最大之后为第三阶段。在此阶段，劳动投入的边际报酬和生产弹性均为负数，并且平均报酬继续递减，总报酬也趋于下降，因此在这一阶段继续投入是不合理的。

第四章　土地分区利用

1. 什么是区位？区位理论对土地利用有哪些指导作用？

区位就是指事物的地理位置，它除解释为地球上的空间几何位置外，更加强调自然界的各种地理要素和人类社会经济活动之间的相互作用和联系。区位论被认为是关于人类活动的空间分布及其空间相互作用关系的学说。土地利用是产业布局的结果，区位论对土地利用的指导作用主要表现在以下几个方面：

(1) 土地利用类型的形成和土地利用的集约化程度与其到城市中心的距离有着十分密切的关系。土地利用方式的分区存在着客观规律，不同的土地利用方式通过空间竞争存在于适合其发展的相对优势区位，离城市中心越远，土地利用的集约化程度也就越低。

(2) 产业布局选址应当按照最优化的原则进行。农业应当尽量布局在最适宜农业生物生长、发育和繁殖的地方；工业企业应当尽量减少不必要的运输，接近原料产地，接近交通枢纽或者产品消费市场；第三产业则应选择利润较大的地方。

(3) 影响产业布局的因素多种多样，企业的布局选址是投资者决策过程的结果。要揭示生产布局的规律，不仅要重视对企业优势区位的研究，也要重视对投资者的决策过程的研究。

(4) 科学技术的发展能够克服某些因素对产业布局的阻碍作用，甚至使原来的制约因素变为有利因素。但这并不意味着自然条件对产业布局影响的减少，相反，它使人类活动与自然界的关系越来越密切。人们不仅应当学会利用自然，还要学会保护环境。

2. 土地利用分区理论对我国西部土地利用开发有哪些启示?

答：我国西部地区的发展是我国经济发展战略的一个重要组成部分。近年来，西部地区经济发展迅速，但相对其广阔的地域和丰富的资源来说还远远不够，与东部和中部还有较大差距。这种状况源于西部地区特殊的地理位置和其自然和社会经济条件。

从内部条件来看，西部自然条件恶劣，生态环境脆弱，水土流失和土地荒漠化现象严重；经济基础薄弱，交通通信设施不完善；土地利用结构和布局不合理，科技智力资源与东、中部地区存在较大差距。从外部条件看，随着对外开放的推进，东部地区对西部资源的依赖程度下降，西部地区资源比较优势减弱；土地资源开发利用缺乏动力；等等。

因此，在西部地区土地开发利用时，必须考虑到其特殊的区位以及自然和社会经济条件，发挥西部地区的优势（如劳动力资源丰富等），正确认识和妥善处理土地资源开发利用中的问题，实现土地利用综合效益的最大化。

第五章　土地规模利用

1. 简述农业土地规模效益的内涵并分析农业土地经营规模的影响因素。

答：农业土地规模效益的内涵如下：

（1）以纯粹规模报酬变动规律为理论基础的规模经济，包括内部规模经济和外部规模经济。

（2）以资源报酬变化规律为理论基础的生产要素的合理组合，即由于生产要素配合比例变动，从而使要素的使用进入合理报酬阶段而产生的效益。

（3）以机会成本为理论基础的内部经营与外部环境相协调。

农业土地经营规模有以下影响因素：

（1）农业生产工具的类型。

（2）农业劳动对象的不同。

（3）土地资源和劳动力的数量。

（4）农业劳动力的素质。

2. 简述影响城市规模的主要因素。

答：城市规模包括人口规模、用地规模、职能和经济规模、基础设施规模等，影响城市规模的因素有很多，既有客观方面的，也有主观方面的。

客观因素包括：

（1）自然地理条件和区位。自然地理条件不仅直接影响城市规模、布局结构、内部结构，而且直接关系到城市生产和生活的客观环境。

（2）经济实力。

（3）科技水平。

（4）历史条件。

主观因素包括：

（1）人口数量的增加。

（2）城市规划。

（3）政策法规。

3. 试述我国农业土地规模化经营的制约因素。

答：（1）资源的制约。

1）耕地资源匮乏。我国是一个耕地资源十分匮乏的国家，仅有的耕地还要承受工业用地的占用、耕地面积中的水土流失、人口增长导致的需求扩大的巨大压力。

2）农业资金投入有限。同工业相比，我国农业资金供给相对不足。

3）高技术农业不发达，农产品技术含量低。我国农业总体科技水平不高，科技投入不够。我国农业要突破“低产出，低效率”的瓶颈，关键在于高科技的投入。

（2）制度的制约。

1）国家产业结构政策不平衡。

2）土地制度改革不完善。土地使用权的“易损”性导致土地流转的被动与不健全；土地所有权主体的“模糊”导致农民之间土地的自由流转受到严重干扰。

3）户籍及就业制度的限制。传统的户籍及就业制度把农民严格地限制在农村，一方面阻碍了农村剩余劳动力的转移；另一方面造成我国农产品中人力成本过高，农产品缺乏市场竞争力。

（3）经济的制约。

1）宏观经济的波动影响农业的收益。

2）农村市场运作规范程度差。

4. 如何理解我国“严格控制大中城市规模、合理发展中小城市、积极发展小城镇”的基本方针？

答：在市场经济条件下，现实的城市规模就是由集聚经济和集聚不经济的平衡关系所决定的。如下图所示，可用城市居民人均效用水平的变化来反映集聚经济和集聚不经济的综合作用结果，在其他条件相同的情况下，城市居民人均效用

水平 U 随着城市规模 P 的扩大而呈现如下图所示的变化。城市居民人均效用水平 U 最高时的规模 P_0 就是适度城市规模。

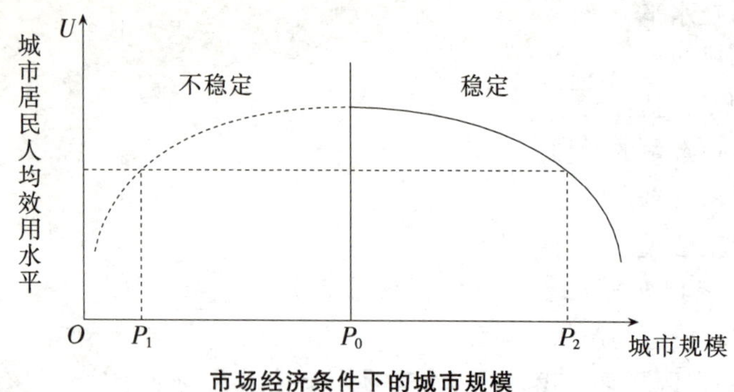

市场经济条件下的城市规模

当城市规模大于 P_0 时，人口流入城市，因为城市规模的扩大，效用水平会降低。所以，在城市建设中采取控制大城市的做法，具有经济合理性。减少大城市的方法是建设新城市。当城市规模小于 P_0 时，城市规模是一种不稳定的市场均衡。特别是当城市规模小于 P_1 时，因为城市居民人均效用水平明显低于规模在 P_0 和 P_2 之间的大城市，所以人口还可能流向已经超过适度规模的城市，从而使得大城市越来越拥挤。因此在控制大规模城市发展同时，迅速使小城市的规模扩大、达到适度规模也同样重要。另外，我国绝大部分中小城市的规模都远远小于适度城市规模，因此，必须正确理解我国城市发展中“严格控制大中城市规模、合理发展中小城市、积极发展小城镇”的基本方针，在克服大城市过于膨胀的问题时，不能单纯追求小城镇数量的扩大，应使其尽快达到适度规模，实现最大规模效益。

第六章　土地计划利用

1. 简述国土规划、土地利用总体规划和城市、村庄和集镇规划的关系。

答：国土规划是为了处理好经济发展与人口、资源、环境之间的关系而进行的规划。国土规划的主要任务是勾画国土开发整治的基本蓝图，进行生产力和人口、城镇的总体布局，明确重点开发地区的发展方向，提出重大国土整治任务和要求。国土规划是综合程度更高的规划，是土地利用总体规划的编制依据之一。国土规划要靠土地利用总体规划来落实。

土地利用总体规划是从全局的和长远的利益出发，以区域内全部土地为对象，对土地利用、开发、整治、保护等方面所作的统筹安排。其目的在于加强中央政府对土地利用的宏观控制，合理利用土地资源，切实保护耕地，促进国民经济持续发展，为实行土地用途管制提供依据。我国的土地利用总体规划由全国、省、市（地）、县（市）、乡（镇）五级规划组成。

城市、村庄和集镇规划是对城市、村庄和集镇各项建设和发展进行的综合部署和具体安排，是一定时期内城市、村镇发展的蓝图，是各项建设和管理的依据。同级土地利用总体规划则是对城市、村镇所在地区的整个区域，包括城市、村镇用地在内的全部土地作出的统筹安排。因此，在土地利用上，城市、村庄和集镇规划与土地利用总体规划是局部与整体，点与面的关系。两个规划应当协调，主要是城市、村镇用地规划和发展方向的协调。在协调的基础上由土地利用总体规划确定城市、村镇用地规模。城市、村庄和集镇规划中建设用地规模不得突破土地利用总体规划确定的城市、村庄和集镇建设用地规模，用地规模突破土地利用总体规划的，应当修改城市、村庄和集镇规划，使之符合土地利用总体规划。

2. 如何更好地发挥土地利用规划对土地市场的宏观调控作用？

答：（1）增强土地利用总体规划和年度用地计划的科学性、前瞻性和统筹性，使之与宏观调控的政策取向相吻合；（2）提高土地利用总体规划和年度用地计划的法律地位，杜绝违反土地利用规划的行为；（3）加强土地利用规划的执法监督情况，不仅要做到“有法可依、有法必依”，而且要实现“执法必严、违法必究”。

3. 当前我国土地利用计划管理存在哪些问题？如何改进？

答：我国土地利用计划管理存在如下问题：

（1）土地利用计划管理的基础薄弱，土地利用计划指标体系和内容不够健全。

（2）土地利用计划编制的科学性有待提高。

（3）土地利用计划管理的手段较弱，尚不够完善有力。

（4）土地利用计划管理的理论研究相对滞后。

对策建议：

（1）适应宏观调控需要，完善土地利用计划指标体系。

（2）加强科学研究，切实提高土地利用计划的编制水平。

（3）运用综合措施，建立和完善土地利用计划，实施管理保障体系。

（4）加强土地利用计划管理的理论研究，建立社会主义市场经济体制下土地利用计划管理的理论体系。

第七章　土地可持续利用

1. 现阶段我国如何实现耕地供求平衡，缓解人口对耕地的压力？

答：(1) 通过退林还地、退渔还田等措施恢复一部分耕地。(2) 鼓励农民和其他社会力量开垦荒山、荒地、海涂、河滩以及工矿废弃地以增加耕地面积。(3) 提高耕地利用率和生产能力，间接增加耕地面积。(4) 加强用地的行政管理。(5) 政府制定地价等方面的优惠政策，鼓励投资者多用建成区土地，少占用耕地。(6) 深入进行土地使用制度改革，建立一套节约用地的机制。(7) 进行土地管理体制改革，探索出一条适合中国国情的、有利于控制耕地占用速度的土地管理体制。

2. 要在尽量减少占用农地的条件下实现非农用地的供求平衡，应采取什么措施？

答：(1) 搞好城市规划，实现城市土地合理功能分区，提高城市土地利用规模效益。(2) 实行城市综合开发建设，提高城市土地利用效率。(3) 抓紧进行旧城区拆迁改造，充分利用城区闲置土地和利用率低下的土地。(4) 向城市土地空间发展，实行城市土地的立体利用。

3. 试论我国耕地资源的利用现状及可持续发展对策。

答：我国耕地资源紧张，从我国耕地资源的数量和减少趋势来看，耕地保护形势严峻。耕地减少的原因有多方面，如城市扩张、产业结构调整、自然灾害等。我国耕地质量也有逐步恶化的趋势，原因包括荒漠化、水土资源流失、耕地污染等。

我国耕地资源利用中存在一系列问题，包括农业资源承受的压力不断增长；农业资源受坡度、土层、质地、侵蚀、水文和低温等因素的影响，总体质量不高；耕地资源利用效率低；耕地后备可开发资源潜力有限，经过长期的国土开发，我国尚未开发的资源不仅数量较少，而且开发条件较差等。

针对我国耕地资源的利用现状，耕地可持续发展的对策建议包括：耕地占用与开发相结合，保证耕地总量动态平衡；改造中低产田，增加耕地资源的经济供给；加强宣传，提高保护耕地意识，打击违法用地等。

4. 试论城市化进程中土地资源持续利用问题。

答：城市化进程中可能产生如下土地问题：(1) 农地（耕地）快速减少；(2) 建设用地扩张但利用效益低下；(3) 征地后产生大量失地农民；(4) 城乡土地与住房市场分割导致的问题。

产生上述问题的原因有：(1) 强调单一经济效益，忽视综合发展；(2) 注重短期效益，忽视长远发展；(3) 缺乏统一和协调的城乡土地管理机制和制度。

针对上述问题，可以采取以下解决办法：(1) 制定科学的符合客观经济发展规律的城市化路线，保证城市化与土地可持续利用协调发展；(2) 制定城乡一体化视角下的土地利用计划和城市规划，提高规划弹性和指导性，促进区域间统筹发展；(3) 在满足城市化发展所要求的经济效益的同时，兼顾社会效益和环境效益，合理协调长期利益和短期利益之间的关系；(4) 合理分配城市化发展中的土地收益，妥善处理城市化进程中的用地矛盾；(5) 深入研发城市化进程中的土地利用理论和技术，提高土地利用效率。

第八章　土地财产制度概论

1. 试述完善农村土地产权制度的对策。

答：(1) 坚持和完善农村土地集体所有制。

(2) 规范和完善农地承包权流转。建立合理有效的土地经营权流转制度，切实保护农民的切身利益。逐步完善土地流转的价格形成机制。

(3) 合理分配土地收益，保护农民利益。

(4) 建立乡村社保体系，解除农民后顾之忧。

2. 试述土地产权制度与耕地保护的关系。

答：土地产权制度是指一个国家土地产权体系构成及其实施方式的制度规定。耕地保护主要是指在统筹安排用地结构的同时，提高耕地利用效率，保护耕地数量和质量。土地产权制度对耕地保护的影响如下：

(1) 土地产权制度规定了耕地的所有人和权利人。土地产权制度对耕地所有人和权利人主体的规定的明确程度和合理程度，在较大程度上影响耕地权利人的耕地保护和投资热情，进而影响耕地的利用效率及耕地数量和质量。

(2) 土地产权制度规定耕地的不同权利主体的具体权利和义务，这将影响耕地主体对耕地的投资和耕地流转，从而对耕地保护工作产生影响。

(3) 土地产权制度规定耕地保护工作的义务人和监督机制，这对耕地保护的有效进行具有积极作用。

总之，土地产权制度在规定耕地权利主体和不同权利主体的权利和义务的同时，也对耕地保护工作的义务人和监督机制作出了规定，对耕地保护具有根本性的影响。

第九章　中国现行土地所有制

1. 试分析当前我国土地征收制度的缺陷，并提出进一步改革的思路。

答：土地征收是指国家或政府为了公共利益的需要而强制取得农村集体土地并给予相应补偿的法律制度。我国当前土地征收制度的缺陷主要表现在以下三个方面：

(1) 土地征收制度性缺陷：界定征收行为合法性的“公共利益”概念不明；土地征收立法仍有缺陷，如对征收行为的合法性审查尚未写入法律等。

(2) 土地征收补偿存在问题：补偿方式的运用和补偿金额的分配存在问题。

(3) 土地征收程序缺陷：土地征收权的行使缺乏约束，对土地被征收者的保护途径不足（参与度低、征收信息不透明、缺乏便捷的法律援助渠道等）。

改革思路如下：

(1) 严格界定征地标准。

(2) 完善立法体系。

(3) 采用征地区片综合地价作为补偿的基本标准，建立普遍适用的补偿方式组合标准和实施细则。

(4) 完善司法救济体系。

(5) 加强现有公众参与和监督机制的完善与执行。

2. 试述目前我国集体土地所有制存在的主要问题及其改革取向。

答：我国集体土地所有制存在的主要问题如下：

(1) 集体土地所有权的主体模糊，造成主体虚位。

(2) 集体土地所有权的权能不完全。土地所有权作为一种财产所有权，占有、使用、收益、处分是其主要权能。而我国集体土地所有权的权能却不完全。

(3) 土地不能自由买卖。城市化进程中，由于农民没有土地所有权，不能对土地自由买卖，因此也就不能得到进入城市的准备资金，许多渴望到城市创业的人受到阻碍。而进入大中城市务工定居，则要放弃原土地的承包权，所以有些农民为了保留土地承包权而放弃在大中城市定居的机会。

土地集体所有制的改革涉及是否要坚持土地集体所有制，是否引入多种土地所有制形式等问题的讨论。新修订的《土地管理法》规定，农村土地属于集体所有。所以，目前土地集体所有制改革的主要方针是，要维护和加强农村集体土地所有制，搞活土地使用制。其理由如下：

(1) 与现实国情和生产力的发展水平相适应。

（2）有利于维护政策的持续性和稳定性。

（3）有利于对土地的管理和控制。

第十章　中国现行土地使用制

1. 试论如何改革和完善现行农村集体土地使用制。

答：家庭联产承包制是当前农村普遍存在的土地使用经营的主体形式。从整体来看，它适应中国农村现阶段生产力发展水平和农民的觉悟程度。因此，目前多数地区土地的使用经营形式不宜做过大的调整，仍以稳定、完善家庭联产承包责任制作为深化改革的立足点。对于家庭联产承包责任制所出现的各种问题，则应采用合理的政策、措施加以解决，以使承包制进一步合理化、规范化与法制化。在经济发达、条件具备的地区可以通过土地承包经营权的合理流动逐步实行土地适度规模经营。

2. 中国城市土地使用制改革的突出表现有哪些？

答：我国自20世纪80年代起开始进行城市土地使用制的改革，其基本目标是实行城市国有土地的有偿使用制度，把城市国有土地使用权从所有权中分离出来，将其推向市场进行流转，全面开放城市国有土地使用权市场。改革突出表现在如下五个方面：（1）征收土地使用费（税）；（2）开展土地使用权有偿出让和转让试点；（3）制定地方性土地使用权有偿出让、转让法规；（4）修改《宪法》和《土地管理法》；（5）在地方积累的经验的基础上制定全国性土地使用权出让和转让法规与全面开放土地市场。

3. 如何做好土地用途管制工作？

答：要做好土地用途管制工作，必须做到：

（1）建立激励机制，充分调动地方各级政府保护耕地和合理用地的积极性；

（2）强化土地利用规划，实现由“分级限额审批”到“土地用途管制”的转变；

（3）建立、完善服务于土地用途管制的政策体系和管理体制；

（4）建立、完善土地监察网络，增大土地执法力度。

第十一章　中国现行土地管理体制

1. 如何理解实施“最严格的土地管理制度”？

答：当前我国实行严格的土地管理制度，一是必须要准确把握宏观经济形势，推动土地管理更加主动地参与宏观调控，符合宏观调控需要，切实控制建设用地供应总量、结构和时序。土地利用计划要从单一服务于土地资源特别是耕地的保护，向服务于综合的宏观调控服务转变。土地政策必须与区域、产业发展等政策协调配合。二是必须要综合运用经济、法律和技术手段，遏制耕地面积的减少。三是要更加注重依法监督管理。地方政府主要负责人对本行政区域内的耕地保有量、基本农田保护面积、土地利用总体规划和年度计划执行情况负总责，责任目标进一步明晰。四是必须注重产业政策、货币政策、财政政策、土地政策等的综合运用。

2. 结合土地管理实际，谈谈你对当前我国土地管理体制改革的认识和建议？

答：我国土地管理体制改革经历了多头分散管理、城乡土地统一管理和国土资源相对集中管理三个阶段。1986年后，通过确立土地基本国策、建立耕地保护机制、改革土地使用制度、建立土地市场、加强土地资产管理、促进国企改革、建立土地管理法律体系和加强土地管理人员培训等措施，形成了现行的土地管理体制。现行土地管理体制的成果如下：

(1) 加强了土地管理尤其是耕地保护工作，基本实现了耕地总量的动态平衡。

(2) 加强国土资源的调查评价和科学规划，为国民经济的持续发展提供了基础。

(3) 加强国土资源信息系统建设，实现了信息服务社会化。

(4) 深化土地使用制度改革，加强了土地市场建设。

(5) 健全法制，依法行政，实现了土地管理秩序的基本好转。

(6) 加强了土地基础业务建设。

但它仍存在一定的缺陷：

(1) 当前我国的土地管理体制还难以保证实施符合中国国情的土地供应政策。

(2) 各级政府的各相关部门之间尚未形成严格土地管理合力，从而降低了土地管理的权威性和有效性。

(3) 国有土地资产管理体制尚有待加强。

(4) 我国经济的粗放式增长，造成了土地的粗放和低效利用。

针对我国土地管理体制中存在的上述缺陷，提出如下改革建议：

(1) 坚持从中国国情出发，遵循土地利用基本国策，提高土地利用水平，以土地合理集约节约利用来满足社会主义市场经济体制要求。

(2) 适应社会主义市场经济体制要求。

（3）坚持依法治国，依法行政。

（4）坚持政企严格分开。

（5）协调“条块关系”，保证政令畅通。

3. 试述你对土地政策参与国民经济宏观调控的认识。

答：土地政策泛指为达到一定的目标，相关政府部门制定和实施的与土地有关的政策措施和手段。土地政策参与宏观调控的形式主要包括土地规划、土地计划、土地税收政策、土地价格政策、土地区域政策等。宏观调控是指在市场经济条件下，以中央政府为主的国家各级政府，为了保证整个国民经济持续、快速、健康发展并取得较好的经济效益，主要运用间接手段，对一定范围内经济总体的运行进行引导和调节的过程。

土地政策参与宏观调控的可行性分析如下：我国实行土地公有制，即国家所有和农民集体所有，而农民集体所有的土地必须征收为国家所有的土地后才能进入土地市场。这就决定了政府对土地一级市场的垄断，并且这种垄断通过土地收购储备制度的完善而不断加强。政府完全可以调节土地的供应，安排不同的土地用途来抑制或鼓励市场需求，从而有效引导投资的方向和强度，实现经济运行调控的目标。

土地政策参与宏观调控的意义在于：（1）调控经济增长。利用各种政策手段调节总供给和总需求，以降低经济波动幅度，保持经济持续快速、协调健康发展。（2）优化产业结构。通过调节土地供给总量和结构，引导产业结构调整，促进产业结构优化。对于高新技术产业，可以在土地供应上给予优惠以支持和鼓励其发展；对于过度投资或需限制其发展的产业，可以通过控制土地供应限制其发展。实施农地非农化用途管制，可以为粮食生产提供土地保障，从而有效保证农业的可持续发展和国家粮食安全。（3）调整经济布局。根据国家经济社会发展战略，按照资源禀赋、区位比较优势，在充分发挥市场配置资源作用的基础上，实施土地利用总体规划，制定相应的土地利用和供应政策，调控土地区域供给，可以有效地整合资源，优化经济布局，促进区域经济的分工协作和协调发展。

第十二章 中国港台地区现行土地制度

试述港台地区土地制度对内地土地制度改革的借鉴。

答：港台地区的土地供应具有比较系统而完善的机制，土地供应的效果也是比较理想的，既促进了土地资源的合理利用和房地产市场的规范与完善，又增强了政府管理和调控房地产市场的能力。港台地区土地制度对内地土地制度改革有以下几个方面的启示：

(1) 制定具体、合理的土地供应计划。城市政府应以城市中长期发展规划和城市土地利用规划为基础，制定详尽、科学的土地出让计划。土地出让计划的制定应坚持层次性、公开性和合理性原则。

(2) 规范政府的土地出让行为。要建立完善的城市土地供应机制，必须对政府的行为加以规范和约束，尽量减少甚至杜绝政府行政人员的寻租行为。

(3) 垄断一级市场，放开二级市场。借鉴香港地区的经验，城市政府应对城市土地的一级市场进行完全垄断，同时放活二级土地市场。

(4) 建立土地征购储备机制和土地基金制度。

第十三章　国外现行土地制度概览

简述西方国家土地制度对我国土地制度改革的借鉴。

答：西方国家土地制度对我国土地制度改革有以下几个方面的启示：

(1) 建立健全土地管理法律法规体系。

(2) 加强土地市场建设，规范土地交易行为。

(3) 完善我国的土地用途管制制度，对土地采取最严厉的管制措施。

(4) 完善土地利用规划体系，充分发挥规划的龙头作用。制定专项法规，依法管理土地资源。

(5) 完善土地登记制度，建立土地查阅制度。

(6) 完善土地评估，合理确定土地使用权价格及其他产权交易价格。

第十四章　土地市场概论

1. 试述中国开放土地市场的必然性。

答：开放土地市场，是中国社会主义经济发展的客观需要，其必然性体现为：

(1) 土地市场是土地有偿使用的载体。土地有偿使用，不单是为了在经济上实现土地所有权、增加财政收入，更主要的是为了合理使用土地资源，使其发挥最大的经济效益。为了达到这一目的，土地必须进行流转。而用经济手段、市场机制来实现土地流转，必须开放土地市场。因此，要实行土地有偿使用，就必然要开放土地市场。

(2) 开放土地市场是发展商品经济的内在要求。在商品经济体系中，土地是重要的生产要素，土地只有进入市场，才能实现其最优配置。同时，随着商品经

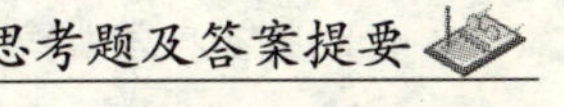

济的发展，各企事业单位用地数量经常发生变化，有的企业倒闭，土地需要转移；有的企业扩大生产，土地需要增加。但行政划拨的土地分配制很难适应这种多变的现实，从而造成好地得不到好用，多占少用、占而不用等问题。

(3) 土地市场是社会主义统一市场的有机组成部分。商品经济的正常发展有赖于建立完整统一的市场。完整统一的市场主要包括生产资料市场、消费品市场、劳务市场、资金市场、技术市场、房地产市场等。中国经济体制改革的基本目标是建立和完善社会主义市场体制。在实际中，首先建立起来的是消费品市场，而后有资金市场和劳务市场，大部分生产资料（如原材料、燃料等）都进入了市场体系。如果土地这一重要的生产资料游离于市场之外，将会导致消费品的价格难以按正常的生产成本计算；同时，其他生产资料也很难与土地形成最佳组合。因此，必须建立土地市场以保证整个市场经济体制的正常运行。

2. 我国城市土地一、二、三级市场的特点是什么？彼此之间的关系如何？

答：土地市场是土地及其地上建筑物和其他附着物作为商品进行交换的场所。城市土地市场中交易的是国有土地使用权而非土地所有权。土地一级市场即政府出让市场，是政府有偿、有期限地出让、出租土地使用权的市场；土地二级市场是土地使用者经过开发建设，将开发后的土地进行转让和出租的市场，一般指土地首次进入流通领域进行交易而形成的市场。土地三级市场是购买土地使用权的单位和个人，再次将土地转卖或转租的市场，即土地再次进入流通领域进行交易而形成的市场。三个级别的土地市场的特点如下表所示：

城市一、二、三级土地市场的特点

	垄断和土地流动周期	交易对象	期限	流转方式	用途区分	供给弹性	政府干预
一级市场	政府垄断；土地流动周期最慢	国有土地使用权	有期限限制，从40年到70年不等	出让、直接出租	有用途管制，实行用途价格区分	小	强
二级市场	基本无垄断，为不完全竞争市场；土地流动周期较快	国有土地使用权	有期限限制且小于出让土地使用年限	转让、出租	有用途管制，实行用途价格区分	略大于一级市场	干预力度相对较小
三级市场	基本无垄断，为不完全竞争市场；土地流动周期最快	国有土地使用权或在其上设立的其他权利	有期限限制且小于出让土地使用年限	转让、出租、抵押等	有用途管制，实行用途价格区分	较大	干预力度相对较小

三个级别的土地市场的基本关系是：二、三级市场是在一级市场出现的前提下逐步发展起来的，三级市场是在二级市场初步发展和繁荣的基础上出现的；从一级市场到三级市场，土地的流动能力不断增强，二级和三级市场的出现提高了整个土地市场的活力和交易水平，促进了土地一级市场的发展及土地利用效率和程度的提高；三个级别的市场相互促进、相互依存，形成完整的、更具活力和发展能力的土地市场体系。

3. 分析农村土地市场发育的障碍性因素，并提出对策。

答：我国农村土地市场发育的障碍性因素可以分为以下三类：

(1) 农村土地市场发育的制度性障碍：集体土地所有权中处分权弱化导致农地无法转移；集体土地所有权主体界定不严引起土地市场交易主体混乱；现行宅基地使用制度不合理割裂了城乡居住用地市场；集体土地使用无有效的退出机制阻碍土地市场建立。

(2) 农村土地市场发育的供给障碍：农村土地社会保障功能欠缺；城市吸收农村劳动力能力不足；农民非农就业收入稳定度不足；农地使用权市场交易价格的内涵仍存在争议；农地基本信息的不足造成农地交易成本上升。

(3) 农村土地市场发育的需求障碍：用途管制、基础设施等因素造成农地经营成本提高；农地基本信息的缺乏造成交易成本上升；农地经营收益相对较低。

相关对策如下：

(1) 改革集体土地制度；重塑集体土地所有权主体；完善集体土地所有权权能；改革现有宅基地使用制度；建立有效的集体土地退出机制。

(2) 增加农民社会保障性投入，建立与之相对应的农村社保体系；完善农地登记信息，建立统一的农地市场价格衡量体系；降低农民进城障碍，开展职业培训，逐步取消或改进户籍管制制度。

(3) 加强农村基础设施建设，提高对农产品和农业的支持与投资，增加农业经营收益。

第十五章　土地市场的供给与需求

1. 试述土地经济供给与自然供给的联系与区别。

答：(1) 土地自然供给是土地经济供给的基础，土地经济供给只能在自然供给的范围内变动。

(2) 土地自然供给是针对人类的生产、生活及动植物的生长而言的，而土地

经济供给则主要是针对土地具体的用途而言的。

(3) 土地自然供给在相当长的时间内是一定的、无弹性的，而土地经济供给是变化的、有弹性的，并且不同用途土地的供给弹性是不同的。

(4) 人类难以或无法增加土地自然供给，但可以在自然供给的基础上增加经济供给。

2. 试举例说明如何正确利用地价杠杆对土地供求进行调控。

答：(1) 在地价上涨时，要分析地价上涨的原因，并采取相应的对策。

(2) 政府每年制定土地供应计划时，应从两个方面来考虑土地供应量：一是当地对各类房屋的有效需求；二是可能吸引来的投资数量。

(3) 政府每次出让的土地面积宜小不宜大。

(4) 对旧城改造项目实行优惠政策。

3. 试述当前我国的土地供给机制。

城市土地供应机制是特定经济制度下土地供给内在关系的综合，完整的土地供应机制应该包括土地供应计划、土地供应渠道、土地供应方式和土地供应手段。

我国城市土地供应机制存在的主要问题包括：

(1) 城市土地闲置现象普遍。(2) 政府土地收益流失。我国土地供求市场的不平衡使得土地价格水平不高，不能真正体现其价格，导致政府收益流失。(3) 城市土地市场发育不健全。

完善我国城市土地供给机制的对策建议如下：(1) 完善和协调土地利用规划与城市总体规划的作用。提高土地利用规划与城市总体规划的科学性和可操作性，明确其法律地位。(2) 坚持总量控制，制定土地供应计划。在严格控制城市用地规模的基础上，以城市总体规划和土地利用规划为导向，根据社会经济发展对土地需求的预测情况，对城市土地的可供给量进行分解，制定年度土地供给计划以及中长期的土地开发供应计划，形成长期、中期和年度计划相协调的完整体系。(3) 健全和完善土地市场。强化土地市场管制，建立土地市场秩序，确保国家的财政收入。

第十六章　地租理论及其应用

1. 试概括马克思土地价格理论的主要论点。

答：马克思在批判地继承古典政治经济学的地租理论的基础上，提出了以劳动价值论为基础的土地价格理论。马克思土地价格理论的主要论点包括：

（1）土地虽然不是劳动产品，没有价值，但有使用价值，并存在价格。

（2）土地价格是地租的资本化。

（3）已利用的土地由土地物质和土地资本构成。

人类开发和利用了土地，物化了人类劳动。马克思把这种固定在土地中的劳动称为土地资本，它属于固定资本范畴。土地资本本身也像其他固定资本一样，会损耗和消失。土地资本能为土地所有者带来利息，它是租金的一部分。

2. 试比较马克思地租理论与西方经济学地租理论的异同。

答：马克思主义经济学和现在我们所学习的西方经济学都源于亚当·斯密、李嘉图的古典经济学，但是西方经济学假设人是经济人，而马克思假设人是社会人。

马克思地租理论以劳动价值论为基础。劳动价值论起源于古典经济学代表人物亚当·斯密和李嘉图，并被马克思发扬光大。该理论认为，所谓价值就是“凝结在商品中的无差别的人类劳动”。表现在地租上即地租的资本化。自然土地没有价值，但有使用价值，会产生地租，地租的资本化即地价。地租是土地所有权的特有经济表现。地租表现为地产所有者向市场提供一块土地所取得的经济收益。马克思曾指出，亚当·斯密在经济学上的重大贡献之一，是他指出了在市场经济中，地租会参与资本的形成。地租是与土地的所有权即垄断权直接关联的。马克思的基础地价公式为：年地租/资金年利率＝土地基础价格。

西方经济学地租理论以效用价值论为基础。效用价值论是用物品满足人的欲望的能力或人对物品效用的主观心理评价来解释价值及其形成过程的经济理论。该理论认为，能够带来高效用的商品就具有较高的价值。土地也是如此。

劳动价值论与效用价值论是同一个问题的两个方面，是从同一起点出发的，只是使用了不同的计量手段。

3. 社会主义制度下地租范畴有何现实意义？

答：在社会主义制度下地租范畴是客观存在的，承认并坚持这个经济范畴，对社会主义经济的发展具有重要的理论和现实意义。

首先，地租范畴是社会主义条件下实行土地有偿使用的理论依据。其次，地租是加强土地管理的重要经济杠杆。再次，地租是制定产品价格的重要依据。最后，地租是制定土地价格的基础。

在资本主义土地私有制度下，土地是可以买卖的商品。土地价格实质上是地租的购买价格，是地租的资本化，它取决于地租量和利息率的大小。

4. 论述城市土地级差地租的现实意义。

答：（1）有利于城市土地的合理开发和利用。城市土地数量有限，随着社会经济的发展，城市占地越来越多，造成了大量的土地浪费。国家在向城市土地使用者收取绝对地租的同时根据城市土地的位置和自然条件的优劣，征收不等量的级差地租，不但可以缓解人地矛盾，而且可以使城市土地得到合理的开发和利用。

（2）有利于增加国家财政收入。国家通过向土地使用者征收地租，把分散在各部门、各企业的劳动者为社会创造的剩余价值的一部分以地租的形式集中起来，形成国家的财政收入。

（3）有利于市场中企业的公平竞争。

5. 为什么说社会主义绝对地租是客观存在的？

答：（1）从绝对地租形成的条件和来源分析。目前，中国农业生产力水平与工业相比仍然较低，农业资金有机构成大大低于工业。在等量生产资料情况下，农业部门能够比工业部门推动更多的活劳动，因而能够创造更多的新价值。所以在农业资金有机构成大大低于工业的条件下，农产品价值必然大于其社会生产价格，其差额就是构成绝对地租实体的那部分超额利润。

（2）从绝对地租形成的原因分析。社会主义消灭了土地私有制，但并未消灭土地所有权及其垄断。中国现阶段仍处于社会主义初级阶段，尚存在土地公有制的两种形式，即全民（国家）所有制和劳动群众集体所有制。在中国现阶段，土地还没有归全社会所公有，还存在着多个土地所有者主体，因而仍然存在着土地所有权的垄断，并要求在经济上得以实现。可见，在中国现阶段仍然存在着产生绝对地租的社会经济关系。

（3）从土地所有权与土地使用权的关系分析。绝对地租是土地使用者为获得土地使用权向土地所有者支付的经济代价，它是土地所有权在经济上的体现，反映的是土地使用者与土地所有者的经济关系。这种经济关系必然以土地使用权与所有权的分离为前提。马克思指出，土地的资本主义耕种要以执行职能的资本和土地所有权的分离作为前提。在中国社会主义制度下，土地所有权与使用权的分离是客观存在的。土地所有者和土地使用单位或个人，都有各自相对独立的经济利益，因此，在土地“两权”分离的情况下，土地所有权要求在经济上得以实现，土地一般不能无偿使用，因而绝对地租的存在就是理所当然的了。

6. 谈谈你对土地资产流失的看法。

答：（1）国有土地资产流失形成的原因分析：市场机制不健全，分配机制不完善；土地产权不明晰；土地收益分配的租税费体系不完善；土地资产管理法律法规不完善；土地资产价值评估体系不完善等。

（2）防止国有土地资产流失的对策分析：明确土地资产产权关系，完善土地产权制度，包括改变国有土地资产所有权主体不清的现状，明晰土地所有权的利益关系等；建立科学的土地资产评估理论方法体系，完善和全面实行标准地价、标定地价的公布制度；完善国有土地租税费体系，充分运用税收等杠杆，调节土地增值收益，包括建立土地资产使用的宏观调控体系和微观约束机制，建立土地收入的专项稽查、审计制度等；健全法律法规，强化执法监察，加大对违法用地的查处力度；充分发挥市场对土地资源配置的基础作用。

第十七章　地价理论及其应用

1. 简述西方经济学对土地价格的理论分析的主要思想。

答：西方经济学对土地价格的理论分析主要有以下四类：

(1) 劳动价值论。

马克思主义经济学分析土地价格问题时并未直接用劳动价值论来进行解释，而是在劳动价值论的基础上提出了“土地价格理论”。土地价格理论认为土地价格是地租的资本化。地价不仅仅反映了已投入到一宗房地产所在地块的劳动量大小，更主要的是反映了将要投入该地块的劳动的生产率水平和已投入及将要投入到该地块周围环境中的劳动量大小。

(2) 效用价值论。

效用价值论是西方经济学的基本理论，是从物品满足人的欲望的能力或人对物品效用的主观心理评价角度来解释价值及其形成过程的经济理论。对于房地产商品而言，同一房地产对不同购房者的效用不相同，所以不同的购房者对同一宗房地产的价格会有各自不同的判断。但在一定时期、一定区域内，人们对同一宗房地产的效用会有大体上趋于一致的主流判断，并最终形成为人们所普遍接受的该房地产的价格。

(3) 供求理论。

供求理论认为，土地价格由市场中的供给和需求决定，所有供给土地所有者的土地供给曲线水平相加，即得到整个市场的土地供给曲线。再将土地需求曲线与土地供给曲线结合起来，即可决定土地的均衡价格。

(4) 其他的与土地价格理论分析相关的理论。

这类理论主要是指为前面三种分析角度提供理论支持或者在其基础上进一步对土地价格进行分析的理论。李嘉图的地租模型、马克思的级差地租理论、区位论等为上述三类理论分析提供了理论支持，而萨缪尔森的需求竞争定价理论、城市经济学等理论则是在上述三类理论的基础上发展而来的。

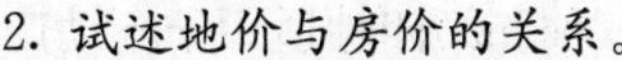

2. 试述地价与房价的关系。

答：从需求的角度来看，房价上涨导致了地价的提高。地价和房价的本质都是一种产权价格，而且也都是由供求关系决定的，但是两者的供求关系状况却是不同的。增量市场中的房价受到供求两方面的影响。增量房地产的供给不同于单纯的土地（没有生产费用）供给，它是一个生产的过程，只有通过销售价格补偿生产过程中的各种支出并获得合理利润，才能维持再生产过程。因此，增量市场中的房价作为一种供给价格，不仅是买方愿意购买的价格，更应是卖方愿意出售的价格。而土地市场所决定的地价更倾向于是一种需求价格。土地自然供给没有弹性，其经济供给受自然供给的限制也缺乏弹性，而且在我国，土地的供给是由政府垄断的，因此地价主要由需求一方决定，需求上升则地价上升，需求下降则地价下降。

从供给角度来看，地价上涨是导致房价上涨的一个因素。在房地产增量市场中，房地产是一种生产产品，因此房价不仅是一种需求价格，更是一种供给价格。从房价的形成来看，先有地价，然后经过一个建设周期形成最终的房价。所以对开发商来说，土地成本是房地产价格的重要组成部分。在增量市场中的房价作为一种供给价格，不仅是买方愿意购买的价格，更应是卖方愿意出售的价格。所以当市场疲软时，开发商首先选择的是不再投入开发建设资金以减少供给数量，而不是降低价格。

3. 试述城市基准地价的更新思路。

答：由于地价市场是一个动态的市场，土地价格会随着社会经济的发展、周边基础设施的改善和土地市场的发育不断变化。城镇基准地价只能反映某一时点上城镇土地的区域平均价格。因此，随着时间的推移，城镇基准地价成果必须进行更新。城镇基准地价更新指在土地定级或划分均质区域的基础上，用土地收益、市场地价或地价指数等来全面或局部调整城镇基准地价的过程。关于城镇基准地价成果的更新，《城镇土地估价规程》提出以下四种技术路线：

（1）以土地定级为基础，以土地收益（地租）为依据，以市场交易地价资料为参考，更新城镇基准地价；

（2）以土地条件划分均质区域（或以土地定级为基础），以市场交易地价资料为依据，更新城镇基准地价；

（3）以土地定级或均质区域为基础，利用标准宗地价格（标定地价）或地价指数更新城镇基准地价；

（4）利用城镇地价动态监测系统，参照前三种方法更新城镇基准地价。

在上述四种技术路线中，第一种适用于已完成土地定级，但不动产市场不太活跃、不动产交易案例较少的城镇；第二种、第三种和第四种适用于不动产市场比较活跃、不动产交易案例较多的城镇。城镇基准地价的更新可以根据城镇的实际情况选择其中任一技术路线，也可以运用上述技术路线的任一组合进行更新。

4. 我国已经建立起来的土地价格管理制度有哪些？其作用和意义是什么？

答：土地资产价格管理涉及土地市场交易、土地资产经营和土地价格评估等方面。为加强和完善地价管理，我国政府通过法律法规制定了一系列的制度和措施。

（1）土地估价制度——制定公平、公正、客观、合理的土地价格。

（2）土地估价机构和估价人员的资格认证制度——防止估价错误。

（3）基准地价和标定地价的定期公布制度——防止竞相压低地价出让土地，对地价进行宏观调控。

（4）地价监测系统——更好地了解市场地价状况，更科学地制定地价政策。

（5）土地供应计划制度——控制土地供应数量和区位，加强对土地价格的宏观调控。

（6）土地交易最低限价制度——防止土地出让过程中国有土地资产流失和个别干部腐败。

（7）土地增值税征收制度——促进土地利益的公平分配，抑制土地投机。

5. 谈谈对我国城市土地资产经营与管理问题的认识。

答：城市土地资产经营和管理是指在保持城市土地所有权不变的前提下，以实现城市规划为具体目标，在城市政府宏观调控下，充分发挥市场机制在土地资源配置中的基础性作用，通过对城市土地的开发以及城市土地使用权、经营权等相关权利采用市场化运作的方式，促进城市土地资源的优化配置，显化城市土地资产价值，促进城市社会经济可持续发展的行为。

由于城市土地资产经营和管理经验的匮乏和相关配套制度的不完善，我国城市土地经营实践中存在不少问题，影响了城市土地经营的健康发展，这些问题主要是：

（1）城市土地利用粗放，土地利用效率低下，城市用地结构和空间布局不合理。

（2）征地制度存在缺陷，耕地总体质量下降，农民权益保护不足。

（3）城市规划调控力度不足，土地供给制度有待改进。

（4）城市土地市场行为规范程度不足，城市土地供给和需求难以控制。

（5）城市土地储备机制有待改进。

城市土地资产经营和管理的完善建议如下：

（1）规范城市土地市场，实施城市土地交易许可制度和城市土地使用权市场信息披露制度。

（2）改革征地制度，保护农民利益，提高征地保障能力，采用多种补偿方式结合的形式给予保障，加强征地行为监管，提高信息透明度，建立有效的司法救助机制。

（3）城市土地利用规划先行，实行严格的土地用途管制。

（4）完善城市土地储备机制，加强对储备资金收支的管理和监督，提高储备机构供地水平，使土地储备计划与城市供地计划及城市总体规划严格衔接，从零星储备和供地转化为规模有序的储备和供地。

第十八章　土地金融

1. *在我国发展土地金融业有何意义？*

答：（1）可以为土地的开发、改良和建设筹措大量的并能长期利用的资金，促进国民经济长期稳定的发展。（2）可以促进国家土地政策的实施。（3）有利于活跃商品经济，促进房地产市场的形成和发育。

2. *房地产金融对房地产市场有哪些重要作用？*

答：房地产金融是房地产业发展的保障，也是国家调控房地产市场和促进房地产消费的主要手段。

（1）房地产金融是房地产业发展的保障。由于房地产业有投资大、周期长、商品价值大的特点，房地产的开发、销售等活动都是在金融部门的支持下进行的。另外，由于房地产的价值大，大多数消费者不能像购买其他商品那样一次性地利用储蓄购买，而是通过金融机构的贷款购买住宅。没有金融机构的参与，现代房地产活动是很难进行的。

（2）房地产金融政策是对房地产业进行宏观调控的主要措施。房地产业是关系到国计民生的大事，需要国家在宏观上给予指导或调控。目前，我国还处于经济转型期，调控措施以行政命令为主，并辅以一定的法律和经济措施。

（3）引导住房消费，促进房改。建立完善的房地产金融体系，使居民消费结构进一步合理，特别是配合住房制度改革，引导社会资金流向住宅投资和消费，建立一个良好的房地产投资消费结构，是推动房地产业和国民经济健康、协调发展的关键。

3. *试述当前我国房地产金融市场存在的问题及其改革对策。*

答：我国房地产金融市场存在如下问题：

(1) 房地产金融市场结构单一，尚未形成完整的房地产金融市场体系。

(2) 房地产企业融资渠道少，尚未形成多元化融资格局。

(3) 房地产金融市场相关法律法规体系不完善。

改革对策如下：

(1) 建立多层次的房地产金融体系，拓宽投融资渠道。

(2) 加强对住房金融发展的支持、调控和监管力度。

(3) 完善房地产金融法律法规，健全房地产金融环境，确保其持续健康发展。

(4) 推动房地产抵押贷款证券化，降低金融机构和房地产企业风险。

(5) 创新房地产金融业务产品和服务，建立多种形式的房地产金融机构。

(6) 规范政府行为，创造公平、有序、透明的房地产市场环境。

第十九章　土地税收

1. 试述当前我国不动产税制存在的问题，并提出进一步改革设想。

答：我国现行不动产税制中存在如下问题：

(1) 租税费关系混乱不清。

(2) 税基较窄，税款流失比较普遍。税种设置过多，征收复杂。税率水平不合理，流转环节税种的税率偏高，保有和使用环节税种税率偏低。

(3) 土地税收体制对农地保护力度不强。

(4) 税收制度缺乏权威性等。

改革方向与设想：

(1) 规范土地收益上的税费归属。

(2) 宽税基，如改耕地占用税为农地占用税，将耕地保护的目标扩大为农地保护。低税率，如利用低税率促进农业生产发展。

(3) 推行土地年租制。

(4) 不动产税制改革应该与税收法律体系的完善同时进行，建立健全完整的税收法律体系。

2. 谈谈你对物业税的理解。

答：开征物业税的必要性：

(1) 开征物业税是深化我国分税制改革，健全城市财政体系的客观要求。

(2) 开征物业税可以调节财富分配，缓解贫富悬殊的社会矛盾。

(3) 开征物业税是规范市场、产生新的融资模式的需要。

（4）实施可持续发展战略的需要。

物业税改革的配套措施以及需要完善的政策：

（1）制定科学的土地供应制度。

（2）建立完善的财产评估体系，完善房地产评估体系。

（3）建立与物业税相关的健全的法律制度，国外的经验显示，完善的法律制度是保证物业税健康稳定征管的必要条件。

（4）综合考虑税收政策，如对不同性质的房产和不同时间购买的房产应区别对待。

3. 试述国外不动产税的原理及其对我国的借鉴意义。

答：房地产是由土地和建筑物组成的，在世界各国或地区对房地产的征税中，按其征税对象的不同可以将其分为对土地的征税和对房屋的征税。有的综合征收不动产税，也有的将房屋并在财产中统一征税。另外，也可将房地产税收划分为房地产保有课税和房地产流转课税。

从各国房地产税收的情况可以看出，房地产税收是各国广泛征收的税种。不过，其税种结构大不相同，有的单独设税，有的在财产税中合征。西方各国多实行土地私有制，土地所有者出租土地现象比较普遍，所以政府从不同角度、为不同目的征收房地产税较容易；土地所有者征收地租，政府征收各种税收，各种经济关系比较清楚。海外房地产税收有以下规律：多数国家征收土地和房屋税；房地产税收逐渐变为地方税；房地产税收同政府政策密切相关。

对比国外的房地产税收体系，可以看出我国的房地产税收在税种、征管等方面还存在着一定的不足之处。例如，没有将土地和房屋当做个人或企业财产，没有考虑房屋在遗产继承中的问题，没有考虑土地的充分、合理利用等。所以，对我国目前的房地产税收体系应作一些调整，以适应不断发展的市场经济的要求。

在我国增设更具财产税属性的房地产税收，统一考虑房屋所有权和土地使用权，对房屋和土地使用权统一征收房地产税，以房地产的价值或市场价为计税依据；对没有充分利用土地的个人或企业征收土地闲置税，是一种克服房地产投机行为的有效办法，可以促进土地的充分、合理使用，发挥土地潜力；随着住房私有化的发展，房产将是人们最为重要的财产，所以，设立相应的房产遗产税对我们未来社会的发展是重要的，也是消除不劳而获现象的有效手段，但该税种的设立必须要同遗产税和国民经济的发展水平、人们的认识水平相联系。

4. 试用土地租、税、费原理分析物业税与不动产税的异同及其应用。

答：地税与地租：（1）依赖的基础不同。地租是对土地所有权的垄断，经济权利；地税是政治权利，强制性。（2）双方关系不同。地租为等价交换，是一种

“交易”；地税带有强制性，毫无“平等”可言。（3）固定性不同。地租随行就市，不固定；而地税具有固定性。

地税与地费：费即“使用费”、花费、消耗，本质上是一种补偿，如土地使用证工本费、产权登记费、公证费、城市基础设施配套费。其相同点在于二者都具有强制性、固定性。其不同点在于，“税”具有无偿性，“费”不具有“无偿性”。

物业税，又称财产税或地产税，主要征税对象是土地、房屋等不动产，要求其所有者或承租人每年都缴付一定的税款，税额随房产的升值而提高。从理论上说，物业税是一种财产税，是针对国民的财产所征收的一种税收。不动产税是针对地面建筑物及附着物征收的税收，是物业税和房地产税的总和税。

参考文献

Alonso William，Location and Land Use—Toward a General Theory of Land Rent，Harvard University Press，Cambridge，MA.，1964

J. D. Black. Introduction to Production Economics. New York，1926

Krugman P . R. . Scale Economics，Product Differentiation，and Pattern of Trade. American Economic Review，Vol. 70，1980

［德］阿尔弗雷德·韦伯．工业区位论．北京：商务印书馆，1997

［美］R. 科斯等．财产权利与制度变迁．上海：上海三联书店，上海人民出版社，1994

［美］克拉克．财富的分配．北京：华夏出版社，2008

［美］萨缪尔森，诺德豪斯．经济学．17版．北京：人民邮电出版社，2004

［美］D. 钱德勒．企业规模经济与范围经济．北京：中国社会科学出版社，1999

［英］李嘉图．政治经济学及赋税原理．北京：商务印书馆，1981

［英］马尔萨斯．人口原理．北京：商务印书馆，1961

［英］马歇尔．经济学原理．北京：商务印书馆，1991

［英］斯密．国民财富的性质和原因的研究．北京：商务印书馆，1972

[英] 威廉·佩蒂．政治算术．北京：商务印书馆，1978

[英] 威斯特．论资本用于土地．北京：商务印书馆，1992

[英] 西尼尔．政治经济学大纲．北京：商务印书馆，1977

安体富，王海勇．我国房地产市场发展和房地产税收制度改革研究．经济研究参考，2005（43）

白彦锋．土地出让金与我国物业税改革．财贸经济，2007（4）

保护耕地问题专题调研组．我国耕地保护面临的严峻形势和政策性建议．中国土地科学，1997（1）

毕宝德主编．土地经济学．5版．北京：中国人民大学出版社，2006

陈江龙，曲福田．土地储备与城市土地市场运行．现代经济探讨，2002（4）

陈美球，周丙娟，邓爱珍，刘中婷，吴萍，何维佳．当前农户耕地保护积极性的现状分析与思考．中国人口·资源与环境，2007（1）

陈士银，周飞．城市土地储备制度、绩效、困境及其完善．城市问题，2007（2）

陈天宝，许惠渊，庞守林．农村土地制度变革中的地方政府行为分析．农业经济问题，2005（1）

陈文福．西方现代区位理论述评．云南社会科学，2004（2）

丛明，侯万军．关于我国当前土地税费政策存在的问题及建议．经济研究参考，2005

戴中亮，杨静秋．农村集体土地发展权的二元主体及其矛盾．南京财经大学学报，2004（5）

邓世文．关于闲置土地若干问题的思考．国土经济，1999（Z1）

邓振春．从土地储备贷款反思土地储备制度的完善．国土资源，2006（2）

栋隆．城市区域闲置土地资源的管理．世界环境，2005（1）

段晓梅．规模经济理论与企业规模化扩张关系研究．郑州大学硕士学位论文．2007

范辉，董捷．试论农地发展权．农村经济，2005（6）

房煜．走向强势“土地储备”政府．房地产市场网

冯云廷．城市聚集经济．大连：东北财经大学出版社，2001

干玲，段修峰．对我国国有土地出让金收益分配和管理机制的思考．资源管理，2007（6）

高鸿业．西方经济学．北京：中国经济出版社，1996

各地闲置土地资源及利用状况比较．领导决策信息，2005（31）

耕地保护形势严峻　耕占税新条例出台——财政部、国家税务总局有关负责人解读新耕地占用税条例相关规定．北京房地产，2008（4）

国土资源部执法检查发现一些城市违法用地高达90%．上海土地，2006（3）

何芳．我国土地储备制度创新探讨．改革与战略，2007（11）

何振一．物业税与土地出让金之间不可替代性简论．税务研究，2004（9）

侯华丽，杜舰．土地发展权与农民权益的维护．农村经济，2005（11）

胡娟．论土地投机对土地市场的影响．城市开发，1998（5）

胡兰玲．土地发展权论．河北法学，2002（3）

黄政康．经济发展与耕地保护之间平衡点探析．南方国土资源，2004（7）

黄祖辉，汪晖．非公共利益性质的征地行为与土地发展权补偿．经济研究，2002（5）

季禾禾，周生路，冯昌中．试论我国农地发展权定位及农民分享实现．经济地理，2005（2）

贾海波．农地发展权的设立与权利属性．中国土地，2005（10）

贾奇峰，郑光良．对我国土地出让金制度的思考．商场现代化，2006（2）

兰伊春．论近代美国西部开发中的土地投机问题．青海师范大学学报（哲学社会科学版），2007（4）

李边疆，王万茂．地方政府的博弈行为与耕地保护——一个基于公共物品私人供给模型的分析框架．中国软科学，2006（4）

李长健，伍文辉．土地资源可持续利用中的利益均衡：土地发展权配置．上海交通大学学报（哲学社会科学版），2006（2）

李国敏．土地年租制：住宅用地制度改革的方向．城市问题，2006（9）

李建建，戴双兴．城市土地储备制度与地价上涨的关系研究．当代经济研究，2007（8）

李明月，胡竹枝．土地挂牌出让——一种比拍卖更好的出让方式．生产力研究，2003（1）

李曦，彭波，万磊．农地转用中的土地投机解析．中国土地，2005（9）

李小建．经济地理学．北京：高等教育出版社，1999

李彦芳，张晓霞．建立耕地保护利益引导机制必要性的探讨．当代经济管理，2005（10）

李鹰．浅析我国当前土地使用权出让方式．中国房地产，2003（3）

列宁全集．中文2版．第4卷．北京：人民出版社，1984

林善浪．中国土地制度与效率研究．北京：经济科学出版社，1999

刘爱林，吕霁．对工业用地招拍挂的探析．国土资源科技管理，2007（4）

刘国臻．中国土地发展权论纲．学术研究，2005（10）

刘维新，雷爱先．运用财税机制 消化闲置土地．中国土地，1999（1）

刘卫东．开发区的土地利用规划．城市规划汇刊，1995（4）

刘亚铃．按照市场经济办法确定征地补偿标准．经济学家，2005（3）

刘永湘，杨明洪．中国农民集体所有土地发展权的压抑与抗争．中国农村经济，2003（6）

龙花楼，蒙吉军．中国开发区土地资源优化配置研究．长春：吉林人民出版社，2004

楼江，邓浩强．城市闲置土地市场化配置的博弈分析．同济大学学报（自然科学版），2007（1）

陆大道．区域发展及其空间结构．北京：科学出版社，1998

陆国庆．耕地保护的经济约束机制研究．农业经济问题，1997（11）

吕康娟，王丽，关柯．城市土地年租制的研究．商业研究，2004（8）

吕萍，周滔．土地城市化与价格机制研究．北京：中国人民大学出版社，2008

马国强．城市土地出让制度绩效分析．城市开发，2003（7）

马克思恩格斯全集．中文1版．第18卷．北京：人民出版社，1972

宁智，熊津，殷跃建．完善土地出让“招拍挂” 促进土地市场理性发展．知识经济，2008（1）

农丰收．从深层理论探讨经济建设与耕地保护问题——经济建设与耕地保护专家论坛综述．南方国土资源，2004（7）

潘晓毛．中国开发区实务．上海：上海财经大学出版社，1998

钱忠好．耕地保护的行动逻辑及其经济分析．扬州大学学报（人文社会科学版），2002（1）

乔梁．规模经济论——企业购并中的规模经济研究．北京：对外经济贸易大学出版社，2000

尚聪敏，黄朝喜．关于土地年租制的探讨．中国房地产，2001（10）

邵建英．新形势下我国耕地保护的长效机制研究．广东土地科学，2008（2）

沈守愚．论设立农地发展权的理论基础和重要意义．中国土地科学，1998（12）

宋东梅．城市土地储备制度对北京商品房价影响分析．中国地质大学硕士学位论文，2007

宋扬，李东．浅析我国城市土地储备制度对房地产市场的影响．江苏统计，2003（11）

孙晓东，王莹．浅议城市化进程中的耕地保护问题．安徽农业科学，2007（30）

孙永正．对城镇住宅用地拍卖出让的探讨．土地使用制度改革，2004（6）

田春华．我国土地储备制度建设系列评述之一：储备时代的来临．国土资源部网站

童伟．完善土地出让金管理　保障地方经济可持续发展．中央财经大学学报，2008（5）

万磊．土地发展权的法经济学分析．重庆社会科学，2005（9）

万文海，叶民强．我国建房土地闲置与房价上涨的期权分析．江西社会科学，2007（7）

汪霄，周美娟．城市土地有偿使用方式的比较与分析．中国房地产，2000

王海玲．土地有偿使用方式的比较分析．国土经济，2002（1）

王静．土地公开出让政策研究——以长沙市为例．华中师范大学硕士学位论文，2007

王美涵．土地出让金的财政学分析．财经论丛，2005（7）

王敏．经营城市＝以地生财？．资源与人居环境，2004（12）

王万茂，臧俊梅．试析农地发展权的归属问题．国土资源科技管理，2006（3）

王小映．全面保护农民的土地财产权益．中国农村经济，2003（10）

王晓阳．重新审视土地出让金改革——一个国有产权和公共财政的框架．当代财经，2007（2）

王新军，苏小波．从土地闲置看城市规划与房地产开发的关系．住宅科技，2005（11）

王兴平，许景．中国城市开发区群的发展与演化——以南京为例．城市规划，2008（3）

魏后凯．现代区域经济学．北京：经济管理出版社，2006

吴静．耕地保护中的市场机制．合作经济与科技，2006（17）

吴瑞华．国有土地及收入管理的主要问题和政策建议．审计与理财，2004

吴淑莲，刘红瑛．物业税不是万能的——对物业税取代土地出让金的质疑．中国土地，2005（4）

吴晓芳，陈美球，周丙娟，何维佳．我国耕地保护现状与对策思考．国土资

源科技管理，2008（2）

吴旭芬，孙军．开发区土地集约利用的问题探讨．中国土地科学，2000，14（2）

吴正红，燕新程．经济快速发展时期我国耕地保护的困境与出路．华中师范大学学报（人文社会科学版），2007（6）

席良民，张福林，薄云山．土地投机的形成机理及防范对策．中国土地，2004（7）

肖宾．国土资源部：土地储备制度改革拉开大幕，国研网，2006-07-17

谢经荣，曹康平，陈建锋，王涛．土地不同出让方式价格分析及调控对策．中国土地科学，1994（5）

谢经荣，吕萍，乔志敏．房地产经济学．2版．北京：中国人民大学出版社，2008

徐恒周．农地发展权的设立与土地征用制度改革．广东土地科学，2005（3）

徐红起．闲置土地的成因及对策．中国房地产，2006（11）

许奕平．论我国的耕地产权制度与耕地保护．河海大学硕士学位论文，2007

薛艳杰，吴永兴．我国大都市地区耕地保护问题分析——以上海市为例．城市问题，2007（5）

杨欢进．收益递减理论研究．北京：中国经济出版社，1990

杨受林，于可．土地投机与土地投机行为探讨．改革与战略，1995（4）

杨志勇．物业税能否彻底改变地产运营格局．财政与税务，2006（12）

姚建忠，王云松，石玉丹．土地闲置问题与土地的可持续利用．华南热带农业大学学报，1999（2）

姚妍艳，李铁峰，土地招拍挂制度寻求变革．国研网，2007-08-29

余星涤．发挥土地储备“调节水库”的作用．国土资源部网站，2007-12-20

余珍明，卢静．抑制土地投机的对策．中外房地产导报，2002（5）

余志宏等．对城市土地集中储备供应的认识与思考．中国房地产金融，2004（2）

於忠祥等．基于土地经济学理论的土地出让金研究．技术经济，2007（10）

俞解平．规范土地出让金办法，改革土地出让金制度．浙江国土资源，2006（4）

岳晓武．当前土地资产管理的若干问题．地产市场，2004（7）

岳晓武．有偿用地多元化　土地租赁势必行．北京房地产，1999（8）

詹蕾．城市土地年租制理论与运作分析．四川大学博士学位论文，2003

张安录．城乡生态交错区农地城市流转的机制与制度创新．中国农村经济，1999（7）

张安录．可转移发展权与农地城市流转控制．中国农村观察，2000（2）

张红宇．中国农地调整与使用权流转：几点评论．管理世界，2002（5）

张洪．论开发区土地闲置及其治理对策．经济问题探索，1997（6）

张洪力．“土地年租制”与降低房价的分析．商场现代化，2006（7）

张金华．高地价对中国土地储备制度的冲击．中国土地科学，2003（6）

张鸣明，朱道林．我国土地出让收益分配的代际关系分析．农村经济，2005（4）

张淑娟，刘艳芳．城市土地储备制度与房地产市场关系问题的探讨．资源战略，2006（1）

张文忠，刘继生．关于区位论发展的探讨．人文地理，1992（7）

张文忠．区位理论．北京：科学出版社，2000

张五常．佃农理论——应用于亚洲的农业和台湾的土地改革．北京：商务印书馆，2000

张效军，欧名豪，李景刚．我国耕地保护制度变迁及其绩效分析．社会科学，2007（8）

郑丽．我国耕地保护的公共经济理论分析．理论导刊，2006（10）

郑培，朱道林，张小武．政府耕地保护行为的公共选择理论分析．中国国土资源经济，2005（9）

中国大百科全书·经济学卷．第1卷．北京：中国大百科全书出版社，1964

周诚．土地经济研究．北京：中国大地出版社，1996

周建春．中国耕地产权与价值研究——兼论征地补偿．中国土地科学，2007（21）

朱林兴．强化处置闲置地．上海市经济管理干部学院学报，2006（6）

朱林兴．土地闲置问题的严重性、成因及其处置．探索与争鸣，2006（11）

朱启臻，窦敬丽．新农村建设与失地农民补偿——农地发展权视角下的失地农民补偿问题．中国土地，2006（4）

朱亚兵．城市土地出让中的问题与对策探讨．城市规划研究，2006（6）

图书在版编目（CIP）数据

《土地经济学》学习指导书/吕萍主编．
北京：中国人民大学出版社，2009
普通高等教育"十一五"国家级规划教材
ISBN 978-7-300-11119-3

Ⅰ．土…
Ⅱ．吕…
Ⅲ．土地经济学-高等学校-教学参考资料
Ⅳ．F301

中国版本图书馆 CIP 数据核字（2009）第 183416 号

普通高等教育"十一五"国家级规划教材
《土地经济学》学习指导书
吕　萍　主　编
况伟大　副主编

出版发行	中国人民大学出版社		
社　　址	北京中关村大街 31 号	**邮政编码**	100080
电　　话	010－62511242（总编室）		010－62511398（质管部）
	010－82501766（邮购部）		010－62514148（门市部）
	010－62515195（发行公司）		010－62515275（盗版举报）
网　　址	http://www.crup.com.cn		
	http://www.ttrnet.com(人大教研网)		
经　　销	新华书店		
印　　刷	北京鑫丰华彩印有限公司		
规　　格	170 mm×228 mm　16 开本	**版　　次**	2009 年 12 月第 1 版
印　　张	12.5	**印　　次**	2009 年 12 月第 1 次印刷
字　　数	225 000	**定　　价**	25.00 元